U0902001

亲爱的李：

您是中国的

苏霍姆林斯基式的教师。

——奥丽佳·苏霍姆林斯卡娅

我用一句话来
概括我的教育理想：
　　为现代化中国
　　培养21世纪的公民！
——李镇西

巨人肩上的舞蹈

李镇西评传

邓碧清 著

四川大学出版社

责任编辑:吴雨时
责任校对:黄蕴婷
封面设计:严春艳
责任印制:王　炜

图书在版编目(CIP)数据

巨人肩上的舞蹈:李镇西评传 / 邓碧清著. —成都:四川大学出版社,2016.3
ISBN 978-7-5614-9371-7

Ⅰ.①巨…　Ⅱ.①邓…　Ⅲ.①传记文学-中国-当代
Ⅳ.①I25

中国版本图书馆 CIP 数据核字（2016）第 060683 号

书名　巨人肩上的舞蹈
——李镇西评传

著　者　邓碧清
出　版　四川大学出版社
地　址　成都市一环路南一段 24 号 (610065)
发　行　四川大学出版社
书　号　ISBN 978-7-5614-9371-7
印　刷　成都金龙印务有限责任公司
成品尺寸　170 mm×240 mm
印　张　18.25
字　数　327 千字
版　次　2016 年 3 月第 1 版
印　次　2018 年 11 月第 3 次印刷
定　价　48.00 元

◆读者邮购本书,请与本社发行科联系。
电话:(028)85408408/(028)85401670/
(028)85408023　邮政编码:610065
◆本社图书如有印装质量问题,请寄回出版社调换。
◆网址:http://www.scupress.net

我读李镇西

——代序

李希贵

认识李镇西，是因为他的成名作《爱心与教育》。买到他这本书的时候，我刚刚离开学校，从事教育行政管理工作。每每读来，心中五味杂陈。有自责，十几年的学校工作经历，做了许多违背规律、伤害学生的事情，镇西书中火焰一样的激情，春风一样的爱抚，都让我自愧；有后悔，尽管在这之前已经陶醉于苏霍姆林斯基的著作多年，也自认为收获甚丰，但读到镇西如此活学活用，在自己耕耘的园地里立竿见影的文字，还是感慨良多，既愧疚自己对苏翁的浮光掠影，也后悔自己过早地离开校园。当然，这本《爱心与教育》也让我心生一分认识作者的冲动。

后来，我们有了许多交往，当然我也读了镇西的更多文章，对他的了解、理解、敬佩日久弥新。再后来的事情，已经有镇西《我和李希贵：不得不说的故事》的文字叙述，尽管其中有抑西扬贵之处，但大部分都是事实，在此不再赘述。

近年来，我开始关注镇西的微信公众号和朋友圈，让我感慨的事情有很多，包括他的民族使命感，他的公共知识分子情怀，他的教育良知等。最让我感动的，是他与过去学生的交往。已经毕业多年的学生和他的一往情深，聚会照片中，镇西脸上对老学生们的爱怜之情一览无余。

我十分羡慕甚至有些嫉妒镇西的这种状态。说实话，在我内心深处，一直有一把尺子，用来衡量一位老师包括一位校长的真假。学生在你心中的地位，决定着你是不是一位真正的教师和称职的校长。如果我们不能够把学生的大事小事、高兴的事、心烦的事装在心里，学生也不会把你装在心里。同样，一位校长在为了学校，还是为了每一位学生的取舍中，是否始终装着每一位学生的酸甜苦辣，把学生的利益放在第一位，不以为了学校为借口而伤害学生，做出一些违背学生天性的决策，这是对校长是不是称职的考量。

在镇西担任校长的九年时间里，我们的许多同行朋友，经常有种特别强烈的感觉，就是在他任职的学校里，似乎只有学生，没有学校，学生生动活泼、自主张扬，而学校却没有“特色”，没有“荣誉”，没有显赫的名声。这正是镇西的可贵可敬之处，一位校长的高尚和情怀可见一斑。

当然，我对镇西老朋友还有着更多的期待，而且，我对此也相当自信，祝福镇西！

2016年3月6日

（作者为中国教育学会副会长、国家督学、北京十一学校校长）

仰望恩师

——序

想起李老师，我至今记得30多年前我转学到李老师班上时的一件小事。那是1985年9月，李老师在我第一次交上的作业本上写下了“欢迎您，程桦同学！以后有什么困难尽管找我！”这让我感到了很大的温暖和鼓舞。可以说，以后对李老师的尊敬都是从作业本上这句话开始的。

今天，收到邓老师让我为其大作《巨人肩上的舞蹈——李镇西评传》写序的邀请，虽感“力不从心”，又觉得“义不容辞”。因工作以来，我整日与程序为伍，脑子里全是些横平竖直的逻辑，关心的也是项目的进度和质量，真正是一点都浪漫不起来，人也就变成了理工男，下笔如有千斤重了。虽然感觉力有不逮，然而，此事“义不容辞”，不仅因为我与邓老师当年在乐山一中为邻，碗筷之声相闻，锅盏之味相通，缘分不浅；更因为邓老师大作写的是我的班主任李镇西老师。李老师教了我5年，师恩深重；因此，哪怕笔拙，也必勉力为之。

既然写序，当然先通读一遍。虽然早已知道李老师是名满中华的教育家，然而，我对李老师的了解，还局限在乐山一中的回忆上。读完全书，对李老师的教育生涯有了一个全面了解之后，我是既感动又敬佩。

一感李老师立志高远。初二的时候，李老师在班上为了鼓励我们立志，就曾经说过（原话记不清了，但大意如此），“要有志向，比如我做教育，就要立志做当今的叶圣陶，做当今的陶行知！”少年懵懂的我，不知道叶圣陶和陶行知在中国教育史上有多么崇高的地位，也不知道李老师这个志向给了自己多大的挑战，但李老师当时的姿势和语气我仍然记得很清楚——他在讲台前来回走动着，头微低，说到“陶行知”时，用手在头上画了个圈，随着激昂的语气，迅捷地扫过身前。这个场景今天依然记得，就是因为当时我就依稀感觉到，就在那天，在自己的学生面前，李老师给自己设定了挑战的标杆。毫无疑问，李老师一直铭记着自己的立志，并且用全部的精力和时间在实现它。

二感李老师的“公民意识”教育和“平等”教育。读完全书后，印象最清晰的是两个细节，一是李老师如何循循善诱地引导学生建立班级的规章制度，也就是班级的“法律”，在这个“法律”面前，学生和老师平等；二是

李老师在武侯实验中学庆祝教师节的PPT中，拍进了食堂的师傅，并且向他们祝贺节日快乐。我非常认同李老师教育中的这两点。重人治轻法治，重威权轻草根，是我们沉重的文化负担，能够让孩子们从小意识到有不同的观念，不同的思考方式，大有裨益。

最敬佩李老师的一点，是他的刻苦。当学生时还不觉得，现在自己人到中年，感受日深。每当我下班回家，感觉不想看什么东西，就想休息休息的时候，就不禁想起李老师随时都在积累素材，随时都在阅读、思考、写作。这样的刻苦，于他而言，已经是一种习惯，于我而言，则油然而生“高山仰止，景行行止”之感。“刻苦”这个环节，只能仰望恩师了。

在书里，我属于“优生”，如果读者知道了我现在既未成名成家，也没赚什么钱后，也许会生出些怀疑——李老师的教育，在这个“仲永”身上，未必能算是成功吧……我倒认为，我现在这样，刚好是李老师教育成功的表现。

首先是“遵从自己的内心”，学了8年经济之后，我最终还是觉得自己喜欢写计算机程序，于是工作时径直就做了自己喜欢的事情。这样不考虑“钱”程，不考虑投入产出的肆意妄为，回想起来，和当时未来班鼓励独立思考，鼓励特立独行的氛围不无关系。现在有不少文章说国人缺少脱离功利考虑、特立独行，追求自己兴趣的勇气，嗯，我想我给出了一起反例。

其次是李老师培养了我们读书的习惯，以及对书籍的喜爱。老师教给了我读书的乐趣——读书不是为了颜如玉，也不是为了黄金屋；读一本好书，与一个丰富的心灵对话，本身就是其乐无穷的事。虽然我做的是“枯燥”的技术工作（实际上我觉得有趣得很），但我始终保持了对人文、历史的喜爱，每年总要读些相关书籍，比如，最近刚刚看完了基辛格的《世界秩序》。能体会到世界的丰富，文化的多元，精神的奇妙，这些东西，不正是我们人之所以为人的乐趣吗？

能倾听自己内心的声音，对身边的世界，对精神世界永远保持好奇，我想，这是一位老师能够给学生的最好的教育、最好的礼物。我珍藏了老师的礼物，直到现在还完好如初，这就足以证明老师教育的成功了。

写到这里，不由得乐了，这么多年了，没想到当年那个口无遮拦的小男孩还在心里活着呢！就此打住，感谢李老师，是您给了这个小男孩旺盛的生命力；感谢邓老师，是您提供了机缘让这个小男孩三十年后醒了过来，又留下了些自己的印记。

程　桦

2016年1月于北京

Contents\ 目录

第二部分　做苏霍姆林斯基式的班主任

第三部分　做苏霍姆林斯基式的语文教师

第四部分　做苏霍姆林斯基式的校长

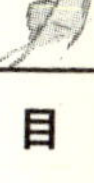

引言：世间本无“李镇西”

李镇西这个名字，给人的第一印象就是：大气，威武，有派。用当今流行的网络语言形容，就是“高端大气上档次”！

最先被这个名字折服的，恰好就是他的第一批学生、四川省乐山一中初八四届（1）班——第一届“未来班”的孩子。他们在恭恭敬敬称呼他“李老师”、亲亲热热称呼他“老李”之外，还响响亮亮地封他为“镇西大将军”！

然而，这世上差点就没了“李镇西”这个名号。

1958 年 9 月下旬的一天，四川省仁寿县一个普通小学教师的家庭，一名男婴呱呱坠地。

这个闭着眼睛响亮啼哭的男婴不知道，他降生的时候，正是对后来影响深远的“十五年超英赶美”“跑步进入共产主义”的大跃进运动的开局之年，全国人民意气风发，豪情万丈，甩开膀子大干快上，努力建设并准备享受“楼上楼下电灯电话”和“土豆烧牛肉”的共产主义社会。著名歌谣“天上没有玉皇，地上没有龙王！我就是玉皇，我就是龙王！喝令三山五岳开道——我来了”，唱彻山河大地，代表了这一时期人们的精神风貌。

身为县文教局干部的父亲和小学教师的母亲，顺应时代潮流，又或多或少有点小资情调，他们给这火热年代降生的第一个宝贝，取了个响亮的名字：李超美！因为那个时代的口号就是“超英赶美”，而这家父母更性急，让儿子的名字直接“超美”了。

因此，这个“李超美”就是李镇西的“曾用名”。不知道他长大后填写各类表格的时候，把这个“曾用名”向组织上“坦白交代”过没有。后来为什么要改名“李镇西”呢？

李镇西解释说，没想到，“超英赶美”口号的余音未落，中国却遭遇了空前绝后的“三年自然灾害”。可能是感到“超英赶美”太难，连“赶英追美”都是梦想，于是在 1961 年，时代口号悄悄变成了“千万不要忘记阶级斗争”，“不是东风压倒西风，就是西风压倒东风”。

顺应时代潮流同时又生怕落伍挨整的父母，赶紧把儿子的名字改成“镇西”，意思就是“镇压西方的帝国主义”!

名字改好了，父母心里却不大踏实起来。尽管已经接受多年的新中国的洗礼，父母毕竟是从旧时代过来的人，内心深处却还多多少少残存着一些旧的观念。他们担心儿子名字太大气了不好带，便故意把他当成女孩来“富养”。其实，比起郭沫若先生当年在嘉定府中学堂（即今天的乐山一中）的业师“帅镇华”来，“李镇西”这个名字还不算最响亮的。于是，垂髫之年，母亲经常把李镇西头顶部分的头发束成一个朝天的小鬏鬏，装扮成一个可爱的小姑娘模样，并专门到照相馆“立此存照”。这张小姑娘打扮的照片，成了李镇西今生唯一的“男扮女装”照片。他倒是一点不介意这张一身“小小伪娘”装束的照片，反而分外珍爱，在后来的多本著作中作为重要附图，还曾用作他新浪博客的头像。

李镇西出生的那一年，在相隔十万八千里的苏维埃社会主义共和国联盟的加盟共和国乌克兰，40 岁的瓦西里·亚历山德罗维奇·苏霍姆林斯基，正在一所名叫帕夫雷什的农村中学当校长，孜孜不倦而又津津有味地扑下身子教书育人，并荣获了乌克兰加盟共和国颁发的列宁勋章，成了一个最富有人道主义精神的平民教育家。日后，苏霍姆林斯基的教育思想影响深远，在中国无数受其影响最为深远并终生践行并发扬光大他的教育思想的教育者之一，就是李镇西。

苏霍姆林斯基逝世 12 年后的 1982 年，中国青年李镇西从四川师范大学中文系毕业，豪情满怀走进中学校园，当上了一名中学教师。从此以后，他在苏霍姆林斯基旗帜的召唤下，义无反顾地行走在教育之路上，从班主任兼语文教师到中学校长，从乐山到成都，执教多所中学，把苏霍姆林斯基的教育思想、教育理论同中国的教育实际相结合，在不断发扬光大的同时，把自己锻造成为苏霍姆林斯基式的教育者。

李镇西说：我用整个心灵拥抱苏霍姆林斯基。渐渐地，我了解到苏霍姆林斯基的生平事迹。于是，这位伟大的教育家在我心中活了起来，我似乎能够感受他的音容笑貌，甚至能够听到他的心脏的跳动。

在李镇西 30 多年的教育生涯，与苏霍姆林斯基分属不同时代、不同国家，但他们已经超越时空的阻隔，打破语言的障碍，穿越天堂与尘世的界限，为了共同献身的教育事业，在一起对话、交流、切磋、探讨、碰撞。苏霍姆林斯基毕其一生培育的最鲜最美的教育之花，通过李镇西和无数苏霍姆林斯基的追随者们的移植、培育、浇灌并发扬光大，盛开在中国的土地上，成为中国当代教育最美的一道风景。

李镇西 30 多年的教育经历，续写了苏霍姆林斯基故国著名作家奥斯特洛夫斯基的不朽之作：钢铁就是这样炼成的！

李镇西 30 多年的教育生涯，一步一个清晰的脚印，为 21 世纪的中国培养了无数具有民主与法治意识、诚信与规则意识、权利与义务意识的合格公民，赢得了无数人的尊敬。

李镇西用自己 30 多年的经历，证明了“李镇西”这个“高大上”的名字，还真不是浪得虚名。

第一部分◆◆◆

像苏霍姆林斯基一样做人

中学语文教育界有一句流行语：听课要听李镇西。因为他的语文课堂飞扬着文采，横溢着才情，流淌着激情，荡漾着思想，充盈着民主、科学与个性，如清水芙蓉，情致天然；如水银泻地，潇洒自如；如高屋建瓴，纵横捭阖……

文学界有一句流行语：要做文，先做人。推而广之，要教书，先做人。李镇西教书教得好，首先是他做人做得好。他几十年如一日追随苏霍姆林斯基和陶行知，做真实的人，做纯粹的人，做大写的人，不管风吹浪打，我自闲庭信步，任他浮躁喧嚣，我偏心如古井，以达摩面壁式的坚韧与执着，把一首理想的歌，放高声唱到老……

第一章　做苏霍姆林斯基那样纯粹的人

第一节　苏霍姆林斯基是一位真诚的人道主义者

“作为饮誉全球的教育家，苏霍姆林斯基首先是一位充满童心的真诚的人道主义者。”李镇西这样解读苏霍姆林斯基。

出身于农村贫民家庭的苏霍姆林斯基，是一个忠诚的爱国者。1941 年卫国战争爆发，他义无反顾奔赴前线，在战斗中身负重伤，伤愈后无法重返前线，胸口还残留着法西斯的弹片。他把对祖国的爱，由浴血奋战转化为投身教育，为培养人格健全、终生幸福的公民奉献了毕生的精力。

他不仅是一位忠诚的布尔什维克，更是一位拥有自由精神和独立人格的知识分子，坚持实事求是，勇于独立思考。当苏共中央 1932 年对儿童学批判过头的时候，他公开指出这是“把孩子和洗澡水一起泼掉了”；在全苏联所有学校取消劳动课的 1955 年以前，他认为劳动教育是实现全面发展的重要因素，坚持进行劳动教育，并在所主持的帕夫雷什中学给学生授予职业证书；但当赫鲁晓夫大搞生产教学的时候，他又第一个站出来反对这种过头的做法。

他的教育探索一直存在争议，阻力重重，但他从未放弃对理想和真理的追求。对于上级违反教育规律的错误指令，他从来都是拒绝执行。担任苏联教育科学院通讯院士后，他坚持以人为本的教育探索不动摇，坦然面对各种指责和压力，宁肯被边缘化也不愿委曲求全。表面上看，他获得了不少荣誉，但实际上，到了 20 世纪 60 年代，他已经很少到莫斯科参加苏联教育科学院的会议，大部分著作在生前都无法出版，他的《我把整个心灵献给孩子》还是通过特殊渠道在东德出版的，为此他还差点被开除党籍。

他活得很真诚，一辈子不唯书，不唯上，坚持脚踏实地，坚持实事求

是，他的人生字典里没有假大空。

他始终保持着一颗纯真的童心，用儿童的眼睛去观察，用儿童的兴趣去探察，用儿童的头脑去思考。

他坚持以人为本的教育，坚持目中有人的教育，把人道主义贯穿他教育思想和教育实践的始终。

尽管，“苏霍姆林斯基在苏联教育界高举起人道主义教育的大旗，已被当局视为异己，视为危险分子。他身临逆境，被口诛笔伐，以致心力交瘁而故”，但他绝不退让，从不妥协，虽九死而犹未悔，坚持真理不动摇，像勇敢的飞蛾，向着理想的火焰飞翔。[①]

第二节　像苏霍姆林斯基那样做人

李镇西用“充满童心”“真诚”“人道主义者”这几个关键词来解读苏霍姆林斯基，我们同样可以用这几个关键词来解读李镇西。

首先，他保持着一颗童心，对儿童有一种与生俱来的爱。从教二十多年以后，李镇西对自己的教育生涯有着这样的反思——

本来，从某种角度看，我其实很不适宜于当老师的，因为我性子太急躁，常常忍不住就发火甚至对学生态度粗暴。但是从另外一个角度看，我当老师又有着自己的可能是独特的优势，这就是我很爱孩子，或者说我的性格里面本身就有许多“孩子气”。就教育技巧或者说教育艺术而言，我有许多致命的弱点，因而在我的教育历程中，我有过不少至今想起来都令我脸红的失误。但是，只有一点我可以毫无愧色地说：我有一颗童心！

这颗童心，使我深深地爱着我的每一届学生、每一位学生；这颗童心，使我的学生原谅了我对他们有时抑制不住的暴怒；这颗童心，不止一次使我和学生一起欢笑，一起流泪；这颗童心，使我自然而然地走进了学生的情感世界，也让我的学生常常不知不觉地拨动了我的情弦……

爱心和童心，是我教育事业永不言败的最后一道防线。(《爱心与教育·关于爱心与童心的随想》)

---

① 参见吴盘生译 A. 彼得罗夫斯基《我是怎样出席苏霍姆林斯基葬礼的》一文。说明：本书后文所引原文，均为李镇西著述，后文仅列出书名。具体出处，参见本书附录一“李镇西作品目录”。

20 世纪 80 年代前期，刚刚走上教师岗位的李镇西年轻气盛，才华横溢，工作上有一股“拼命三郎”的锐气，有激情，口才好，谈锋健，做事认真，幽默诙谐，思想纯正，刚正不阿，眼睛里容不得沙子，与人争论问题时口若悬河，雄辩滔滔，得寸进尺，寸步不让，往往让对手理屈词穷，尴尬万分。他不看别人脸色行事，一旦认准了的事情九牛都拉不回来。

他还有一个最大的弱点，就是脾气不大好，不喜欢的人，他连白眼都不给，“有时路见不平事，拔刀便作狮子吼”，好几次他为了保护自己的学生，竟然主动出手，跟高中年级的学生“发生肢体接触”。按说，他这样的火爆脾气，确实不是当教师的料，但他对孩子深入骨髓的爱，恰好正是当教师最好的料。

当年在乐山一中，他全身心投入教育，办“未来班”，请赫赫有名的作曲家谷建芬谱写班歌，倡导全校师生为大兴安岭森林大火灾区和红岩英烈纪念馆捐款，闹出一连串的大动静，学校内外许多人不理解他，有的人干脆认为他就是爱出风头的“二百五”。他毫不在乎别人的议论，昂首阔步一往无前。

在李镇西踏上讲台 30 多年以后的今天，人们回望他的成功之路的时候，就连当初对他说三道四的人也不得不感叹：李镇西确实是天生的教育人才！

这话不假。几乎所有对李镇西有所了解，或者读过他的书，听过他的课或他的讲座、报告的人，都无不由衷地感叹：李镇西真是一个用全身心热爱孩子、热爱教育事业的教育天才，所以他取得了成功！

李镇西认为，一个高素质的教师，必须像苏霍姆林斯基那样，是一个真诚的人道主义者，一个最富有人情味的人，一个心甘情愿“把整个心灵献给孩子”的人，因为，“只有童心能够唤醒爱心，只有爱心能够滋润童心”。正是因为自己那颗永远保持的童心和爱心，他才能够在从教之初跟苏霍姆林斯基“一拍即合”，将其奉为偶像，尊为导师，视为知己，引为同道，在其指引下一路高歌猛进，不断向理想和事业的高峰攀登。

其次，李镇西活得很真诚，是一个纯粹的人。

李镇西之所以能够把一首理想主义的教育之歌不变调地唱了几十年，是因为他和苏霍姆林斯基一样，属于毛泽东同志在《纪念白求恩》一文中赞扬过的“五种人”——一个高尚的人，一个纯粹的人，一个有道德的人，一个脱离了低级趣味的人，一个有益于人民的人。

他永远像纯真的孩子，始终保持着一颗赤子之心，不唯上，不唯书，不矫情，不犬儒，不浮躁，不逢迎，嫉恶如仇，从善如流，一直让双脚牢牢站

在大地上。他热爱教育，也热爱写作，他喜欢阅读，更喜欢思考——无论是教育还是写作，阅读还是思考，他从来都是表里如一，我手写我口，我口表我心，敢于风标独树另辟蹊径，不肯人云亦云随波逐流。因此，李镇西就是李镇西，可以模仿，却无法复制。

他的生活也很纯粹。不抽烟，不打牌，不喝酒，甚至连茶都很少喝。生活在有着“麻将之都”美誉的成都市，混迹于“烟文化”“酒文化”“茶文化”和“麻将文化”等多种伪文化氛围浓厚的男人世界，他的做派岂止是“特立独行”！他不追捧名牌，对豪车华屋名表名包视如敝屣；他不喜欢吃吃喝喝拉拉扯扯称兄道弟的社交场合，厌恶言不由衷强颜欢笑的招呼应酬，鄙薄对领导点头哈腰毕恭毕敬、对下属吆五喝六颐指气使的官场风气，对勤劳、朴实、忠厚、善良的劳动者却倾情热爱毫不吝惜赞美之词。他业余时间最大的爱好，除了读书、思考和写作，就是亲近大自然，畅游名山大川，并因此喜欢上了摄影。他给人的感觉，外表其貌不扬，内心深厚强大，腹有诗书气自华。

他性格随和，语言幽默，人们跟他相处如沐春风。他没有架子，即使成了名人以后也没有架子，走到哪里，哪里就是一阵阵笑声。但他嫉恶如仇，对一切假恶丑的东西绝不宽容，假如有人拉他的大旗做虎皮招摇撞骗欺世盗名，他那一管笔会比“三千毛瑟”更厉害，让你吃不了兜着走。近年来一些以盈利为目的拉专家开讲座的中介机构，不少人尝到了他的厉害。

他给自己下的评语是一连串的词汇：崇尚率真，远离城府，抛弃面具，追求单纯，拒绝成熟，忠于心灵，执着理想，简单，直率，敏锐，执着，死心眼儿，我行我素……

中青年时期在苏州大学攻读教育哲学博士学位的时候，他的导师、著名教育家朱永新教授这样描述他：

……因为他英语基础比较差，我专门请了一位学生帮助他，他竟然像高中生那样，每天早上坚持背单词。上课讨论问题，他有时也会像一个高中生一样与人争论。他给我的电话也特别多，差不多成了“早请示晚汇报”。同学们悄悄对我说：“这个李镇西，像个小孩子！”

他特别喜欢网络，在“中青在线”和“K12”都是呼风唤雨的风云人物，还经常在我面前说起“网事”。我曾当面“批评”他，叫他不要像中学生那样沉湎网络！但是，他阳奉阴违，我行我素。更有意思的是，有一天，他和焦晓骏、袁卫星等年轻的朋友竟然密谋把我拉下了水，拖进了网。他们说，著名学者都有自己的网站，朱老师当然应该有！就这样，去年6月，我们的网站——“新教育在线”开张了。李镇西担任了网站的总版主。

李镇西在“教育在线”的形象，就是那个光着屁股不断扭的小孩子。他美其名曰：“这就是赤子！”他在网上理直气壮地宣称：“不愿长大！”

因为他“不愿长大”，他始终和他的学生们在一块儿玩耍，把自己视为他们的一分子。

因为他“不愿长大”，他始终童言无忌。他甚至敢说：“教师不是人类灵魂的工程师！”

因为他“不愿长大”，他始终不善伪装，争论的时候往往会搞得面红脖子粗，开心时又往往会拥抱亲吻。

（朱永新为李镇西的博士论文《民主与教育》写的序言：《一个特别的学生和一篇特殊的论文》）

乐山一中的老校长罗永昌到现在提起李镇西，都是又爱又怨。罗永昌评价他是个“说话做人写文章‘语不惊人死不休’的理想主义者”，有理想有见解，有独立人格，但缺乏自保策略。李对现实有什么不满，往往是不平则鸣脱口而出，又常常被人添油加醋以讹传讹。

罗永昌说：“教师队伍就缺他这样的人，我喜欢他，但他尽给我惹事，害得我经常被上面喊去‘背书’。”李镇西在1989年因过分同情学生又犯了错误，年底评选优秀班主任的时候不少人主张李镇西不能评选。罗永昌校长力排众议，举了他坚持每天早晨亲自到锅炉房挑开水，灌满教室保温桶的事例：“一年半的时间，你们谁能做得到？”

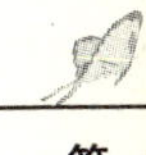

李镇西的岳父万鲁君是乐山一中的退休教师，国学根底深厚，为人处事颇有儒者风致。万老先生跟李镇西情同父子，更是朋友。老人赏识女婿的才华和敢于担当的品格，支持李镇西长期主张并践行的民主教育思想。见李镇西经常因言惹事，便常常用鲁迅“在壕沟里战斗”的名言来警策他，提醒他注意自保。但是，李镇西就是李镇西，李镇西就是朱永新先生说的那个小男孩，他不愿意穿上衣服，永远以赤子的面目示人。

第三节　做真正的知识分子

知识分子是什么样的人？正如不是每一个有着豪车华屋的有钱人都可以被称为“贵族”一样，不是每一个有一定科学文化知识并从事脑力劳动的人都可以被称为知识分子。真正的知识分子是具有“独立之精神，自由之思想”的特殊群体。

真正的知识分子有个性、有见识、有思想、有理想，敢担当、敢作为，有社会责任感和献身精神。知识分子的学识、风度、风骨、操守和气节，会成为一个时代的人文标杆而流芳久远。他们“富贵不能淫，贫贱不能移，威武不能屈”，“达则兼济天下，穷则独善其身”，一门心思“为天地立心，为生民立命，为往圣继绝学，为万世开太平”。真正的知识分子必须敢于直面现实，追求真理，敢于担当，勇于做社会的良心、社会的脊梁。

《简明不列颠百科全书》：“西方人常常称知识分子为‘社会的良心’，认为他们是人类基本价值（如理性、自由、公平等）的维护者。知识分子一方面根据这些基本价值来批判社会上一切不合理的现象。另一方面则努力推动这些价值的充分实现……这种含义的‘知识分子’首先也必须是以某种知识技能为专业的人……但是如果他的全部兴趣始终限于职业范围之内，那么他仍然没有具备‘知识分子’的充分条件。根据西方学术界的一般理解，所谓‘知识分子’除了献身专业工作以外，同时还必须深切地关怀着国家、社会乃至世界上一切有关公共利害之事，而且这种关怀又必须是超越个人（包括个人所属的小团体）的私利之上的。”

李镇西是一个真正的知识分子。他不愿盲从，只崇拜真理；他时刻不忘自己的使命——为未来中国培养公民；他在浮躁的教育大环境下坚守朴素、诚实和良知；他在道德滑坡的社会大背景下，坚持培养拥有真善美情怀的人，用常识阻击急功近利的社会思潮；他坚持民主教育，把民主的萌芽种在每一个学生的心田；他坚定不移推行货真价实的民主管理、依法治校，把一所城乡接合部的普通中学办得生机勃勃，活力四射……

几件小事，折射出从青年时代开始，李镇西身上耀眼的知识分子气质。

1. 写给杞县县委书记的信

这事发生在李镇西的大学时代，大约是 1980 年年初。

一天下午，四川师大校园来了两个乞丐，一老一少，面容憔悴，衣衫褴褛，操着河南口音。在 70 年代末 80 年代初，贫富差距远没有今天这么悬殊，强拆房屋强征土地等现象也还很少出现，尤其在天府之国中心城市的成都，街头出现乞丐的情况还非常罕见，大学校园就更是净土一块。但是在学生宿舍楼下，偏偏就出现了两个乞丐。

那时候，大学生们大多出身工农，家境贫寒，是名副其实的“一介寒士”，自顾尚且不暇，哪有多余的钱粮送给乞丐？许多同学把这稀奇的一幕当成西洋景，一声叹息然后转身离去。李镇西却无法轻松转身，他凑上前去仔细看了老者手中的《介绍信》，上面写着“某某某，家庭出身贫农，因家庭生活困难外出求援，望沿途革命群众予以帮助”等语，后面还赫然盖着河南省杞县某某某人民公社的大红公章。李镇西没有叹息，也没有发牢骚，而是跑到食堂买来几个包子，又拿出一些粮票送给他们。

当天晚上，李镇西浮想联翩，难以入眠。那“家庭出身贫农”几个字，让他非常难受。新中国成立前，他们是贫农，为什么解放30多年了，他们依然是贫农？他翻身坐起，打着手电，连夜写了一首长诗《贫农》，对现实发出质问。

第二天晚上，他破例没有去上晚自习，独自在寝室奋笔疾书，给杞县县委书记写了一封洋洋几千字的长信。他在信中说：“很多年前，同样是在河南这片土地上，同样是在过年前的时候，有一位县委书记来到老百姓家里，说，我是您的儿子，来看您了。他就是焦裕禄！可如今，同样是春节前夕，你治下的百姓外出讨饭，你不感到惭愧吗？”“现在全国人民都在奔四化，如果全国的县委书记哪怕有三分之一能像焦裕禄，别说四化，八化早就实现了！”

这封语言辛辣、观点尖锐又充满忧患意识的信寄出去后一个多月，李镇西居然收到了书记的亲笔回信。在信中，书记向这位当代大学生表示了由衷的赞赏，并讲述了杞县的具体情况，还说收到信后，县委召开了专门会议，挨家挨户排查外出讨饭的人，要求确保老百姓在春节前不再外出讨饭，过一个安心年。他还不无歉意地说，由于你的信没有对那一老一少的情况提供更多的细节，我们也无法查找。但我们一定努力工作，争取让杞县的经济得到发展，让老百姓过上好生活，云云。

转眼过了20年。2009年7月，李镇西应邀到杞县高级中学讲学。他向负责接待的老师讲起这段往事，并委托对方打听当年的书记。第二天得到消息，张书记已经退休，住在开封。没有见到这位素未谋面的县委书记，李镇西有点小小遗憾。“我更关心的是，不知道现在的杞县县委书记是不是还像当年的张书记一样倾听人民的声音，不知道杞县现在还有没有乞丐？”李镇西想。

2. 特殊的入党经历

李镇西对党充满了深厚的感情，甚至可以说是无限热爱。他曾经积极争取入党，却未能如愿以偿。2006年，他以党外人士的身份出任成都市武侯实验中学校长，在全国中学也算一大“例外”。

从小接受的“人生三部曲”教育告诉李镇西，先后加入少先队、共青

团、共产党是人生的必由之路。因此，从青年时代起他就积极向党组织靠拢，认真学习了包括《共产党宣言》在内的马恩列斯和毛泽东的许多关于党的理论和党的建设的经典著作和文章，把党章读得滚瓜烂熟，内心深处树立了共产主义的远大理想和奋斗目标。他明白，共产党没有自己的利益，只是全心全意为劳苦大众谋利益。因此，共产党员必须是社会中最优秀的人，永远吃苦在前，享受在后，为了群众利益任劳任怨付出，为了真理敢于抛头洒血。李大钊、方志敏、许云峰、江竹筠这样的人，才是真正的共产党员。他希望，如果入党，就一丝不苟践行入党誓言，为神圣的共产主义事业奋斗终生。

1985 年，他在思想上已经做好了入党准备，于是郑重地向党组织递交了《入党申请书》。洋洋万言的申请书，没有一个字是抄来的，全是对党说的掏心窝子的话，真诚热烈，大义凛然。

党组织郑重接受了他的申请，并把他作为入党积极分子进行培养。日复一日，他都以心目中真正的共产党员的标准，严格要求自己。

然而，他的入党积极性却在降温。

生活在象牙塔中的思想单纯的青年李镇西，无法接受身边的一些同龄入党积极分子的做派，他们骨子里没有信仰，只为了个人利益而在积极表现；他更厌恶身边的一些党员表现出来的自私、平庸、谨小慎微、见利忘义等种种不堪；他为党内的一些不正之风的蔓延痛心疾首，对腐败现象深恶痛绝。他义愤填膺地给当时的团中央书记胡锦涛写信，表达一个共青团员对党风每况愈下的深深忧虑。

他认为，入党兹事体大，纯粹是对一种理论的信服，对一种理想的向往，对一种精神的追求，丝毫无关个人利益。共产党员就应该是毛泽东在《纪念白求恩》一文中称颂的“五种人”。他目睹身边太多的人却不是这样的，这些人居然还能平步青云，一路顺风。他想不通，迷惘了。

于是，他痛苦地暂时放弃了入党要求。

他当教师后，在书信往来中诚恳地提醒准备入党的学生：你们做好了“毫不利己专门利人”的准备了吗？做好了随时为人民利益而放弃个人利益乃至生命的准备了吗？如果做好了这种思想准备，那么就义无反顾地加入中国共产党吧！相反，如果你们抱着入了党就可以享受各种优惠或者特权的想法，那么，我劝你们别入党！

我们的李镇西简直就是认死理，是多么不肯“与时俱进”的老牛筋啊！

3. 面对面的团组织生活会

李镇西在乐山一中，还曾经做过几天“官”。这个官，应该叫“团官”，具体职务是学校教工团支部书记。在今天，这个职务，似乎属于学校中层干部并享受相应待遇，但在当时却没有，就是一个群团组织的小小负责人罢了。尽管如此，李镇西在繁重的教学工作之余，仍然把这个“团官”当得一丝不苟。

那一年，为了两个团员的“生活作风”问题，团支部书记李镇西竟然大动干戈，专门举行了两次以批评与自我批评为主题的团员民主生活会，以李镇西为代表的共青团员们，面对面对两个青年教师展开苦口婆心的批评教育。

故事的男主角是从某县调来的青年教师，女主角是刚刚分配来的大学毕业生。男有才，女有貌，两个人相见恨晚，一拍即合，一天到晚形影不离，如胶似漆，真个是情投意合的一对。本来，这样一对玉人算得是天配佳偶，人间鸳鸯，但问题是，男老师在老家早已有了女朋友，而且早已明铺暗盖生米熟饭，已到谈婚论嫁的关头，女老师也知道男方的情况，两人却不管不顾，公然在单位玩“劈腿”。这事引得全校教职员工议论纷纷，“道路以目”，但是，这毕竟属于私生活问题，大家都不好说什么，校领导也无可奈何。

眼睛里容不得沙子的李镇西，“利用职权”召开团员民主生活会，号召广大青年团员对两人，尤其是对男老师进行批评教育，责令其悬崖勒马，痛改前非。团员们受李镇西浩然正气的感染，果然不留情面，对其进行了苦口婆心的批评教育。李镇西也拿陈世美的故事来对其开导教育了一番，大义凛然地要求他“树立无产阶级爱情观，不要见异思迁做当代陈世美”。同时，又批评女老师不应该当“第三者”插足他人的爱情。后来，不知道是社会舆论压力太大，还是团组织的干预起了作用，还是其他别的原因，两人的恋爱有如“易涨易退山溪水”，很快无疾而终。

用今天的观点来看，李镇西和他的团员们的做法，显然是在干涉私生活，侵犯人家的“隐私权”。但在当时，他们确实是真诚的、无私的，出发点是保护团组织的纯洁性。他理直气壮地认为，共青团员是党组织的后备军，后备军当然不能出问题。

多年以后，李镇西在一篇公开发表的文章中，专门表达了对两位昔日同事的歉意，不知道他们读到没有。

4. 除了真理，决不再迷信任何东西

从小学、中学到大学一路走来，李镇西一直保留着单纯得有点傻不拉唧

的学生气，对报纸、广播宣传的一切东西都深信不疑，对某些东西的相信已经到了近乎迷信的程度。那个青涩时期，他写的所有东西，包括诗歌、散文、大批判文章，甚至日记，都是描写发自内心的对伟大领袖的无限热爱，对林彪、四人帮、“孔老二”和帝修反的深仇大恨，以及一个革命青年的万丈豪情。

终于有一天，平地一声惊雷，把这个一直沉浸在乌托邦梦中的青年彻底打醒——

这一声惊雷，就是张志新冤案的曝光。

中国的1979年被称为“思想解放年”。那一年，21岁的李镇西正上大学二年级。他第一次读到张志新的事，惊得目瞪口呆，遭受电击一般彻底懵了。大地在脚下旋转，世界失去了色彩。他像贾宝玉莫名其妙丢失了那块“莫失莫忘，仙寿恒昌”的通灵宝玉一样，整个人都蔫头耷脑，好些天都在如梦似幻、迷迷糊糊中，仿佛大病一场。

当他终于从迷惘中解脱出来，许多从少年时期便铭刻在脑子里的“神圣”形象和“庄严”字词，开始模糊而遥远。经过了几个彻夜未眠的心灵痛苦之后，他写了一首题为《我和亚瑟》的短诗，表达了对现代迷信永远的决裂。

张志新，是引领李镇西走出现代迷信的思想启蒙者。

独立思考，是李镇西从张志新那儿继承的精神遗产。

他进一步把审视的目光扫向他曾经热情讴歌的那个时代，看到了一个个身影：林昭、遇罗克、李九莲、顾准……

一遍又一遍朗诵着雷抒雁的《小草在歌唱》，李镇西一下子变得无比清醒。他庄严宣告：从今以后，在这个世界上，除了真理，我决不能再迷信任何东西，不管它披上多么神圣的外衣！

他学会了用自己的眼睛去观察，用自己的头脑去思考，用科学的方法去辨别，不再迷信，不再盲从，做自己认为该做的事，说自己认为是真话的话——逐步把自己锻造成了拥有“独立之精神，自由之思想”的真正的知识分子。

在李镇西的整个教育生涯中，他始终坚守一个原则：绝不培养告密者。因为，他心目中的那些英雄——红岩英烈和后来的顾准、张志新、遇罗克、李九莲等，以及众多在“反右”中倒下的“阳谋”受难者们，大多因为告密者的密告而中枪。因此，他始终保持心灵光明磊落，对告密者深恶痛绝，口诛腹诽，坚定不移地排斥打小报告的人。

5. 陶行知墓前的真情告白

2001 年 10 月 15 日，李镇西来到南京晓庄新落成的陶行知纪念馆，凭吊先生的墓园，在墓前久久肃立，向先生畅叙衷肠，发出了一连串真情告白，表达了一个真诚的教育者在现实生活中难以言说的心曲和愤懑。

陶行知是苏霍姆林斯基之外给李镇西教育行走影响最大的教育家。李镇西曾经不止一次痴痴地想，如果先生还健在，哪怕远隔千山万水，我也一定要投奔他，亲耳聆听他的教诲！

今天，他终于来到先生身边，却是在先生身后五十多年。面对先生，他连续发出六个感叹：愧对您呀，先生！

如果您知道在今天居然有用胶布贴学生嘴巴的老师，有强迫学生吃苍蝇的老师，有在学生脸上刻字的老师，有撕裂学生耳朵的老师，有踢破学生脾脏的老师，有命令学生互打耳光的老师……先生，九泉之下您能安息吗？

如果您知道今天居然有老师公开在新生入学第一课就向学生说："读书考大学，是为自己，不是为了别人。读书增强了自己的本领，提高了自己的资本，挣下了大把的钱，从而有一个美好的个人生活，甚至找一个漂亮的老婆，生一个聪明的儿子。所以我强调，读书应该是为了自己！"先生，九泉之下您能够安息吗？

如果您知道现在的中学生早已没有了星期天，更难得机会走向大自然，甚至有学生因为学习压力太重而自杀，甚至向母亲举起了榔头……先生，九泉之下您能够安息吗？

如果您知道现在的"应试教育"已使孩子过早失去了童年而教师不得不狠着心肠撕碎了学生的纸飞机，收缴了学生的随身听，漠视孩子的童趣，斥责孩子的顽皮……先生，九泉之下您能够安息吗？

如果您知道现在一些教师总喜欢在学生面前表现出"高深莫测"、"凛然不可侵犯"的"派头"，从中体验着自己的"尊严"，或以"道德圣人"自居，居高临下地去"塑造"学生的"灵魂"……先生，九泉之下您能够安息吗？

如果您知道了现在的教育"创重"迎检作假、"普九"验收作假、教育科研作假、职称评定作假、教师论文作假、学生作文作假、公开课作假、班会课作假、三好生作假、保送生作假……先生，九泉之下，您能够安息吗？

中国教育像坐上过山车一样，在 21 世纪的末页全面走向应试教育。应试教育具有无可想象的威力，它在对教育规律的尊重，对孩子人格的尊重，

对教师师德师风的养成，对真善美的弘扬等诸多方面，都构成一种前所未有的威胁。

李镇西身处如此教育环境，对教育存在的一切问题耳熟能详，了如指掌，面对“千教万教，教人求真；千学万学，学做真人”的大师，他百感交集，连珠炮般的肺腑之言，向先生倾吐，向背离教育规律的教育体制发炮！

多年来，他一直在做一件事情，就是让教育回归常识。

今天，他已经是“天下谁人不识君”的风云人物，但他却异常清醒，十分低调：“别人把我当‘名人’我管不着，但我心灵深处完全保持质朴的本色。因此，当有些朋友总想把我当作‘楷模’时，我总是说‘我就是李镇西’。于是有人说我‘矫情’说我‘做作’。没办法，我觉得这实际是一个‘圈套’——如果我接受并认同了这些光环，就必须按这些光环的要求去做完人，而我又不是完人。于是，我的良知会迫使我按这些‘高标准严要求’去努力，这样我将很累；而如果我头顶这些光环，为人却并不纯粹并不高尚，我必然是一个很虚伪的人！因此，我觉得还是站在地上好。”

李镇西就是大地的儿子。

第二章　曾经有一个文学家的梦

第一节　梦起：少年识得文学味

出生在小城镇小知识分子家庭，与同龄孩子相比，从小受到的家庭教育和学校教育相对良好，加上个人的兴趣爱好，李镇西在文学方面的天赋，是他少年时代个人禀赋中的一大亮点。

少年李镇西有一个梦，一个文学家的梦。

少年时代是求知欲最旺盛的时代。李镇西的少年时代恰逢“十年动乱”，那是“知识越多越反动”作为主流意识的特殊年代，包括屈原、李白、杜甫、苏东坡和巴金、老舍、曹禺以及莎士比亚、托尔斯泰、普希金、索尔仁尼琴在内的绝大多数优秀作家、诗人被打入另册，只有一个以塑造“高大全”形象而闻名的作家浩然独步天下；绝大多数优秀的古今中外文学作品都被列为禁书，只有毛主席诗词、鲁迅作品和浩然的小说、贺敬之的诗作以及所谓工农兵抒发战天斗地豪情的作品，可供文学爱好者们阅读欣赏。公共图书馆基本上不开门。读书人最喜欢逛的新华书店，长年累月门可罗雀，书架上是寥寥无几的书籍，售货员无精打采地凑在一起织毛衣，谈天说地，或者干脆打瞌睡。

知识的荒漠化，文学的戈壁滩，挡不住少年李镇西那地火般蠢蠢欲动的求知热情。

小学时期，他的“文学圣地”是现场租看连环画的小地摊。这种小书摊几乎每条街都有。利用母亲分配他买盐打酱油的机会，“以权谋私”，“贪污”下一分钱两分钱，便能到小书摊换来课余时间难得的快乐。有时候到了吃饭时间忘了回家，母亲十拿九稳能在附近的小书摊逮到他。

读书多了，灵感被激活，激情被点燃，心儿不安分，手儿就发痒，少年

郎找到了自己的理想——做一个浩然那样的作家，或者贺敬之那样的诗人。于是，写作成了他的最大爱好。

课堂上，他的作文经常被老师作为范文向全班同学宣读、讲评。“生在红旗下，长在甜水里”的少年，对党和毛主席一片忠诚，他写的斗私批修、批林批孔等题材的文章文采飞扬，他因此经常代表全校学生上台朗读作文，一展“战斗的风采”。在所就读的学校五通桥中学，李镇西被戴上了“小诗人”、“小神童”的桂冠，名字分外响亮。

第二节　梦中：激情燃烧的文学青年

李镇西的初高中阶段，正是“文化大革命”时期。在那个特殊的年代，别说能读到的文学作品极其少，就是能读到的纸上的“文字”都还真不多。不过在这个特定时期，李镇西已经把《毛泽东选集》的四卷通读了好几遍，当然是否真正读懂书中的“微言大义”姑且不论。他还把公开发表的毛主席诗词全背得滚瓜烂熟，至今都倒背如流，并把其中的每一个词语解释、每一个典故都弄得清清楚楚。他如饥似渴地阅读一切能够弄到手的出版于“文化大革命”前的文学作品，从小说《红岩》、《林海雪原》、《欧阳海之歌》、《烈火金刚》、《草原烽火》、《敌后武工队》、《苦菜花》到《钢铁是怎样炼成的》，他都“不择手段”地找来读。随着“文化大革命”的深入开展，他又读到了渐次解禁的古典文学四大名著，以及一些古典诗词和外国文学作品。

今天回看李镇西当年一些充满时代色彩的作品，我们都不得不折服于他的文学天赋。请看他在 1976 年 1 月入团后，为了表达当时喜悦的心情和神圣的感觉，用 4 天时间写的 200 行长诗《光辉的起点》片段：

……神州大地/春雷激荡/八亿英雄/激战犹酣！/“到处莺歌燕舞”/一派春意盎然。/啊！就在这/万紫千红的时刻/我，祖国的花朵/革命的后代/豪迈地跨入了/共青团行列/光荣地/成为共青团员！

此刻，我久久凝视/鲜红鲜红的光荣榜/心潮起伏/如卷浪掀澜，/浮想联翩/似梭穿电闪。/十七年的成长史啊/像电影镜头/掠过眼前……

火红的/一九五八年/祖国/正是阳光灿烂/总路线的旗帜/在明朗的天空/猎猎招展/大跃进的炉火/在滚热的炉膛/熊熊烈燃/人民公社的歌声/从葱绿的田野/飘上云端！

在这难忘的年代/我出生在/幸福人间/国庆九周年的前夕/我第一次/睁

开双眼！

春风雨露育新苗/根深叶茂花烂漫/我每长一寸/都靠人民的血汗/我每前进一步/都靠党的扶搀/毛主席的光辉啊/把我沐浴/使我康健！

……

长诗的结尾写道：

啊！《国际歌》声/响彻耳边/五洲风雷/激荡心间/崇高理想/使我斗志更坚！/共产主义的顶峰啊/“高路入云端”！/激励亿万人民/奋勇登攀！我明白/万里长征/这里是/光辉的起点！

啊啊！/壮丽的革命事业/我们接班！/祖国的一穷二白/我们改变！/未来的革命重任/我们承担！/挺起胸/朝前看/前程似锦金光灿！/奋勇前进吧/响应时代的召唤/不惧千难万险/沿着毛主席的/革命路线/继续革命/永不休战！/用沸腾的热血/书写社会主义的/瑰丽诗篇/将闪光的青春/描绘共产主义的/明媚春天！

这首杂糅马雅可夫斯基和贺敬之风格的抒情长诗，抒发了少年李镇西光荣入团后的心潮澎湃，感情真挚，态度真诚，节律明快，朗朗上口，确实具有相当不错的才情。

青少年时代，李镇西喜欢写诗。他的诗歌朴拙但真诚，用童真的眼睛观照世界，用纯洁的心灵解读社会，脸上洋溢着神圣的光彩，脑中凝聚着诗人的气质，胸中冲荡着如火的激情，笔下流淌着鲜活的文字。如果不是命运安排他后来从事教育工作，他说不定真的能够成为一名专业作家，或者一名诗人。

1976 年 7 月，李镇西高中毕业。9 月 5 日，到离家不足 10 公里的乐山县杨家公社插队落户，不久进入专门为知识青年开办的公社农场。这一年，国家发生了几件惊天动地的大事情，包括李镇西在内的大多数中国人的命运随之得到改变：朱德委员长、周恩来总理、毛泽东主席相继逝世，粉碎“四人帮”等等。动乱十年的中国，即将翻开改革开放的新篇章。

下乡后的李镇西一如既往保持着热血青年的热情，白天认真出工，“滚一身泥水，流一身汗水，练一颗红心”，晚上坚持读书、写作，决心一辈子扎根农村，做一个又红又专的无产阶级革命接班人。

第三节　梦断狮子山

1977年下半年，因为“文化大革命”而停止正常招生10年之久的全国高等院校，在邓小平主持下恢复高考招生制度。在知青同伴的鼓励下，李镇西跃跃欲试，不得不临时修正“扎根农村一辈子”的人生坐标，报名参加高考。

在填报志愿的时候，19岁的李镇西填写了“四川师范学院中文系”、“西南师范学院中文系”。据他后来“坦白交代”，之所以填报师范学院，是因为自己是教师子弟，天真地希望能够得到一些诸如加分、优先录取之类的照顾，以增加被录取的概率，骨子里看中的还是“中文系”三个字的“含金量”，那是实现文学家梦的一条捷径。

资料显示，“文化大革命”后恢复高考的第一届即俗称的七七级，全国报名参考人数570万，录取人数27万，录取率为4.8%，是名副其实的百里挑一。李镇西凭借他的实力，成功跻身4.8%的行列，如愿以偿被四川师范学院中文系录取。

成都东郊狮子山，美丽的四川师范大学校园，怀揣文学梦的李镇西，在这里度过了4年宝贵的青春岁月。

今天的年轻人也许不知道，恢复高考后招收的第一届大学新生，入学年龄放宽到35岁，不排除有为数不少超过35岁的大龄青年瞒报年龄考试入学，因此，各所大专院校不乏“胡子大学生”“妈妈大学生”，是为当年大学的独特风景。不到20岁的李镇西，混杂在一群大哥哥大姐姐甚至叔叔阿姨中间，显得太年轻太稚气，无论生活阅历还是知识积累都很肤浅。坐在教室里，他更加感觉到自己离文学其实很遥远：诗经、楚辞、汉赋、李白的诗歌、朱自清的散文、巴尔扎克的小说、莎士比亚的戏剧——这些真正的文学经典，他过去居然闻所未闻，见所未见。

命运在眷顾他的同时，也跟他开了一个小小的玩笑：师范院校培养的学生，毕业后绝大多数都要走上教育岗位当教师，李镇西也不例外。

可是，他的梦不在讲台上。他在1982年大学毕业走上中学讲台的时候，还十二万分不甘心地把自己写的一篇中篇小说习作投递给某文学期刊，满心期待作品变成铅字，从此“一振高名满帝都”，被某位文坛“伯乐”相中，调他到作协或者文联从事专业创作。

奇迹没有发生，寄出的文稿石沉大海，他当专业作家或者诗人的梦想，注定要落空了。

然而，古语有云：塞翁失马，焉知非福；失之东隅，收之桑榆。走上教育岗位后的李镇西，立即爱上了教书育人的职业。李镇西跟他的偶像苏霍姆林斯基在文学爱好和喜欢孩子这两点上惊人一致，他们都把文学和教育结合得天衣无缝。

身为教育家的苏霍姆林斯基，本身就是一个文学家。他的身后，留下了40多部专著、600多篇论文、1000多篇小说和童话故事，全部都是用平实朴素而又生动活泼的文字写成，洋溢着激情、浪漫、优雅、妙趣的文学之美。

酷爱文学的李镇西，从小开始的阅读和从未停止的写作，培养了较高的文学造诣，以及对汉语言的高度敏感。

他在表达方面独具特色，幽默风趣，亦庄亦谐，把汉语的魅力挥洒得淋漓尽致。他的课堂从来不会枯燥乏味，在充满笑声和欢乐的同时，学生的情感被他调动得跟他的情感水乳交融。因为语言的魅力，他的文章和著作，征服了广大的读者。同样因为语言的魅力，他在大陆、港澳台地区和新加坡、马来西亚、乌克兰等地举行的数百场学术讲座的大雅之堂纵情挥洒，听众们如痴如醉，没有人会说李镇西的讲座枯燥乏味。

李镇西酷爱阅读，常常手不释卷，博览群书的同时勤于思考，顺手拈来融会贯通，采他山之石而攻玉，站在巨人的肩头观照世界，不断丰富自己的精神宝库。

于是，他才能在为数众多的古今中外教育家中，独具慧眼找到苏霍姆林斯基并终身追随，他才能在中国教育界百万教师中脱颖而出，成长为一颗耀眼的明星。

他用心灵写诗，每天晚上用笔忠实记录白天的教育经历，文学的天赋和积累找到了一个喷发的出口。他自觉学习苏霍姆林斯基，用文学的语言记录自己成长的足迹、教育的经历和感悟。他的教育随笔平川走马，纵横捭阖，笔到意到，得心应手，可谓篇篇精彩，字字珠玑。他顺利完成了从文学家的梦到教育家的梦的“软着陆”，到现在已经著作等身，拥有众多的读者和粉丝。今天已然成为四川省作家协会会员的他，不无自豪地宣称：“会点儿写作又懂点儿教育，我就成了作家中会教书的，也是教师中会写作的。”

于是，李镇西左手教育，右手文学，两手不空，两手都硬，用“文学的耳朵”随时倾听“花开的声音”，并把这种世界上最美妙的声音用文字表达出来，传递开去。他豪迈地宣称：

挽留青春，珍藏童心；挥洒情感，燃烧思想；从职业到事业，从幻想到理想；手足舞蹈于校园，心灵飞翔于社会——这就是我的生活！（《李镇西文集·总序》）

第三章　以学生为镜鉴，在反思中前行

鲁迅先生说："其实即使天才，在生下来的时候的第一声啼哭，也和平常的儿童的一样，决不会就是一首好诗。"（《坟·未有天才之前》）

李镇西的教育行走，也经历了从平庸走向卓越的过程。

在"遇到"苏霍姆林斯基之前，李镇西最初的教育生涯，主要是凭着对教育的激情和对孩子的爱，"摸着石头过河"走过来的，其间发生了不少后来被他称为"教育的失误"的故事。有的失误，让他后悔一阵子，通过道歉、沟通而化解，并从此作为教训牢牢记取；而有的失误，却没法道歉，无缘沟通，因而永远无法挽回，足以让他痛悔一辈子。可以说，青年时代，他是在不断的反思、道歉乃至悔恨中走过来的。

以铜为鉴可以正衣冠，以人为鉴可以明得失。李镇西以学生为镜鉴，不断寻找并弥补自己教育工作中存在的不足。这是他成功的经验之一。下面几件发生在李镇西教师生涯早期的事情，是他一辈子难以忘怀的教训。

第一节　"收拾"刘江

这件事情发生在他大学毕业前的实习期间，他实习的学校是成都市郫县一中，刘江是他实习的班上的学生。

那一次，实习老师李镇西给学生们布置了一篇作文《人物肖像描写练习》。作文交上来后，在李镇西批改的过程中，一篇作文引起了他的注意：字迹七歪八扭，错别字满纸，病句也不少，尤其是内容："语文实习老师，二十多岁，中等个子，戴着黑边眼镜……"还有许多调侃的词句，以及不伦不类的比喻和夸张。

李镇西惊呆了。这不是在写我吗？这样写我，语气充满嘲讽和挖苦，简直就是丑化和侮辱嘛！他的震怒瞬间在胸中郁积。

他翻看作文本封面的名字：刘江。虽然暂时叫不出所有学生的名字，但“刘江”这个名字他却非常熟悉。这个男生学习成绩差，行为习惯也不好，是典型的“双差生”。因为上课时常常违反纪律，李镇西批评过他几次。

显然，这小子是在利用作文的机会报复李老师。

正当年轻气盛、血气方刚的二十来岁，小伙子李镇西也不是好惹的主儿。他忘了自己的教师——尽管是实习教师——身份，决定“以牙还牙”，将这篇“大作”在作文评讲课上公开点评，杀杀刘江的气焰，让他知道马王爷是三只眼，锅儿是铁铸的，李老师是不好随便干犯的。于是，在作文评讲课上，李镇西对大家说：“今天，我要念一篇奇文。这篇文章奇在何处呢？同学们听了就明白了。”

“他戴着X光做成的镜片……”我一边念，一边“评讲”，“哎呀，了不起！我原来只知道X光是一种穿透力很强的电磁波，可以用于照相技术、医疗透视等方面，可是想不到，这种光还可以被制成镜片。妙！想必是作者自己发明的吧。由此可见，作者还是一位业余科学家，他的这一最新科研成果，对人类贡献之大，绝不会亚于爱因斯坦！”

全班学生哈哈大笑起来！

这正是我要达到的效果。于是我更加亢奋了，不仅抓住文章的病句进行无情的嘲讽，还把文中的错字一个一个地写在黑板上。在学生们的哄笑声中，我说：“你们笑什么？这些并不是错字，人家是在进行大胆的创新。在短短的文章中，作者便创造出这么多的新的汉字，为丰富祖国的文字，作出了不可磨灭的贡献！”

刘江开始还故作镇静，甚至还附和着大家的笑声皮笑肉不笑地咧咧嘴。慢慢地，他的脸色越来越难看，后来已经把头低下去了。我得意极了，立刻乘胜追击：“如此美妙的文章，真应该拿去发表，那样既能得稿费，又能出名，可谓名利双收。然而作者却把它交给我，唉，真遗憾！我现在是身无半文，实在无稿费奉送，深表歉意。不过，利虽然没有，名倒可以让他出出，总要占到一头嘛！因此，让我在这里公布作者的大名。”我停了一下，朝刘江看去，他简直要哭了，正在用眼光哀求我口下留情。我装作没看见，一字一顿，极为庄严地说道：“这位天才的业余科学家，未来的爱因斯坦，杰出的文字学家，优秀的杂文家，当代的鲁迅，就是我们高一一班学生刘、江！”（《做最好的老师·序》）

毫不留情地讽刺挖苦刘江，借以打击其不尊敬老师的“嚣张气焰”，李镇西的目的达到了，但他却没有收获到预期的成就感。尽管他的做法赢得了大多数学生的喝彩，但也有学生认为，李老师不应该有这么大的脾气，不应该这样小题大做对待一个调皮的学生。尤其是刘江，自从被李老师当众嬉笑怒骂地洗刷一通以后，整个人都变了，像是在未庄街头当众被阿Q“嚓”了一巴掌的王胡，成天蔫头耷脑提不起精神，远远看到李老师就绕着走，上课也无精打采。

李镇西再也坐不住了：我是不是做得太过分了？

作为一个语文老师，一个成年人，犯得着跟一个孩子如此较真，非要闹到“以牙还牙，以眼还眼”不可吗？犯得着倚仗大学中文系本科学生的优势煞费苦心调动大量讽刺挖苦的词汇来羞辱一个学生吗？你还算是未来的人民教师吗？你还算是男子汉吗？你考虑过这样做，对孩子的伤害有多深多重吗？在痛苦的反思中，李镇西越来越不能原谅自己，越来越无地自容，自责与内疚与时俱增，像无情的鞭子狠狠地抽在心上，最后竟然发展到看书走神、睡觉失眠、吃饭不香……

他把自己的痛苦向指导教师冯老师倾诉。冯老师严肃而真诚地告诉他，做老师一定要有博大的胸襟，对学生要有宽容心，建议他主动找刘江谈谈，当面向他道歉。冯老师还说，向学生认错，不仅不会降低老师的威信，反而会赢得学生真正的尊敬。

本来，李镇西在全班同学面前给了刘江难堪，理应在全班同学面前向刘江道歉，但是当年的李镇西还没有这样的勇气。他选择了私下当面道歉的方式。周末下午放学后，李镇西特地找到刘江，向他表示歉意，说自己为了面子而伤了他的面子，实在不是一个好老师，请他原谅。刘江开始很惊讶，后来竟然很感动。那天，他们谈了很久，直到天色渐晚，刘江才挂着泪水回家了。

实习结束，李镇西告别郫县一中和他的这第一批学生。孩子们依依不舍地跟他告别，场面十分感人。他惊讶地发现，追着汽车哭喊“李老师再见”的人群中，刘江居然也在其中！

汽车在前行，郫县一中已经在身后很远了，李镇西还久久平静不下来。他想的还是刘江：“多好的孩子啊！我给了他那么大的伤害，他竟然全部丢在脑后，记得的全是我的好处。如果换成我，我办得到吗？”

第二节　耿梅"脸皮太厚"的"六大标志"

2014 年 1 月 28 日一大早，李镇西从成都驱车赶回老家乐山。他将在这里跟他的第一届"未来班"学生微信群中的"头面人物"们会面，商量如何筹办毕业 30 周年的庆典。2014 年，正是他 33 年"心灵写诗"的第一部呕心沥血之作——乐山一中第一届未来班——毕业 30 周年。

让他特别兴奋的是，耿梅将专程从广州赶回来参加今天的筹备会。耿梅是李镇西 30 年来再也没有见过，却又最希望见到的学生之一。因为，耿梅不仅是他无数学生中的一员，更是他记忆中的一个标志性人物。李镇西特地带上了当年毕业之际，耿梅给他写的信，以及自己收到孩子们的毕业礼物——给他提意见的信后——自己写的日记：反思性总结。

看着这些已经发黄的纸页，李镇西的思绪回到了 30 年前——

1984 年 7 月 2 日，未来班毕业离校的前一天。李镇西向孩子们"索要"一份特别的毕业礼物：每人写一封给他提意见的信。耿梅的来信这样写道："李老师，您还记得吧，一年级时，有一次我惹您生气，您找来了我的家长，并且当着全班同学的面不点名地说我是'厚脸皮'，当时我不服气地争辩了几句，您便叫我站起来，列举了我'厚脸皮'的六个标志，同学们都盯着我，我没哭。当然您也许是对的，但您却伤了我的心。"

读着来信，李镇西脸上火辣辣的。他想起了往事——

那一次，做课间操的时候，耿梅没有认真做操，还跟同学有说有笑。李镇西批评了她。她似乎有点不服气，小声顶撞了李老师。李镇西一下子毛了，大声呵斥她："你不要脸皮太厚!"耿梅也火了，当面大声顶撞了李镇西。老实说，这样当着全校上千名师生的面，训斥一个年仅 12 岁的小姑娘，李镇西确实有点过分，但事情还没有完。

回到教室以后，李镇西命令耿梅站起来，连珠炮般列举了她"脸皮太厚"的"六大标志"："我刚才说耿梅脸皮太厚，她不承认，好，我现在就给她分析一下，让她明白她的脸皮到底厚不厚？别人都在认认真真做操，她却又说又笑，这是脸皮厚之一；我批评她，她不知道自己错了，这是脸皮厚之二；她不接受批评，也不改正，这是脸皮厚之三；老师批评她，她居然还好意思笑，这是脸皮厚之四；她一边笑还一边和我顶嘴，这是脸皮厚之五；而且到现在她还没有半点认错的意思，这是脸皮厚之六!"

一个教师，用如此刻毒的语言讽刺挖苦学生，不外乎因为学生冒犯了自己的尊严。但是，他在卫护自己尊严的同时，却狠狠地伤害了学生的尊严。耿梅的信让他警醒，让他回首往事的时候愧悔交加无地自容。30 年过去了，李镇西还在对自己的行为耿耿于怀，把这件事作为自己的“教育失误”多次写进文章里，并在多个场合向听众讲述，警醒自己，也提醒他人。

1984 年 7 月 3 日毕业典礼后的最后一次班会，李镇西当着全班同学，向耿梅郑重道歉……

想到这里，他轻轻拍了一下自己的脑门——这是他自责时的一个习惯性动作，对着镜子整理了一下头发和领带，带着隆重的表情和掩饰不住的喜悦，去见他的第一届学生。

正在跟同学们聊得火热的耿梅，立即像花蝴蝶一样向李老师飞过来，师生二人热烈地拥抱在一起。当年那些稚气未脱的孩子们，今天全部成了人近中年的大人，大家围着他们的“老李”说笑个不停，仿佛时光倒流回了 30 年前。李镇西拿出了当年耿梅写的那封信，耿梅感动万分。她万万没想到李老师把这封信保存了整整三十年。短暂相聚分别后，耿梅给李镇西发去了手机短信：“李老师，我一直感受到老师您在不断地反思和完善自己的教育。其实，老师您是否知道？幸运的是我们，是您伴随我们度过了朦胧骚动的青春初期。当我决定春节回家时，我告诉我同事我要回去参加未来班聚会，我告诉他们我们的班旗、班徽、班歌，还有我们的篝火晚会，李老师给我们朗读《青春万岁》，他们都很羡慕我遇上了这样的老师，而他们的初中已经淡忘了。所以，是老师您的伟大，成就了我们多彩的人生，和美丽的回忆！再次感谢老师您！顺祝马年健康！事业成功！耿梅”

从教 30 多年来，李镇西在带过的每一个班毕业之际，都会向每个学生索要一份特别的礼物——提意见的信。正是这样不断把学生当成镜子，李镇西不断总结自己教育的得失，进而把教育的失误当成教育的财富，所以他能够不断成长。

第三节　跟王红川开的一个玩笑

每个人都可能因为一句不经意的玩笑，伤害到另一个人。同样，每个人都可能因为别人看似无意的一句玩笑，触及自己内心深处最痛之处。李镇西就有这样刻骨铭心的经历。

王红川现在是乐山市人民医院骨科关节外科学科带头人，四川省骨科专委会创伤学组成员，是乐山骨科临床医学界鼎鼎大名的“王一刀”。当年，作为未来班的学生，他却被自己最尊敬的李老师一个随意的玩笑，“杀”得黯然神伤，独自垂泪——

那是 1982 年春天的一个下午。李镇西跟几个刚刚能够叫出名字的学生一起在操场的沙坑边练习跳高。突然，他看见班上的“小不点”王红川居然拖着因小儿麻痹症而轻度残疾的双腿，一颠一簸地向横杆跑去，似乎想创造奇迹——跳过去，这显然根本不可能。李镇西想都没想，就指着王红川的背影笑着大声说：“一看就跳不过去的！喂，王红川，你干脆从下面钻过去算了！”

王红川果然没有跳过去。李老师的声音吸引了大家的目光——他就在众人的哄笑中，默默地离开了操场。

过了一会儿，李镇西往教学楼走去。突然看见王红川瘦弱的背影蹲在地上，低头用一根小树枝漫无目的地画着。再一细看，孩子的小脸上居然布满泪痕。李镇西猛然意识到，刚才自己无意识的“幸灾乐祸 ”，竟然伤害了一颗纯真的童心！

李镇西真心诚意地道歉，请求原谅，并帮他擦去泪水。而王红川却一直没有说话，任凭泪水默默流淌。

当天晚上，李镇西专门去了他家，再次赔礼道歉。但从此以后，王红川看见李老师就垂下眼帘。李镇西只要一看见王红川，甚至是想到他，就有一种强烈的负疚感。

李老师一个玩笑带给双腿残疾的王红川的“奇耻大辱”，是岁月疗治痊愈的。而李镇西本人，却再也无法放下。他得出的教训是：“教育，需要我们常常站在儿童的角度看问题。所谓‘理解儿童’，不是站在成人的角度去理解，而是以儿童的心去理解儿童的心。”

对李镇西来说，悔恨，也是帮助自己成长的一剂良药。

第四节　三次打学生的经历

青年时代的李镇西，成天戴一副近视眼镜，貌似斯文儒雅，其实脾气火爆，骨子里似乎还有“暴力倾向”。这不，参加工作的第一个月，他就创造了 3 次打学生的纪录。

第一次打学生的理由似乎很充分。

下午放学后，一个高三男生仗恃自己身高力壮，强行将正在玩篮球的李镇西班上几名初一小弟弟驱赶，意图霸占球场，并出手殴打了敢于与之理论的王红川，一耳光将其打出了鼻血。

李镇西正巧路过球场，看到自己一直对其心存内疚并特别心疼的残疾学生王红川被人欺负，顿时一股热血直冲脑门，护犊之情油然而生。他把学生护在身后，质问对方为何欺负小同学。这个男生居然冷笑着向李老师竖起了中指!

李镇西怒不可遏，迅雷不及掩耳地一拳砸到对方脸上！指关节与门牙的剧烈碰撞，导致李镇西手指一阵剧痛，对方脸上也像“开了酱油铺”，一抹殷红从嘴角流出。当“老师打人了”的哭喊响起，李镇西才意识到自己打学生了。

不过，他还颇有点鲁提辖拳打镇关西的豪情，一边振振有词：“我打的不是学生，我打的是流氓!”一边生拉硬拽地拖着那可怜的男生走到校长办公室，一脚踢开大门，把男生搡了进去，对正在开会的校领导说：“我打了一个流氓。具体情况你们问他!”然后转过身，头也不回地扬长而去。

第二次打的是一位高一男生。

当年的乐山一中，校园占地面积只有四十多亩，是一所典型的“袖珍学校”，教学楼、实验楼、操场、食堂、学生宿舍、教职工宿舍、公共厕所等建筑见缝插针挨挨挤挤，学生体育活动的场地也就相当狭小。为了人身和财产，学校只好严令不准在校内踢足球。而当年正是中国足球充满希望的年代，广东籍球星容志行是男孩子们心目中最伟大的足球明星，而体育运动又是振兴中华的标志性活动。学校的一纸禁令，无法阻止中学生对足球的热爱，他们偶尔偷偷摸摸地在校园里踢球。

一天下午，一名高一男生在逼仄的空间练习射门的时候，一脚踢偏，处在底楼的李镇西班的一扇玻璃窗不幸被击中，哗啦一声碎了一地玻璃碴。李镇西以学校禁令为依据，对这位男生进行批评教育。逆反心理作祟的大男孩，对这个比他大不了几岁的更大的男孩似乎不太买账，一句“神经有病”脱口而出。

李镇西恼羞成怒，不轻不重赏了他一拳。这一拳，招来平时慈眉善目的老校长一顿声色俱厉的批评。

第三次打的是一位初三女生。

这个胆大妄为的高年级冒失鬼女生，竟然趁李镇西班上学生“倾巢出

动”上体育课的时机，溜进教室乱翻学生们的书包，不知道在找什么东西，正巧被路过的李镇西发现，抓了个“现行”。

李镇西喊她“出来”。她或许面子挂不住，佯装镇静没有马上出来。李镇西便走进教室拉她出来。这个不知天高地厚的女孩子，竟然说李镇西对她“动手动脚”。

对于一路走来根红苗正、视名誉为生命而且是未婚青年的李镇西来说，这个涉嫌“色狼”的指控委实无法承受。他急得脸红筋胀，一句“你简直是血口喷人”脱口而出，同时飞出一记耳光！不消说，这一记耳光打掉了他一个月的奖金。

每次打学生，李镇西都理直气壮，因为他认为自己是在“保护自己的学生”。第一次打学生后，任凭校领导怎样给他做工作，指出他打学生的错误，他都一口咬定是在保护自己的学生，是见义勇为，是惩治流氓。

是一个学生的日记，点醒了梦中人。这个学生在日记里面评论该次事件时说，李老师打的那个“恶霸”，虽然不是李老师的学生，但站在全校的角度看，他仍然是学生；李老师虽然不是那个“恶霸”的老师，但在所有的学生眼中，李老师仍然是老师，因此，李老师不该打那个学生。

来自童心的忠告，让李镇西感到了真正的惭愧。此后几十年，尽管李镇西还有过冲动，但毕竟没有再对学生动过手。

第五节　罚站任安妮

罚站，大概是好多老师都用过的一种常规惩戒手段。学生迟到，罚站；违反课堂纪律，罚站；违反校规校纪，罚站；不按时完成作业，罚站……

李镇西也曾经对学生罚站。对任安妮的一次罚站，却成了他永远的痛。这是发生在李镇西早年在乐山一中执教的第二个“未来班”的故事。

1986 年冬天的一个早晨，早读已经开始，任安妮再一次迟到了。这个身体瘦弱的女孩子是从遂宁转学过来的，说话细声细气，成绩也不好，还经常迟到。为了解决她迟到的老大难问题，李镇西请过家长，了解到的原因是她动作慢，做事磨磨蹭蹭。他多次跟她谈心，要求她养成雷厉风行的作风，但是任安妮就是改不了，照常迟到，每次大约两三分钟。这一次，李镇西决定惩罚她。惩罚的方式就是我们司空见惯的“罚站”。

听到教室外面那声怯生生的“报告”，正在辅导早读的李镇西皱着眉头，冷冰冰地说："先在外面站会儿!"任安妮顺从地站在教室外面。

过了大约5分钟，任安妮被"恩准"走进教室，到自己的方位上正要坐下。哪知道李老师又发话了："谁让你坐下了？再站一会儿!"任安妮的眼泪一下子出来了。她顺从地站起来，拿出书来跟同学们一起早读，直到早读结束。那节课，她被李老师罚站了15分钟。

上午两节课后，任安妮向李老师请假，说是头昏。李镇西得知她平常就有头昏的老毛病后，同意她回家休息。第二天，任安妮没有来上课。一连好几天，任安妮都没有来。李镇西从学生那里知道，那天回家后，任安妮哭得很伤心。终于有一天，任安妮的妈妈来学校给女儿办理休学手续，只说孩子病了，需要休学治病。不明真相的李镇西，内心深处还在为"甩掉了一个包袱"而暗暗高兴呢。

半年之后，任安妮返校复学，被安排到了下一个年级学习。在校园里，偶尔碰见李老师，总是礼貌而怯生生地问好。

半期考试刚刚结束，李镇西突然得到任安妮因病去世的噩耗。他顿时感觉五雷轰顶，大脑一片空白，急忙带着几个学生赶往殡仪馆，希望赶在火化前为她送行。

在殡仪馆，任安妮的妈妈用哭哑了的声音告诉李镇西："李老师，今天我才告诉你，我的任安妮6岁就患上了白血病，当时医生说她最多三年。为了让她有个安静美好的生活，我们一直没有告诉她，也没有告诉任何人。在许多人的关心下，她奇迹般的活了8年。谢谢您啊，李老师！任安妮在最后几天，还说她想李老师，想同学们。她复学后一直不喜欢新的班级，多次对我说，妈妈，等我病好后，你一定要去请求校长允许我回到原来的班级。我想念原来的同学，想念李老师!"

听得此言，李镇西心如刀绞。望着任安妮瘦弱而安详的遗体，他想到了那个冬天的早晨不近人情的15分钟罚站，想到了她那天上午请假时自己的冷淡，想到她再也听不到自己一声发自内心的"对不起"，想到自己对她其实并不好，而她在生命的最后日子却还"想念李老师"，李镇西终于忍不住放声恸哭起来！这是他参加工作以来，第一次也是唯一一次因为愧对学生而号啕大哭。只是，无论他怎样悲痛，怎样忏悔，已经去了另一个世界的任安妮，再也无法看到，无法领会和感受了。

遗憾和内疚，将永远伴随我们的李镇西。

第四章　找到明灯：初识苏霍姆林斯基

第一节　热血青年的迷惘与挣扎

走上中学讲台的青年李镇西，一开始完全是凭着一种责任感和使命感教书育人。这种责任感和使命感来源于从少年时代开始接受的理想主义和英雄主义的有关教育，更来自于一个热血青年对江河日下的社会风气深深忧虑后的担当。

经过流毒深远的“十年动乱”，成人世界的世界观、价值观和人生观已经被搞乱，而新的“三观”还没有真正建立起来。在运动中饱受折腾的教师队伍，拨乱反正以后还是鱼龙混杂，泥沙俱下。就在李镇西的身边，一些老师见利忘义，拉帮结派，吹牛拍马，阿谀奉承，落井下石，推波助澜，“文化大革命”的遗风依然存在。有的老师恬不知耻地在学生家长中间拉关系，走后门，攀高枝，谋私利；有的甚至公然向家长索要钱物，还大言不惭地声称这是“靠山吃山，靠水吃水”，令人十分不齿。

初涉江湖，李镇西便跟社会有一种格格不入的感觉。有一次放学后，他到学生家中家访，家访结束后发现家长特意准备了丰盛的晚餐。李镇西坚决不肯入席，对方盛情满满围追堵截，李镇西夺路狂奔冲出“重围”，回到学校吃冷饭；还有一次家访，家长给他煮了一碗面条，他满怀感激地吃下去，却效仿当年红军，悄悄留下 4 两粮票 5 毛钱；一位农村的家长为了感谢他对孩子无微不至的关怀，特地送来几十个鸡蛋，盛情难却。他收下后，每天课间操时间送给这位学生一枚煮鸡蛋，并看着他吃下……

李镇西陷入深深的迷茫：从小所受教育灌输的社会主义社会人与人之间水乳交融的关系，以及“各尽所能，按劳分配”的分配原则，居然跟现实有差异。他不习惯成人世界的尔虞我诈、口蜜腹剑，尤其不喜欢戴着假面跳舞。因此，身为教工团支部书记，他在教职员工中的朋友，基本上是刚出校门涉世不深的同龄人，还有一部分在历次政治运动中饱受欺凌却始终不肯和光同尘，保持高洁人品，不肯曲意逢迎，坚守凛不可犯的人格尊严和精神境界的老教师，比如他最尊敬的后来的岳父万鲁君先生。

人心惟危，道心惟微。要救世必须先救心，要救心就必须教人崇尚真善美。李镇西揣着黄炎培、叶圣陶、陶行知等教育先驱同样的情怀，希望通过教育来拯救社会，收拾人心。因此，他是怀抱着神圣的责任感和使命感走上讲台的。

从大学毕业实习小试牛刀开始，他逐步认识到，只有跟孩子们在一起，他才有真正的快乐，也才有真正的事业，他的用武之地就是三尺讲台。自从分配到乐山一中，他就以饱满的热情“赤膊上阵”，一天十几个小时跟孩子们泡在一起，无怨无悔地做起了“孩子王”“娃娃头”。

然而，教育是一门综合科学，仅有童心与激情是远远不够的，仅有责任感和使命感也是不够的。这才出现了从教伊始接连发生的打学生、罚站学生之类的“教育失误”。好在他酷爱阅读，喜欢思考，善于听取意见；他每日“三省吾身”，总结经验，反思成败，寻找失误，修正前进的坐标。但仍然不够，还必须有一盏指路的明灯，导引这位年轻的教师走上正道，不断前行，谱写如诗如歌的瑰丽多彩的教育人生。

苏霍姆林斯基就这样历史地走到了李镇西面前。

第二节　初读苏霍姆林斯基

前文已经交代，一直沉迷在文学家梦中的李镇西，过去的岁月痴迷的是文学，偶像是古今中外文坛的经典作品和著名作家、诗人。因为压根儿没有想过要一辈子当教师，他对中外教育家和他们的著作简直不屑一顾。

1982 年 9 月的一个晚上，他在刚从西南师范大学中文系毕业分配来乐山一中的新同事郝小江宿舍闲聊时，对方向他推荐苏霍姆林斯基的《给教师的一百条建议》。这是他第一次接触苏霍姆林斯基的名字。不过，跟惯常接触的苏俄人名，诸如“斯基”“维奇”“诺夫”“波娃”一样，尽管苏霍姆林斯基还只是这位著名教育家的姓氏（全名瓦西里·亚力山德罗维奇·苏霍姆林斯基），李镇西的第一感觉就是这个名字太拗口了，不好记，干脆连书的内容都懒得翻一下，便放下了。谁知不久，他竟主动“追求”起苏霍姆林斯基来。

因为“见义勇为”，他怒挥老拳，打了欺负他班上残疾小同学并向自己挑衅的高三学生，受到学校的严厉批评，学生中也有人认为他不该以老师的身份打一个学生。他沉浸在无边的苦闷中，甚至怀疑自己是不是当教师的料。

李镇西“病”了。他的病是心病，心病必须心药医治。而“心药”的出现，却是一次不期而遇。

这个星期天，李镇西习惯地逛书店，无意中看到一本薄薄的小册子《要相信孩子》，作者正是苏霍姆林斯基。这是苏霍姆林斯基第二次走进李镇西的视野。翻了几页，他立刻被作者亲切自然的叙事风格和平实流畅的文字所打动，不再认为作者名字拗口了，当即毫不犹豫买下了这本小书。

当天晚上，李镇西寝室的灯光亮到很晚很晚。他把《要相信孩子》一口气读完。苏霍姆林斯基的文字，似乎每一字每一句都专门为李镇西这样初出茅庐的青年教师而写，说到了他的心坎上，堪称指路明灯。许多精彩之处，颇有“似倩麻姑痒处搔”的感觉，令人读来情不自禁手之舞之，足之蹈之，拍案击节，脱口叫好。尤其这样一段话：

> 我们的教育对象的心灵，绝不是一块不毛之地，而是一片已经生长着美好思想道德萌芽的肥沃田地。因此，教师的责任首先在于发现并扶正学生心灵土壤中的每一株幼苗，让它不断长大，然后排挤掉自己缺点的杂草。

李镇西读到此处，顿觉醍醐灌顶，茅塞顿开，好比唐三藏取了真经，达摩面壁获得了顿悟，鲁智深放下屠刀立地成佛时“钱塘江上潮汛来，今日方知我是我”的感悟——眼前一片光明，心海碧波万顷，头脑醺醺欲醉。他情不自禁拍案而起，不提防脑袋撞在上方那颗 25 瓩的白炽灯上，“梆”的一声轻响，灯泡剧烈摆动，他的身影也满屋子乱晃，有如醉侠之舞。尽管此时正是夜阑人静，李镇西心中却已曙光初露，霞光万丈！

那一夜，他失眠了。他开始用苏霍姆林斯基的视点，反省自己刚刚开步不久的教育之路，从人性的角度审视他的学生和他的教育，总结成败得失。

是的，自从踏上讲台，自己每天十几个小时跟孩子们泡在一起，全身心投入教育教学工作，饱满的工作热情换来了孩子们由衷的尊敬，无私的父兄之爱赢得了孩子们真诚的信赖。在自己因说话太多而声音沙哑的时候，孩子们悄悄地把润喉片放到讲台上；在自己生病住院的时候，全班孩子哭声一片，仿佛生离死别一般，并派出代表到医院看望，带来了最珍贵的礼物——

饱含每个孩子思念之情的几十封慰问信。这是他的成功之处，但还远远不够，因为自己一直以来扮演的角色，还是占据知识与道德高地的高高在上的教育者，还没有从人性的角度去审视每一个纯洁无瑕的童稚之心。

他反复咀嚼着苏霍姆林斯基的名言：人性，这才是教育的本质所在。

细读苏霍姆林斯基的相关理论："只要人们没有做到以童年的欢乐吸引住孩子，只要在孩子的眼睛里尚未流露出真正欢欣的激情，只要他没有沉浸于孩子气的顽皮活动之中，我们就没有权利谈论什么对孩子的教育影响"（《教育的艺术》），李镇西茅塞顿开，感觉到自己走上了真正的教育之路。

从此，苏霍姆林斯基的理论，与李镇西的教育实践相结合，催生了李镇西自己的教育感悟——拥有一颗童心，是教育者成败的关键。从某种程度上说，童心就是"师爱之源"。岁月可以消逝，年龄可以老去，童心却必须永葆。有了童心，才可能确保教育的成功。他认为，只有用儿童的眼睛去观察，用儿童的耳朵去倾听，用儿童的兴趣去探寻，用儿童的头脑去思考，用儿童的心灵去领悟，用儿童的情感去爱憎，才能真正走进孩子们鲜活的心灵，不断帮助他们扶正思想道德的幼苗，拔除缺点错误的杂草，使之长成参天大树。李镇西还领悟到——

> 当教师第一次与学生见面，他就开始置身于几十位学生的监督之中。老师哪怕表现出一点点矫饰、圆滑、世故、敷衍塞责、麻木不仁、玩世不恭……都逃不过学生那一双双明净无邪的眼睛，并会在学生心灵中留下阴影。作为社会人，教师也许会有几副面孔，但面对学生，教育者只能有一副面孔：诚实！须知真诚只能用真诚来唤起，正直只能以正直来铸造。
>
> 一个真诚的教育者同时必定又是一位真诚的人道主义者；素质教育，首先是充满感情的教育；一个受孩子衷心爱戴的老师，一定是一位最富有人情味的人；只有童心能够唤醒爱心，只有爱心能够滋润童心；离开了情感，一切教育都无从谈起。（李镇西《我的教育心》）

在大量阅读苏霍姆林斯基的著作之后，李镇西并没有生搬硬套"老苏"的理论，而是经过融会贯通的消化领悟。从苏霍姆林斯基那里，他找到了教育的真谛。他的感悟，凝练成为日后在中国教育界影响深远的"李镇西教育格言"：

用心灵赢得心灵，以人格塑造人格。

紧接着，刘江、耿梅、王红川、任安妮，以及被他先后"教训"过的几个高年级学生，像放电影一样出现在他的脑海。比照苏霍姆林斯基，他感到

羞愧，感到无地自容，浑身冷汗淋漓。他想对每一个曾经被他伤害过的孩子都说上无数遍“对不起”，尽管其中大部分人他已经不止一次真诚道歉。

他恍然大悟：“任何时候，我们都不应该以学生尊严的伤害作为代价，去换取所谓的‘教育效果’！教育，绝不能为了目的而不择手段！尊重学生，并不能代替教育本身——这只是教育的前提；但剥夺了学生的尊严，就剥夺了教育的全部！教育，一刻也不能没有人情、人道和人性！”

在李镇西的教育生涯中，他博览群书，尤其对中外有影响的教育家和他们的理论如数家珍，耳熟能详，比如陶行知、叶圣陶、杜威、卢梭、赞可夫、布鲁姆、布鲁纳、巴班斯基、于漪、钱梦龙、魏书生……但对他影响最为深远的还是苏霍姆林斯基，他终身追随的也是苏霍姆林斯基。而此时此刻，李镇西教育生涯的早晨，正是苏霍姆林斯基的思想，为他投下了第一缕霞光。

此后一发不可收拾，李镇西如饥似渴地阅读能够买到或借到的苏霍姆林斯基著作，用整个心灵拥抱这位教育巨人。《给教师的一百条建议》、《给教师的建议》、《帕夫雷什中学》、《关于人的思考》、《让少年一代健康成长》、《怎样培养真正的人》、《少年的教育和自我教育》、《爱情的教育》、《家长教育学》、《育人三部曲》、《苏霍姆林斯基论智育》、《做人的故事》、《给女儿的信》、《给儿子的信》等，成为李镇西案头和书架的常备读本。

李镇西成了80年代的另类“追星族”。与别的追星族不同，他不追影视明星，不追体育明星，他追的是教育之星中最亮的那颗星——苏霍姆林斯基。他用“痴迷”来形容自己那几年对苏霍姆林斯基的感情。他甚至设想，假如有一天，我能够亲身去到遥远的乌克兰，苏霍姆林斯基的家乡，我一定要去看看帕夫雷什中学，看看这位伟人的故居，漫步他生前走过的乡间小道，抚摸他用过的器物、他手植的果树，全身心去感受当年巨人的温度，这该是多么美好的“朝圣之旅”啊！

“心药”治好了李镇西的“心病”。从此以后，李镇西在苏霍姆林斯基思想影响和感召下，高举人性、科学与民主的旗帜，走上了一条真正教书育人的金光大道，每天都在书写最新最美的文字，每天都在描绘最新最美的图画。

身为乐山一中教工团支部书记，李镇西给每一位教师团员都送了一本《给教师的一百条建议》。他希望每个青年同事都能够像他那样，认真读点苏霍姆林斯基。

第三节 大师在召唤

教育，这首先是教师跟孩子精神上的经常交流。

如果我跟孩子们没有共同的兴趣、喜好和追求，那么我那通向孩子心灵的通道将会永远堵死。

对孩子的依恋之情，这是教育修养中起决定作用的一种品质……（苏霍姆林斯基《把整个心灵献给孩子》）

苏霍姆林斯基的话，传授着教育者个人素质中必备的个中三昧，每一句都像甘露滋润着李镇西久旱的心田。在跟大师精神对话的过程中，李镇西心有灵犀，心领神会，用苏霍姆林斯基的理论随时检视自己每天的教育活动，重新打量自己的每一个学生。

初八四届1班的男孩子们喜欢一种游戏叫作“斗鸡”。斗鸡的方法是，用一条腿做支撑腿，另一条腿做“战斗腿”，双手将战斗腿的踝部提起至腰胯部高度，仿照金鸡独立的状态，用战斗腿作为攻防的武器，去撞击对手或者抵御对手的进攻。在剧烈的碰撞中，双脚着地一方为负。李镇西最初对这种游戏不以为然，认为一群男孩子在校园里面一蹦一跳地玩耍很不雅观，便下令禁止。孩子们对这个禁令“阳奉阴违”，大家不得不瞒着他，把“斗鸡”活动转入地下。

受到苏霍姆林斯基启发，李镇西意识到自己可能因为一个粗暴的禁令而失去孩子们的信任，后果很严重。他一改初衷，不仅主动废除禁令，而且满腔热情加入斗鸡队伍，课余时间跟孩子们一蹦一跳地玩得不亦乐乎。最开始的时候，他发挥身高力大的优势，以“镇西大将军”的虎威，把小家伙们打得一败涂地。后来，孩子们发现了他的弱点，发扬人海战术，群起而攻之，“镇西大将军”再也没有优势，常常被打倒在地，压在身下，大家笑啊，闹啊，师生之间完全没有界限，隔阂被打破，信任与尊重重新回来。这也是李镇西最开心的一刻。节假日、星期天，竹林深处、河滩上、草地上，到处都可以成为李镇西跟孩子们斗鸡的战场。斗鸡，成为李镇西通向孩子心灵的重要通道。天长日久，他自己成了一名斗鸡高手，还把这种游戏从初中班带到高中班，从乐山带到成都，在欢声笑语中把教育事业做得风生水起。甚至在苏州大学攻读博士学位的时候，他还多次想跟德高望重的博士导师、时任苏州市副市长的朱永新先生玩一玩“斗鸡”，展示他的“独门绝学”，只是碍于导师的个头高大相貌庄严，他才没敢“把顽皮进行到底”。

为了培养跟孩子们共同的兴趣爱好，他听流行音乐，唱费翔的歌，看马拉多纳踢足球，看泰森打拳击，读琼瑶和金庸、梁羽生，始终把握着孩子们的兴趣走向和思想脉搏，对他们的喜怒哀乐了如指掌，跟他们一起忧伤、欣喜、激动、思考。

有人对此不以为然，认为他没大没小，成天跟小孩子嘻嘻哈哈打打闹闹，完全没有老师的样子，因为老师应该坚守“师道尊严”。李镇西不这样看。他认为，只要对教育有利，教师表现出来的亲切、幽默甚至嬉戏都是必要的、应该的，关键是把握好分寸。在他看来，为师之道在于传道授业解惑，教师的尊严在于从内心深处赢得学生的尊敬，而不是成天板起面孔故作高深。前者才是师道尊严，后者只能叫“师道威严”。

李镇西对学生有着抑制不住的依恋之情。相当长一段时间，每到周末，孩子们欢天喜地回家了，李镇西却怅然若失，独自在校园里发呆。想到还有一天一夜才能见到自己的学生，他竟然有一种度日如年的感觉。假期的漫长煎熬，更是可想而知。于是，他经常会在星期天、节假日，邀约上部分学生开展郊游、远足，带上一包干粮一壶水，到大自然中嬉闹撒欢，藏猫猫、“丢手绢”、击鼓传花、打水仗、放风筝、斗鸡，让欢声笑语撒满田间山林。

漫长的假期，他会组织部分学生旅游，峨眉山的雪地、瓦屋山的森林、黄果树的瀑布，到处留下了他们跋涉的脚印，到处晃动着他们青春的身影。对于这个永远不愿长大的大男孩、老男孩来说，孩子们的世界就是他的世界，孩子们的一切就是他的一切，孩子们的成长就是他成功的基石，一句话，孩子就是他活力的源泉、智慧的宝藏。

1999 年冬天，李镇西从成都石室中学考上苏州大学朱永新教授的博士研究生，攻读教育哲学博士学位。两年后毕业回到成都，成都市教育局安排他到市教科所搞专门研究。应该说，成都市教育局的这个安排，是非常重视人才的举措，因为让一个博士不搞科研而到基础教育第一线站讲台，无论如何有点“杀鸡用牛刀”的嫌疑。可是李镇西这把“牛刀”，偏偏就是为“杀鸡”打造的。他在教科所上班的那段时间，每天在按时上班下班、行为刻板、思维规范的环境中感受到的，除了备受煎熬还是备受煎熬。他在办公室如坐针毡，有如嵇康笔下“虽饰以金镳，飨以嘉肴，愈思长林而志在丰草”的麋鹿，根本无法静下心来搞科研。再加上他自认不是搞宏观研究的那块料，于是便出现成天惶惶不可终日的状态，有一种“拔剑四顾心茫然”的感觉。

他明白，之所以度日如年，是由于骏马被捆住了奔腾的四蹄，苍鹰被扎住了飞翔的双翅，巨鲸离开了浩瀚的海洋；双脚不在讲台，身边没有孩子，恍如安泰俄斯离开了大地，孙猴子“没棒弄了”，自己的生命之树就会迅速枯萎。那两年，他竭尽努力完成领导下达的科研任务，内心却倍感孤独。早晨打开办公室的门，刚一坐下就听见马路对面校园里孩子们的歌声，天籁般的童音伴着欢快的音乐活泼泼地飘进他的耳朵，他如闻仙乐，如痴如醉，每次都有一种要落泪的感觉。那两年，他每天晚上做的梦，绝大多数都是跟孩子们在一起，上课、郊游、嬉戏。女儿邀请他去观看学校组织的歌咏比赛，他竟像过节一样郑重，沐浴更衣，西装革履，头发梳得“苍蝇爬上去都要拄拐棍”，皮鞋擦得能照见人影子，然后早早来到熟悉的石室中学校园，这儿走走那儿看看，似乎一草一木都比外面的草木葳蕤多情。演出开始了。孩子们天使般的声音传来，他望着台上的女儿和她的同学们，恍惚觉得他们就是他的学生，而他自己，就是那个潇洒自如地挥舞指挥棒的老师，两行热泪顺着脸颊悄然流下——原来，他对孩子的依恋情绪，已经彻彻底底无可救药！

骏马渴望奔腾驰骋，苍鹰需要搏击长空，安泰俄斯必须脚踏实地，孙猴子须臾离不开金箍棒——观看女儿学校歌咏比赛的同时，他作出了一个庄严的决定：一定要回到学校去！一定要到学生中间去！一定要到教育第一线去！

他一刻也不想耽误，心急火燎地再一次向领导提出申请。组织上非常理解和尊重他的决定，放他到国有民办的盐道街中学外语学校去当副校长。

2004 年阳春三月，他“漫卷诗书喜欲狂”，迫不及待赶到学校报到上班，主动请缨担任班主任兼语文老师，在全校大刀阔斧推行以提升教师素质为主题的教育改革，把新教育的火种播撒在校园内外。来到学校，他的精神面貌立马发生了巨大的变化，成天生活在无边的快乐中，用一句成都话形容，就叫作“一天到晚一张脸笑得稀烂”。为了表达鱼儿回归大海般的喜悦之情，他在自己担任总版主的《教育在线》网站发了一帖：

祝贺我吧，我又回到了校园！

细读苏霍姆林斯基，反复咀嚼大师的思想精粹，李镇西完成了一次化蛹为蝶般的顿悟。他深深地感到，在苏霍姆林斯基博大精深的思想体系中，闪耀着一个大写的“人”字。他从苏霍姆林斯基的书中，读到了教育的人道、人性和人情。

苏霍姆林斯基不是一个专门从事教育科学研究的学者，而是一个脚踏实地奋战在教育第一线的教育工作者，每天面对的是一个个鲜活的花朵般的生

命。他一生关注的始终是每一个学生的个性发展，让教育真正进入了孩子的心灵。他对身边喧嚣着的“科技时代”、“数学时代”、“电子世纪”、“核子世纪”的声音充耳不闻，特立独行而又旗帜鲜明地提出：当今社会，首先是“人的时代”、“人的世纪”，而即将到来的 21 世纪将是人的个性全面发展的世纪!

苏霍姆林斯基谆谆告诫：“不要让上课、评分成为人的精神生活的唯一的、吞没一切的活动领域。如果说一个人只是在分数上表现自己，那么就可以毫不夸张地说，他等于根本没有表现自己。”在苏霍姆林斯基看来，知识是人格的有机组成部分，因而必须从个性全面发展的整体来看待智育。教育者的责任，除了教书，还要育人。他一针见血地指出：“那种除了上课、教科书、家庭作业、分数以外什么都不去想的学生，他的命运不值得羡慕。”他语重心长地告诫教育者们：“千万不要让你的学生被这种学究气所控制!”(《给教师的一百条建议》)

苏霍姆林斯基对于以学生学习成绩和考试分数为主要考评目标，无视人的和谐发展，扼杀个性与创新能力的应试教育，不但深恶痛绝，而且向所有教育者提出了发人深省的严厉警告。他的谆谆告诫，对于陷入素质教育与应试教育“双手互搏”、鱼和熊掌不能兼得的尴尬境地不能自拔的当代中国教育来说，无疑是一剂苦药也是一剂良药。

李镇西全面继承苏霍姆林斯基的教育理论，对应试教育一直保持高度的戒备和应有的警惕，始终坚持以儿童的和谐发展与终生幸福为终极教育目标。不可避免地，他早期的教育努力与付出，或多或少有点唐·吉诃德式的孤独与悲壮。他在物议与冷眼中奋然前行，在“莫名惊诧”的目光中留下一个无畏的背影。如今人到中年，李镇西可以无愧地说，在与应试教育几十年的抗争中，他尽管曾经妥协过，在应试教育与素质教育之间战战兢兢地走钢丝，努力寻找平衡点，但绝对没有屈服过。如今，他还在战斗，而且越来越旗帜鲜明，但他不再孤独，因为在整个教育界，他的战友和同道越来越多，对抗应试教育的阵营越来越壮大，声音越来越响亮，声势越来越浩大，关注学生终生幸福的以人为本的教育理念越来越深入人心。

同样，在关于爱国主义教育和理想教育的问题上，李镇西也是深受苏霍姆林斯基的影响，在日常教育活动中从爱父母、爱同学、爱普通劳动者、爱家乡这样的凡人琐事入手，拒绝空洞说教，反对假话空话，绝不培养言不由衷的说谎者。

苏霍姆林斯基的帕夫雷什中学，没有张挂“爱祖国”“爱人民”之类的标语口号，最醒目的标语是“要爱你的妈妈”。在苏霍姆林斯基看来，如果一个孩子连自己的妈妈都不爱，他还会爱别人、爱家乡、爱祖国吗？

苏霍姆林斯基对一切脱离实际的形式主义教育深恶痛绝。他说：“在学校里，不许讲空话，不许搞空洞的思想教育，要珍惜每一句话！当儿童还不理解某些词句的含义时，就不要让这些词句从他们嘴里说出来！请不要把那些崇高的、神圣的语言变成不值钱的破铜币！”（苏霍姆林斯基《培养全面发展的个性的问题》）

苏霍姆林斯基还说：“儿童、少年、青年口头上会说他怎样热爱祖国，甘愿为祖国而牺牲，但是这些话本身并不能作为学生所受的爱国主义教育程度的真正标准。教育的明智在于，不要让我们的学生毫无热情地、不假思索地说出这些话来。因此，我们坚决禁止组织这样的竞赛：看谁关于热爱祖国的演讲或作文讲得最漂亮。教学生高谈阔论爱祖国，取代了教学生爱祖国，这是不可思议的事情。”（苏霍姆林斯基《培养全面发展的个性的问题》）

李镇西痛心地看到，在我们身边，苏霍姆林斯基嗤之以鼻的这类“不可思议的事情”，却随时随地“庄严”地发生着。一次参观，一场报告会，一次大扫除，一个小型展览，一个小小活动，似乎都可以取得“快餐式”的立竿见影的德育效果。打开电视，我们经常可以看到本该天真活泼的孩子们，面对镜头一本正经、老气横秋地用小大人的口吻振振有词地背诵着精心编造的谎话：“通过今天的……活动，使我们懂得了……道理。我们一定要牢记……珍惜……好好学习，天天向上，将来成为建设祖国的栋梁之材……”

每当看到这样的电视节目，我们都忍不住浑身长鸡皮疙瘩。自欺欺人的形式主义教育，在无情地扼杀着孩子们纯真天性的同时，把原本美好的爱国主义教育和理想教育，引向一条不归路。

李镇西对苏霍姆林斯基的话非常认同。他在整个教育生涯中，尤其是当上成都市武侯实验中学校长以后，从来不搞假大空的所谓爱国主义教育，从来不搞不切实际的理想教育。他经常抓住一些活生生的事例，要求自己的学生，要尊重劳动人民，比如：

这两天我对你们特别强调要尊重劳动人民。可能大家已经听说了，陕西铜川死难166人，因为瓦斯爆炸。我昨天在网上跟了一个帖：“愤怒谴责喝工人血的黑心包工头！”我看到一个资料，说他们是被迫下井的。一家人盼着他们每个月几百元的工资，为了一家人的生活，黑心的工头，明明知道是一个危险的矿井，还逼他们进去。同学们，对这些朴实的劳动人民，我们应该怀有真诚的同情与尊敬！这种尊敬应该体现在平时的日常生活中，体现于

对身边每一个劳动者的敬意。今天早晨我去吃饭，看到一个场景，在我面前站着一个学生，师傅问他要几个包子，他说："我说几遍了，你没听清啊！"这个同学并没有骂一个脏字，也没有骂师傅，但我对他那种语气，那种看不起师傅的态度非常不舒服。我当时就在想，这个学生有什么资格在人格上居高临下?!（《心灵写诗》(二)）

课余时间，李镇西喜欢给孩子们读小说，让他们了解社会，拓宽视野，同时扩大语文知识面。当代作家刘醒龙反映农村代课教师生活命运的中篇小说《凤凰琴》，一直是他的保留节目之一。每读一次，他和孩子们的心灵都会受到震动，由代课教师和他们的学生，谈到当今中国还有千千万万的苦难者。李镇西的课外阅读课堂上，师生们常常泪飞如雨。

《凤凰琴》读完了，李镇西"借题发挥"，讲到身边的普通劳动者，讲到底层百姓的苦难，勉励大家关注众生疾苦。他还说，比照刘醒龙笔下的那些朝忧食而暮忧穿、儿啼饥而妻号寒的老师，他感到惭愧。"但是，我会尽量做好我的工作，同时，一有机会我就要为千千万万普通的老师呼吁呐喊！我多次想过，以后我有机会，也到农村去，办一所学校，和那些朴实的孩子在一起！那时候，如果在座的同学有读师范的，我欢迎你和李老师一起教那些孩子；如果没有当老师但你成了企业家，我希望你为这些学校多捐些钱。"他的这个愿望，终于在 2006 年变成了现实，他到了一所城乡接合部的学校当校长，成天跟失地农民、下岗职工、外来务工人员和城镇平民的孩子打交道，在平民教育中践行他的民主教育思想，并且因为给总理写信反映平民教育的问题，使农村教育的现状得以部分改变，使得众多农村教师的生活状况得到较大改善。

他和孩子们一起朗读影响刘醒龙写作之路一首无名氏的小诗《一碗油盐饭》，并让大家抄在小本子上。他说："我们同学和李老师正在捐助的那些贫困学生，你们想一想，他们的生存状况其实比《凤凰琴》写的还要惨……李老师教你们语文，就是让你们会比一般人知道巴金，知道《怀念萧珊》，知道刘醒龙，知道《凤凰琴》。同学们。李老师对你们说，你们中间的一些人长大以后也会有这样那样的权力，我就希望你们不要做贪官，永远不要忘了普通老百姓!"

研究班主任工作多年的著名教育专家唐云增先生在《班主任工作的成功之路》一书中讲到一个故事。2010 年 4 月 10 日，全国第 18 届班集体建设理论研讨会在西安未央区举行，李镇西应邀到场作报告。李镇西老师在报告中忧心忡忡地说，当前，我们的班级教育，不是引领学生去亲近劳动人民，而是一步步远离劳动人民，这种现象让他十分担忧。报告中介绍了他如何身体力行，运用多种形式，利用多种场合，引领学生走近劳动人民、永远热爱劳动人民的事情。在报告即将结束的时候，他为大家朗诵了那首小诗《一碗油盐饭》——

前天
我放学回家
锅里有一碗油盐饭

昨天
我放学回家
锅里没有一碗油盐饭

今天
我放学回家
炒了一碗油盐饭
放在妈妈的坟前

唐先生写道：“读着，李镇西老师哽咽了，潸然泪下。全场，近千位老师都被李老师的报告感动，被他亲近劳动人民的精神感动，被这首小诗所深深感动，心灵受到了一次难得的洗礼。”

应着大师的召唤，踏着大师的脚印，李镇西奋然而前行。

第二部分◆◆◆

做苏霍姆林斯基式的班主任

苏霍姆林斯基说："教育——这首先是人学！……真正的教育，就是要为受教育者谋求终生的幸福。"李镇西把这些话奉为圭臬。

未来中国必定是"民主更加健全"的公民社会。全心全意为未来的中国培养合格的公民——这是李镇西几十年班主任工作坚定不移的目标。

第一章　教育的浪漫主义时期

李镇西在总结自己的教育生涯的时候，将他自己从教以来的历程，理性地划分为三个时期：教育的浪漫主义、教育的现实主义和教育的理想主义。

他的教育的浪漫主义时期，指的就是乐山一中那 9 年。

第一节　火热的时代在召唤

1982 年春天，李镇西大学毕业，被分配回到故乡乐山市最好的一所中学——乐山一中任教。

从粉碎“四人帮”后的 20 世纪 70 年代中后期，到改革开放的 80 年代前期，绝对是那个时代走过来的中国人永生难忘的“激情燃烧的岁月”。

粉碎“四人帮”后，以华国锋为主席的党中央发出了“新长征”的号令。就连慷慨悲壮的中华人民共和国国歌也由《义勇军进行曲》的歌词，一度被修改为昂扬奋进的“新长征”主题：“前进！各民族英雄的人民！伟大的共产党，领导我们继续长征。万众一心奔向共产主义明天，建设祖国保卫祖国英勇地斗争。前进！前进！前进！我们千秋万代，高举毛泽东旗帜，前进！高举毛泽东旗帜，前进！前进！前进进！”

1978 年 3 月 18 日—31 日，党中央在北京人民大会堂召开全国科学大会，中共中央副主席、国务院副总理邓小平作出了“科学技术是生产力”“知识分子是工人阶级的一部分”的英明论断。广大饱受欺凌和迫害的知识分子，感动得热泪盈眶，从此不再“知识越多越反动”，从此不再当“臭老九”，从此不再屈辱偷生，可以挺起腰板做人了！

春天确实来了。这几年，拨乱反正后的祖国大地发生了许多振奋人心的事情。其中包括：党的十一届三中全会召开、知识青年返城、右派问题改正、天安门“四五运动”平反、真理标准大讨论、张志新冤案平反、朦胧诗

崛起、“伤痕文学”引起轰动、农村实行联产承包责任制、彻底否定“文化大革命”、清算“四人帮”的罪行、实行改革开放等等。一个古老的民族，在饱经忧患后焕发了勃勃生机。

万马齐喑的中国，迎来了万马奔腾的“新长征”。幼儿园的孩子们唱道：“我们的祖国是花园，花园里花朵真鲜艳，和暖的阳光照耀着我们，每个人脸上都笑开颜……”

年轻人满怀豪情地唱道：“年轻的朋友们，美丽的春光属于谁？属于你，属于我，属于我们八十年代的新一辈！”

走上讲台，“八十年代新一辈”的李镇西很快找到了当教师的感觉。

其实毕业前的课堂实习，李镇西已经找到当教师的感觉了。按照规定，师范院校毕业生在毕业前要到中学课堂实习一个月。李镇西实习的学校是成都市郊区的郫县一中。

走进课堂，面对一群生龙活虎的充满青春朝气的少男少女，李镇西发现，大学课堂上学过的《教育学》《心理学》乃至《教材教法》完全派不上用场。也难怪，“文化大革命”结束后恢复招生的师范院校，所用的教育学、心理学教材，基本上都是照搬苏联的那一套，枯燥乏味，空洞无物，无法切合我们的课堂实际。就连实用性很强的教材教法，也是传统的“满堂灌”、“填鸭式”，不外乎“字词句—篇章结构—段落大意—中心思想—问题解答”等僵化程式，把本应鲜活灵动的语文课，肢解得七零八落。莫奈何，实习生们只能一边向指导老师请教，一边“摸着石头过河”，凭着本能备课上课。

23 岁的大学生，与十五六岁的中学生，年龄差距本来就不大，感情上更容易契合，加上李镇西本来就是一个顽皮的大男孩——直到今天 50 多岁都还顽皮得要命——心理上就更没有差距。李镇西很快跟孩子们打成一片。渊博的知识，风雅的谈吐，诙谐幽默的语言，精心设计的每一节课——他的个人魅力迅速征服了所有的学生，初出茅庐的毛头小伙的课，居然成了孩子们的最爱。课后，他跟孩子们一起疯玩笑闹，甘当众人簇拥的“娃娃头”，成天嬉皮笑脸没有半点“师道尊严”。

一个月的实习期很快过完，分别的日子到了。那一天，班上所有的学生都来到操场送别他们的小老师，个个脸上挂着依依惜别的凝重，不少孩子在哭。汽车开动了，孩子们追着车子哭喊：李老师再见！李老师再见！李老师要来看我们啊……

这个场景，永远定格在李镇西的脑海。后来他教的每一个班，毕业分别时都有一场泪飞如雨的难舍难分。

百废待举的社会在召唤，火热的生活在召唤，胸中的激情在燃烧，神圣的使命感和责任感在激荡——

李镇西来了！

第二节 揣着《青春万岁》上讲台

创办于1903年的乐山一中，坐落在风景如画的岷江之滨，古色古香的穹形校门，彰显着这所学校值得炫耀的历史与文化。她是四川省一所著名中学，曾经是郭沫若少年时代的母校。

李镇西是揣着王蒙的《青春万岁》走上讲台的。

《青春万岁》是王蒙早期现实主义小说的代表作，集理想主义、英雄主义、浪漫主义于一炉，描写了上世纪50年代初期，一群天真烂漫的北京女中学生的生活，赞美了她们不断探索的精神、昂扬向上的斗志、如诗似歌的青春热情，展现了新中国成立之初，中学生们之间互帮互助的良好氛围和很高的思想觉悟。李镇西说：

如果从文学的角度看，王蒙19岁时写的这部处女作显然还比较稚嫩，但书中洋溢的青春气息却深深地感染了我，特别是郑波、杨蔷云们的理想主义激情和英雄主义情怀，引起了我的强烈共鸣。我从书中感受到，在我们共和国的清晨，原来有过那么绚丽的霞光那么纯净的空气！虽然以今天的眼光看，书中的主人公们都显得很“傻气”，或者说过于天真烂漫，但他们心里都充满了一种希望，充满了一种喜悦，充满了一种高歌猛进的豪迈与自豪，在他们的灵魂深处都有一种最宝贵的东西，那就是对于年轻共和国的坚贞信念！

……我很自然地想到了我即将踏上的中学讲台，年轻的心房一下被理想的激情和创造的冲动所鼓胀——我以后是教师，我可以通过培养一批又一批优秀的学生为我们的社会注入越来越多的新生命，我可以通过教育为我所热爱的国家做我能够做到的一切！我一定要把我带的班也建设成为《青春万岁》所描绘的那样的班级！

……我有的是对未来的憧憬和信心，我有足够的热情把我的学生都培养成“郑波”和“杨蔷云”。（李镇西《做好的老师·序》）

在课堂上，他给孩子们朗读《青春万岁》。许多学生至今还记得，他们

每天中午聚精会神听李老师诵读《青春万岁》时的情景。李老师在朗诵序诗时，神情格外豪迈，声音抑扬顿挫，眼里闪烁着晶莹的泪光，整个课堂沉浸在庄严神圣的气氛中：

所有的日子，所有的日子都来吧，
让我们编织你们，用青春的金线，
和幸福的璎珞，编织你们。
有那小船上的歌笑，月下校园的欢舞，
细雨蒙蒙里踏青，初雪的早晨行军，
还有热烈的争论，跃动的、温暖的心……

1982年6月1日的晚上，李镇西带着学生们来到大渡河边，第一次跟孩子们一起过队日。初夏的晚风格外凉爽，深蓝的夜空群星闪烁，星空下河水静静流淌，对岸的城市万家灯火。熊熊的篝火边上，围坐着几十个戴红领巾的孩子。孩子们用清澈纯净的眸子凝视着女班长，女班长正在用清纯的童音激情满怀地朗诵着：所有的日子，所有的日子都来吧，让我们编织你们，用青春的金线……

大渡河畔那堆熊熊燃烧的篝火，燃烧着青春和希望，象征着激情和浪漫，代表了美好的憧憬和顽强的奋斗，成了李镇西"教育浪漫主义"的一个象征。

第三节　未来班"唱着歌儿向未来"

真正代表李镇西教育浪漫主义的，是他教育生涯的第一个"作品"——"未来班"。

1982年春天，李镇西被分配到乐山一中的时候，学校并没有安排他当班主任，他只是初八四届1班的语文老师。而担任班主任的，是从教多年的体育老师冯宗秀，冯老师像慈母一样呵护着她的孩子们。尽管李镇西不是班主任，但他却每天大部分时间跟孩子们泡在一起，亲密无间的关系远远超过了一个科任老师跟学生的关系。他跟孩子们互相依恋着，这份依恋之情越来越深，半天时间看不到孩子们，他就会浑身不舒服。一个月后，经学校批准，李镇西如愿当上了班主任。

当上班主任的李镇西"野心勃勃"，立志把班级建成富有勃勃生机和强烈凝聚力，让每一个孩子都能够充分享受成长幸福的最好的班集体。

苏霍姆林斯基说过：“集体主义教育的实践，首先在于激励学生自由地、自觉地实现集体的目标。”这个目标不应该是班主任一个人提出来的，而是应该在班主任的引导之下，由全体班级成员共同来提出。尽管李镇西对苏霍姆林斯基还很陌生，但他无师自通地放手让大家讨论。孩子们在热烈的讨论中达成共识：我们的班集体，一定要建成既洋溢着集体主义的温暖，又充满进取创新精神的富有鲜明个性的班集体。他们还提出，用两年时间实现班集体建设的目标。

目标确定以后，他和学生们首先要做的事，就是给班级起一个名字，一个真正代表班级建设目标和自身特色的响亮的名字。起名字的过程，以及与之相对应的确定班训、班徽、班歌、班旗的过程，都在充分发扬民主的前提下，群策群力，集思广益，由每个学生个人提出，再通过集体讨论的方式完成。整个过程，就是学生集体主义精神和创造精神培养相统一的过程。

在大家提出的几十个班名（诸如希望班、奋飞班、雄鹰班、方志敏班、海迪班）中，集体讨论确定，以“未来”作为初八四届（1）班的班名。她的含义是：我们是祖国未来的栋梁，肩负着把祖国建设得更加美好的重任。

未来班就这样诞生了。

一年后，邓小平发表了著名的关于教育的“三个面向”的题词。未来班的含义更加丰富：面向未来，全面发展。

班名确定以后，班训、班徽、班旗和班歌相继诞生。班训是“正直、团结、勤奋、创造”——正直，是李镇西对自己、对未来班学生的第一要求。班徽是由红日（上半圆）、大海（下半圆）和中间的“V”字形构成的图案，分别由红黄蓝三原色组成；班旗是印有红日、海燕图案的红旗。

而班歌，则另有一个动人的故事。

班歌《唱着歌儿向未来》由全班学生集体创作，李镇西修改定稿，然后寄给著名作曲家谷建芬，请她谱曲。应该说，在今天看来，李镇西的这个举动还是相当冒失的。名不见经传的青年教师李镇西跟大名鼎鼎的谷建芬素昧平生，就敢写信提出如此重大的请求！须知当时的音乐界，谷建芬正是大红大紫的时候，每天应接不暇，哪有时间为西部一所中学里某个初中班的孩子们专门谱写班歌？但是在 80 年代，确实有一批富有社会责任感的知识分子，他们不为名不为利，为事业为社会而存在着，作为“人民音乐家”的谷建芬就是其中的一位。收到李镇西代表孩子们寄来的请求后，谷建芬非常重视，请她的老搭档、词作家王健对歌词进行了修改，自己特地为这首班歌谱曲。

于是，一首旋律明快、昂扬大气的班歌新鲜出炉了：

蓝天高，雁飞来，青青松树排成排。我们携手又并肩，唱着歌儿向未来。同学们团结多友爱，畅游在知识的大海。园丁辛勤来灌溉，理想之花校园里开。

蓝天高，雁飞来，青青松树排成排。我们携手又并肩，唱着歌儿向未来。先辈对我们在期待，人民盼我们快成材。体魄强健心灵美，要做奋发的新一代。

蓝天高，雁飞来，青青松树排成排。我们携手又并肩，唱着歌儿向未来。比高山，比大海，比不上我们对祖国的爱。历史的火把接在手，唱着歌儿向未来。

收到谷建芬阿姨谱写的班歌和回信，全班沉浸在激动与兴奋之中。大家决定，等到两年后，班级建设目标基本达到，"未来班"才正式成立。由于目标明确，全班师生共同努力，每个人严格要求自己，班风不断改善。

经过两年多的努力，孩子们当初设定的目标基本达到。1984 年 1 月 1 日，乐山一中初八四届 1 班隆重举行了"未来班"成立大会。在热烈喜庆的气氛中，升班旗，唱班歌，宣读家长的贺信，老师致辞，孩子们沉浸在节日的快乐中，互相勉励，互相祝贺。大会还当场决定，将收到的一笔家长贺款捐赠给北京圆明园修复工程。最后，孩子们表演了自编自导自演的以"畅想未来"为主题的三幕话剧《相会在未来》。

初八四届 1 班毕业后，李镇西又接手了初八七届 1 班。他继续进行"未来班"的实验，并更加完善。在未来班，一种全新的班级建设模式，颠覆了孩子们过去习惯的一切由班主任老师说了算的管理方式，步入了前所未有的学生自己管理自己、自己教育自己的民主管理阶段。

首先是"轮流执政"的干部制度。班委干部自愿报名，通过竞选产生，一般干部每半学期轮换一次，班长一学年更换一次，让绝大多数同学都有机会担任班委干部，潜移默化培养民主意识和服务集体的奉献精神。

第二是宜于竞赛的小组结构。尽量将学习、文体方面有专长的同学和谐搭配到各小组，创造公平竞争的条件，经常开展竞赛活动，有助于整个班级集体主义向心力的形成和进取创造精神的培养，使班集体充满温暖和活力。

第三是发展个性的兴趣社团。根据学生的兴趣爱好，该班组织了七八个兴趣社团，让孩子们尽情张扬个性，培养能力。

第四是多元交流的友谊班级。先后跟乐山市五通桥中学、成都十二中和北京外国语学院的学生班级组成了友谊班级，同学之间互相通信，交流学习心得，建立校际友谊。这样的做法，可以帮助学生拓宽视野，增长见识。

第五是共同享用的集体财物。保温桶、小书柜、公用墨水、窗台花盆、班级报纸、互助储金等公共财物，都是通过集体劳动凑集、捐献等方式共同创造，由学生自己管理使用。

第六是陶冶心灵的口琴乐团。音乐最能陶冶情操，培养审美能力。未来班组建了全班同学参加的口琴乐团，人手一只口琴。李镇西担任乐团教官，利用班会课和其他课余时间教吹口琴。到了初三，未来班的口琴乐团在校园内外名声大噪。

第七是独立主编的《未来日报》。这是一份手抄报，由每一个同学轮流担任主编并独立完成，星期天、节假日都不停刊，让每一个孩子的综合能力得到尽可能的提升。

第八是记录班史的班级日记。值日生每天写班级日记，忠实记录班级当天的情况，还要总结得失。到毕业的时候，一部记录成长足迹的班级史册就形成了。

从 1982 年到 1987 年，李镇西在乐山一中办了两届未来班。100 多名性格阳光、对未来充满自信的孩子先后从这里走出去，走向祖国的四面八方。他们，是李镇西教育浪漫主义的成果。

两届未来班，李镇西开始品味到什么是“教育的幸福和幸福的教育”。他把整个身心扑在班级建设，把全部的爱献给了学生，眼睛近视、身体瘦弱的他，每天工作十几个小时，从清晨到晚自习放学都跟孩子们在一起，夜深了还在读书，备课，批改作业，写教育手记。他精力充沛，似乎有永远使不完的劲。很多个中午，他让孩子们趴在课桌上休息，他自己则半坐在讲桌上，给他们念小说……

未来班的班风也是独具特色：充满温暖的大家庭，自我教育的小主人，关心社会的责任感，德智体美的统一体。两届未来班初中毕业时，升学考试成绩均为全校同年级第一名。两届未来班，都曾被评为乐山市优秀班集体。未来班学生的各种能力，都明显优于同年级平行班。

2014 年 8 月 7 日，第一届未来班毕业 30 周年之际，李镇西在他的新浪博客上贴出了一篇文章《喷薄的记忆惊涛拍岸》：

当年，不止一次有老师对我说：“小李啊，你这样教育出来的学生，太善良，以后进入社会是会吃亏的。”当时我真是不知如何回答，因为我无法断定他们以后“吃不吃亏”，毕竟我的教育生涯刚刚才开始，谁给我证明这

一点呢？但我在心里想，培养孩子们的善良没错啊，我总不能培养野兽吧？前年，崔永元请我去央视的《小崔说事》讲故事，我带去的现在的学生当场唱了未来班的班歌《唱着歌儿向未来》。第二天，我的博客上出现了这样的留言："我是李镇西老师84届未来班的一员，昨日含泪看完了《小崔说事》，未来班的班歌还在传唱，未来班的精神还在发扬。这是老师给我们的精神财富。记得当时毕业时有同学在问李老师：'你这样培养出来的我们能不能适应社会?'现在我以我的经历现身回答：是的，我是适应社会的，而且如同老师所希望的那样——正直、勤奋、向上。我做到了。"当时我不知道这是谁的留言，但我的眼睛湿润了。三十年后，我的学生站出来为我证明了："我是适应社会的"！而留言中的"正直""勤奋"正是未来班当年的班训。后来我联系上了这位网友，她叫李志英，当年未来班一位很可爱的小姑娘。

十几年后，李镇西在总结未来班得失的时候写道：

在当时的历史条件下，未来班的教育实践是成功的，其标志固然是它符合了许多通常教育评价的"硬指标"；但在我的心目中，得意之点主要在于：我自觉地发挥了"集体"的教育功能，注意了各种教育内容和方式的有机融合，善于引导学生自我教育，开始重视学生的个性发展及其精神世界的充实，有意调动学校以外的积极因素参与教育……更重要的是，未来班为学生的班级生活和我的教育生活增添了无穷的乐趣：学生通过生机勃勃的集体生活，切身体验到了成长的乐趣、发展的乐趣、创造的乐趣。他们拥有了自己充实而美好的精神世界；我通过学生的幸福体会到了自己的幸福，通过对未来班的创意、建设和发展体会到了教育科研的意义和教育艺术的魅力所在。……然而，未来班教育模式的缺陷也是明显的。虽然当时我并未意识到这一点，但继续向前推进的教育探索，便逐步向我展示了未来班教育的缺陷，这就是：重继承，轻创新。(《爱心与教育·引言》)

李镇西的反思和自我评价是理性的、中肯的。在未来班，他试图用"复古"（培养充满激情、理想和集体主义精神的50年代郑波、杨蔷云式的学生）来对抗日甚一日的"升学率"思潮，即使曲高和寡，也宁可一意孤行地走下去。但是，社会在变化，不管是倒退还是进步，社会风气在变化，不管是变好还是变坏——不可能永远停留在他心目中的50年代（真实的50年代，未必就像王蒙笔下那么美好），教育在坚守的同时，也应该"与时俱进"，才能培养适应社会的人。

未来班是李镇西教育生涯的第一个里程碑。乘着改革开放的东风，年轻的李镇西以超前的眼光、卓越的胆识、无私的奉献、无悔的担当，把教育的目标锁定在“未来”，敢于在没有路的荆榛丛莽中义无反顾地前行。虽然“素质教育”这个词汇当时还没有产生，更没有推广使用，但李镇西当年所做的探索，就是我们今天理解的素质教育。虽然“应试教育”在当年还被另一个词汇“片面追求升学率”取代着，李镇西的所作所为，正是对应试教育的高度警惕和反叛。

从未来班开始，李镇西在应试教育的大潮中一直逆流前行，高举苏霍姆林斯基的旗帜，像唐·吉诃德大战风车一样，始终坚持目中有人的教育，坚持以人为本的教育，坚持开启心智、开发创新能力的教育，坚持不掺杂假的货真价实的素质教育。三十多年后的今天，李镇西的同道越来越多，已经形成了一股敢于叫板应试教育的力量，尽管这力量还比较薄弱，毕竟让我们看到了中国教育复兴的希望。

教育让人看到希望，民族才有未来。正如鲁迅先生所言，世上本没有路，走的人多了，也便成了路。

第四节　塑造充满集体主义精神的班集体

衡量一个优秀班主任的标志，就是带出了一个优秀的班集体。关于什么是班集体，李镇西在刚开始担任未来班班主任的时候，就已经有了自己的理解和看法。他说：

我曾就此与一位学生会干部闲聊。他说：“我们一般理解的班集体，就是固定在一个教室里上课的几十个学生。”这一肤浅、片面的认识颇具代表性。甚至一些教师也认为：“班集体”就是“班级”，而一个班级只要有稳定的学习秩序，无打架斗殴、吸烟酗酒等重大违纪现象，就算好的或比较好的班集体了。

新学年开学，几十个本来素不相识的学生被编在一个班学习，这种组合的确是偶然的；经过了一段时间后，不同的班级会呈现出不同的风貌，这却是由教育者的工作所体现出来的必然性。我们所理解的“班集体”，既不仅仅是教学单位，也不单纯是德育组织，而是集教育、教学和个性发展于一身的有机统一体。它以对学生的尊重和研究为出发点，以对学生的教育和发展为目的，教育与教学互相协调，知识传授与能力培养互为依存，个性的全面发展与群体的共同进步互为条件，它是德、智、体、美、劳五育和谐统一的教育组织和教育系统。在这样的集体中，大家有共同的追求、共同的荣辱、共同的精神支柱、共同的心理依托；成员之间互相友爱、互相帮助，谁也离不开谁；每一个人为集体的挫折感到真诚的难过与忧虑，集体为每一个人的成绩感到由衷的欢喜与自豪。

1982 年 9 月，我担任班主任的班升入初二时，一个表现很差的女生留级了，我如释重负。但班长仍然对那位已经留级的同学怀着真诚的责任感，经常帮助她。一年后，那个学生因恶习难改违反校纪被开除了。我听说后，暗自庆幸，幸好没有在我班出事！然而班长却深感惭愧和不安，回家后她在母亲面前连连叹息："××的变坏我也有责任，都怪我这个班长没有尽力帮助她！"学校、家庭对那个学生的堕落都无可奈何，这位班长作为一名学生干部又有什么可指责的呢？但这位班长高度严于律己的精神却深深震撼了我的心灵，我在班上表扬了班长并作了自我批评，然后让大家思考、讨论："对于××同学，我们集体，也就是我们每一位同学该负什么责任?"班长的集体责任感教育了全班同学：班上每位同学的退步都是整个集体的损失，而对于集体的损失，我们每一个集体成员都有不可推卸的责任！

一个班级，只有当她的每一个成员都充满了这样的责任感，从而使整个班级形成了强大的凝聚力时，才真正称得上是"班集体"。(李镇西《走进心灵》)

两届未来班作为李镇西早期的班集体建设"试验田"，一直保持勃勃生机，发生过许多让人惊喜的事情。

王蒙笔下年轻人激情燃烧的 20 世纪 50 年代初期，成了李镇西心目中无限美好的岁月。虽然经过"文化大革命"血火洗礼之后的 80 年代初期，社会风气已经不可同日而语，但他有足够的自信把每一个学生都培养成纯洁无瑕、积极向上、有着远大理想和美好情操的郑波、杨蔷云。

因此，未来班跟全校其他班级相比，显得非常独特，非常有个性。教室的墙壁上，张贴着江竹筠、毛岸英、雷锋、奥斯特洛夫斯基的画像；黑板上方，一行醒目的大字：先烈时刻注视着我们！歌咏会上，其他班级演唱流行歌曲，未来班演唱理想之歌，除了《唱着歌儿向未来》，还有《让我们荡起双桨》《绿色的祖国》《共产儿童团歌》、《同志们勇敢地前进》等等。

热爱班集体，关心国家大事，热心公益事业，同学之间互相帮助，团结友爱——未来班形成了自己独特的班风。每个学生自发从家里带来书籍，建成了班上的"小小图书馆"，随看随取，几年时间居然没有丢失一本；公用的保温桶，每天都是学生争着打来开水装满；窗台上的小花盆，有人自发松土、浇水；一位家庭贫困的同学不慎丢失了饭菜票，面临饿肚子的危险，同学们“偷偷摸摸”把自己的饭菜票塞进她的抽屉、书包、文具盒，一清点，得到的比丢失的还要多，却不知道是哪些同学送的……

伍建的故事，就是未来班无数动人故事中的一个——

来自农村的伍建同学，父亲不幸病逝，欠下大笔债务，家里只有体弱多病的妈妈，还有一位 16 岁的姐姐，责任田无人耕种。作为家里唯一的“男子汉”，他决定退学回家，挑起家庭的重担。同学们知道后心急如焚，暗中策划如何帮助他渡过难关，让他继续读书。李镇西跟孩子们一起，精心组织了一次帮助伍建的公益行动——

一场刻意避开伍建举行的主题班会上，班长向大家讲述了伍建遭遇的不幸和困难，代表班委会号召全班同学伸出援助之手。他说：“资本主义国家的儿童都知道关心同情别人，我们社会主义新中国的少年更应关心别人，富有同情心!”

大家一致决定为伍建下学期的学习费用捐款。很快地，讲台上便出现了一堆零钞，经过清点，李镇西和全班学生一共捐款 37.76 元。扣除伍建下期的学习费用 8 元，剩余的钱，还能够帮助他购置部分生活用品和文具。

从此以后直到寒假前的两个星期，伍建的课桌上总是莫名其妙出现一些物品：新的钢笔、笔记本、文具盒……

春节前一个难得的艳阳天，李镇西和几个学生代表带着捐款和许多生活用品，步行 15 公里多山路，来到伍建所在的小山村。刚拐过一个山坳，远远就看见伍建在地里低头劳作。大家悄悄来到他的面前，站在田埂上齐声大喊：伍—建—你—好!

伍建猛地抬起头来，惊呆了的脸上泪水夺眶而出。

不止在未来班才会发生这样的故事。在李镇西带过的所有班级，这类故事都是寻常小事。正直、诚实、善良、热爱班集体、关心他人，是李镇西的学生的共同性格。

第五节　培养郑波、杨蔷云式的学生

“唱着歌儿向未来”不只是一句简单的歌词，它宣示了未来班学生的成长目标：做未来社会合格的“人”。因此，未来班还有一个特点：关注社会，热心公益。

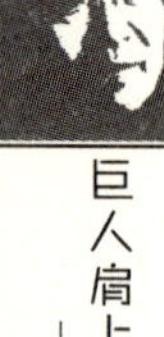

1982 年 2 月参加工作开始，李镇西就利用每天中午休息时间，给孩子们朗读小说《红岩》。到 11 月 13 日，读完最后一个章节，孩子们还沉浸在渣滓洞、白公馆那悲壮的故事中。而此时，重庆歌乐山烈士陵园正在筹建渣滓洞、白公馆革命烈士群雕塑像。未来班的孩子们对革命先烈的感情，找到了一个突破口：向塑像工程捐献自己的一份心意。

星期天，孩子们到处捡拾废报纸、牙膏皮，换来三分五分的钱，有的孩子省下零花钱，汇集成一笔捐款，赶在“中美合作所”最后屠杀革命志士的日子（11 月 17 日），寄给了重庆歌乐山烈士陵园。汇款单落款是：

“献给先烈的五十三颗爱心和童心”

同样的公益活动，在第二个未来班继续开展。1987 年 5 月 6 日至 6 月 2 日，大兴安岭发生了新中国成立以来最严重的一次森林火灾。李镇西和未来班的孩子们，每天都怀着沉重的心情，密切关注事态的发展。

这一次，不用李镇西动员，孩子们就自发行动起来了。班长程桦、吴涛代表未来班，在校园内贴出倡议书，号召全校师生为扑灭大兴安岭森林大火作出力所能及的贡献。学校团委响应倡议，在全校组织捐款，未来班捐款金额全校第一。

孩子们关注的目光，还聚焦于所生活的城市，关注着与市民生活息息相关的城市发展与城市建设，甚至跟市长交上了朋友。那时候，一个地级市的市长跟普通市民之间的距离还不算太大。由于电视尚未普及，许多市民并不认识市长的尊容，即使市长就在身边也认不出来。在乐山，就有这样的笑话发生：某个星期天，几个市民对某项市政设施不太满意，议论起来就免不了骂几句市长，不知道市长刚好从旁边经过，陪着夫人正在逛菜市场呢！市长脸上挂不住，拉着老婆赶紧走人，隔天就责令城建部门把那项设施做好了。当时，市长佘国华的儿子就读李镇西所在的乐山一中。佘市长不止一次参加家长会，还曾经在一个雨夜用自行车驮着夫人登门造访老师，了解孩子在校的表现，征求老师关于家庭教育如何配合学校教育的意见。那一次，市长两口子像走亲戚一样，拎着水果糕点之类的礼物来看儿子的老师，很是随和。这件事，在乐山一中一直传为美谈，是一个时代的绝响。顺理成章地，市长的住宅只是市政府宿舍中普通的一套住房，没有古代“侯门深似海”的神秘，也没有现代层层安保的威严。

“两会”过后的一天晚上，九点多钟的光景，两名“未来班”学生敲开了佘市长的家门。佘市长对这两个堪称“不速之客”的小客人表示了真诚的欢迎。两个小客人以“小记者”的身份，采访了未来乐山市城市建设的远景与近期规划。佘市长兴致勃勃，对小记者提出的问题有问必答，侃侃而谈。说到高兴处，难免手之舞之，足之蹈之，听得两个小家伙如痴如醉，好比听老师讲精彩故事，差点忘了自己此行的目的。那次的采访，成了《未来日报》的重头内容。

从老城区到乐山一中，必须经过一条名为“致江路”的300多米街道。老街年久失修再加车辆碾压（这条街上有两个车队），大坑小凼星罗棋布，最大的一个坑有十几平方米大，20多厘米深。夏季雨水频仍，坑凼积水成灾，从城区嘉州宾馆到乐山一中的加长公交车无法安全通过，只好将终点站临时设在了致江路路口的牛耳桥。这下子可苦了乐山一中的上千师生：300米路上险象环生，骑自行车容易摔跟头，步行则常常被过往车辆溅起的泥水弄成狼狈不堪的落汤鸡。师生和居民苦不堪言，把这条路叫成了“乐山的龙须沟”。城建部门和教育部门接到学校、家长和居委会的反映好多次，虽然也派人来看过，却是迟迟不见动静。

未来班的孩子们看在眼里，急在心里，他们想到了自己作为未来国家主人的社会责任。他们以集体的名义，给佘国华市长写了一封情真意切的信，讲述了致江路的糟糕路况，倾诉了师生和居民的痛苦与期盼，甚至还讲到了市长作为乐山人民的第一“公仆”所肩负的责任和义务。来信迅速引起市长的重视。几天后，市长带着相关部门的人员来到致江路现场办公，当场拍板尽快整治“龙须沟”，还师生和市民一个安全清爽的通行环境。

一个多月后，致江路整修工程完工，柏油马路坦坦荡荡，宽平如砥，车辆行人畅行无阻。未来班的孩子们偷偷地、自豪地笑了，因为没有人知道他们给市长写信的事情。

李镇西的心血没有白费。两届未来班，取得了预期的成果。未来班学生的精神风貌，在全校独树风标，特别团结，特别友爱，特别有凝聚力。各科老师发现，未来班的班风很正，孩子们都特别“纯”。家长反映，娃娃变得越来越懂事，会主动关心人，能体谅父母的艰辛，抢着做家务事，等等。

在那个激情燃烧的岁月，李镇西如愿以偿培养了一群郑波、杨蔷云式的对生活燃烧着激情、对未来充满了理想的学生。

第六节　用心灵赢得心灵

李镇西用爱心换取爱心，以心灵赢得心灵。他在教育中的爱心故事，随

手一提就是一箩筐。我们还是从《爱心与教育》中摘取点滴李镇西从教之初的小故事吧。

凡是熟悉李镇西的人，都有一个共同的看法：特别爱学生。不熟悉他的人，从他的一系列著作中也可以读出同样的感觉。因为爱学生，他每天主要的生活就是围着学生转，可以把并不宽裕的钱包掏空为学生付出，可以把自己累倒在讲台上甚至住进医院，可以坚持完成对每一个学生的家访，可以在暑假里冒着酷暑挥汗如雨地每天工作十几个小时编写、刻印“班级史册”，可以每个春节都跟学生一起度过、每个暑假都带着学生游山玩水，可以严重超负荷地同时担任两个班的班主任和语文老师，危急关头为了保护学生他可以怒目金刚挥舞拳头与人动武……

当班主任 20 多年里，他会在每一个学生的生日准时送上一份礼物：一个蛋糕，一张精美的书签，或者一本书，一个文具盒，一本笔记本……无论有多么忙，他都会提醒别忘了某个学生某天的生日。他会利用语文老师的先天优势，把学生的名字巧妙地镶嵌在生日祝福的赠言中，让学生享受这份来自老师的温情的同时，还感受到语文的魅力。

只有爱心，才能赢得爱心。孩子们用纯真的爱，回报他们的“老李”。于是，李镇西跟他的学生们，演绎了一场场充满人间真情的故事……

1983 年，李镇西刚参加工作的第二年。春天里，他因为劳累过度，患上了严重的神经衰弱，常常连续几个晚上睡不着觉。医生决定让他住院。他不想把这件事情告诉学生，怕他们情绪受到波动，打算悄悄住进医院。没想到被临时代班主任的体育老师冯宗秀泄露了“天机”。于是，在离校那天下午李镇西给孩子们上的最后一堂课，教室里哭成了一片。

放学后，孩子们三三两两相约来看李老师，一拨又一拨，一个个哭得眼睛像桃子，仿佛生离死别一般。李镇西想开个玩笑缓和一下气氛：“感谢你们来参加我的追悼会!”没想到，孩子们哭得更凶了。是啊，朝夕相处一年多来，李老师何曾离开过他们一天半天？没有李老师陪伴的日子，真的是不敢想象，怕是真的度日如年甚至一日不见如隔三秋吧？

孩子们纷纷自责说，是我们不听话，把您气病的。

天快黑了，孩子们还守在李老师身边，谁也舍不得走。实在不得不离开的时候，大家一起给他唱了一首歌送行，那是李老师最喜欢的《少年，少年，祖国的春天》。

在李镇西住院一个月的日子里，他和学生们互相思念着，每天来看望他的学生络绎不绝。终于有一天，李镇西从医院偷跑出来，跟冯老师一起带着孩子们上了峨眉山。晚上回到医院，他受到护士长严厉的批评。但这一晚，是他住院以来睡得最香的一个晚上，居然还做了梦。梦中，他跟孩子们一起，迎着金顶的万顷云海和壮丽旭日，纵情地唱歌跳舞……

1986 年秋天，李镇西的妹妹生病住院了，还动了两次手术。他每天来回奔波在学校与医院之间，还要按时给孩子们读小说，晚上还要家访，自然比过去忙碌了许多。经济上本来并不宽裕的李镇西，仍然自费为班上购置图书，购买文体器材，资助个别生活特困的学生，这下还要给妹妹补充营养，遭遇到严重“经济危机”。细心的孩子们观察到李老师这段时间心情不大好，有时候还大动肝火，通过调查得知了事情的原委，也了解了李老师面临的困境，大家心里纠结着。

孩子们决定为李老师分点忧。班委会紧急召开“秘密会议”，决议号召全班同学每人从家里拿来一个鸡蛋或一个苹果，凑成一份慰问品，然后到医院“秘密”看望李老师的妹妹。

这是一次完美的“秘密行动”。孩子们响应班委会的号召，从家里拿来了东西，最调皮的男孩谈俊彦一个人就拿来了 12 枚鸡蛋。从通过闲聊由李老师嘴里“诱供”出其妹妹所住的医院，到凑集慰问品，到“侦查”清楚他妹妹的名字、病房号，到最后“涉险”（差点被李老师碰上）完成探视慰问，一切细节都是在李老师的眼皮底下完成的。

这是来自孩子们的一次完美的爱心行动。

在乐山一中，李镇西带过 3 个班级（两届未来班、高九〇届 1 班）。他的孩子们集体给他庆祝过两次生日，一次是 1985 年 5 月 17 日，另一次是 1990 年 5 月 19 日。其实，究竟李镇西的生日是哪一天，至今仍然是一个秘密。1985 年 5 月 17 日，李镇西的“生日”是这样过的：

那天，我走进教室准备上语文课。

学生们安静下来，我习惯地说了声：“上课！”

“起立！”随着值日生罗晓宇清脆的口令，同学们精神抖擞地站了起来。

“同学们好。”我敷衍着。

“祝——李老师——生——日——快——乐！”回应我的，竟是这整齐而响亮的童音！

我被这声音惊呆了。只见坐在前排的谈俊彦双手捧着一张洁白的纸走到我面前：

“李老师，这是全班同学的祝贺信！”

班长彭艳阳捧着一束带着露水的鲜花从后排跑上来：

“李老师，这是全班同学献给您的鲜花！”

副班长张锐捧着一大摞礼品上前来：“李老师，全班同学的一点心意，请收下！”

在我目瞪口呆之际，小小讲台已堆满了鲜花、生日蛋糕、影集、笔记本、手绢、书签、毛笔等各种礼物。台下，闪着兴奋而得意的光芒的57双眼睛望着我。与此同时，响起了整齐而富有节奏的掌声为我祝贺！

“今天，并不是我的生日啊！”激动中，我真诚地向他们撒了一个谎。

“是的，今天就是您的生日！”

“5月17日，没错，我们早打听清楚了！”

“李老师，要诚实哟！”

……

57双眼睛恳切而焦灼地望着我！

我说什么呢？我还能说什么呢？“好……我收下”……我的声音在发抖。

“啪啪啪……”又是一阵长时间震耳欲聋的掌声！

此刻，我的心情，除了感激，更多的是惭愧。我走下讲台，缓缓说道：“同学们，我受之有愧啊！我的工作做得并不好。真的，我脾气急躁，时常发火，有时还错批评同学，伤同学们的心……我对不起大家啊！”

教室里格外安静，孩子们静静地听着我激动的话语。

我说：“李老师并不是你们想象的那样高尚。但是，今天同学们又一次深深地教育了我：教师的艰辛劳动所换来的报酬，决不仅仅是金钱，而更多的，是丰厚得无法估量的精神财富！——这，才是今天同学们送给我的最珍贵的生日礼物。我将把它化作无穷的力量，竭尽全力把你们教好！请同学们，不！请我的朋友们监督我！”我深深地鞠了一躬，带着发自内心的真诚敬意！

“啪啪啪……”又是一阵春雷般的掌声在教室里回荡，在我心头滚过。我感到：面对这57颗晶莹的心，我的心也变得纯净起来！（《爱心与教育》P027－P028）

李镇西说：素质教育，首先是充满感情的教育。

李镇西还说：一个受孩子衷心爱戴的老师，一定是一位最富有人情味的人。

李镇西又说：只有童心能够唤醒爱心，只有爱心能够滋润童心。离开了情感，一切教育都无从谈起。

第七节　像苏霍姆林斯基那样记录教育的每一天

苏霍姆林斯基几十年如一日，坚持每天早上 5 点钟就起来写“教育日记”。他写道：

> 我建议每一位教师都来写教育日记。教育日记并不是什么对它提出某些格式要求的官方文献，而是一种个人的随笔记录，在日常工作中就可以记。这些记录是思考和创造的源泉。那种连续记了 10 年、20 年甚至 30 年的教师日记，是一笔巨大的财富。每一位勤于思考的教师，都有他自己的体系、自己的教育学修养。如果有高超技巧的、有创造性的教师，在结束他的一生时，把自己在长年劳动和探索中所体会到的一切都带进了坟墓，那会损失多少珍贵的财富啊！我但愿把许多本教师日记搜集起来，保存在教育博物馆和科研机构里，当作无价之宝……我从学校工作的第一天起，就开始记录关于儿童身高、体重和他们的智力发展情况的资料。一连 32 年，我在儿童入学的最初两星期内记录有关他们的知识面和表象的资料。每一年让儿童回答的都是相同的问题。

苏霍姆林斯基的做法和对教师的建议，深深地影响了李镇西。他也坚持每天写“教育日记”“教育手记”和“教育随笔”，行文风格上也带有浓浓的“苏霍姆林斯基味儿”，夹叙夹议，以情动人，将自己对教育的思考和感悟融会在一个个生动活泼的教育故事之中，让叙事说理充满文学的魅力。

1998 年出版的《爱心与教育》，就是从当年的教育日记、教育手记中采撷而成的。这本书是李镇西的成名作和代表作，也是中国当代教育的一部经典之作，之后一再再版，几度脱销。这本书不仅为他赢得了中共中央宣传部“五个一工程”大奖、冰心图书大奖、中国教育学会“东方杯”科研成果一等奖等一系列大奖，而且奠定了李镇西在中国当代教育史上的地位。

这本书以手记的方式，讲述了李镇西从教十几年中亲身经历的许多可歌可泣的教育故事。这些饱含人间真情的故事，像一颗颗“催泪弹”，让千百万读者因感动而落泪。

这本书像一股强劲的东风，吹动了中国教育的巨大“池塘”的一池春水。这本书更像“播种机”，把爱心与童心作为教师两大必备法宝，传递给千千万万奋战在一线讲台的教育工作者，有如春雨润物，悄然改变了许多教

师的从教之路。许多教育工作者读完这本书后如梦初醒：原来，教育还可以这样做！

这本书还有一个特别的意义，就是用多个放低身段与顽童打交道的生动鲜活的故事，颠覆了传统的“师道尊严”理论，对“一日为师，终身为父”的陈腐观念给予了有力抨击。他提出了一个全新的理念——

教育者的尊严来自学生的认可。

李镇西说：“当我们把爱心自然而然地献给学生时，学生就不只把我们当作老师。这时我们获得的尊严，就不仅仅是教师的尊严，更有朋友的尊严、同志的尊严、兄长的尊严、父亲的尊严。”“当我们故作尊严，甚至以牺牲学生的尊严来换取自己的尊严时，学生根本不会买我们的账，只会向我们投来冷漠的眼光；当我们‘无视’自己的尊严，而努力追求高尚的品德、出色的教育、真诚地感情，并随时注意维护、尊重学生的尊严时，学生会把他们全部的爱心和敬意奉献给我们。这样，我们便把自己尊严的丰碑建在了学生的心中！由此，我们可以得到一个朴素的真理——教育者的尊严是学生给的！”（《爱心与教育》）

这本书用鲜活的教育故事和自己的教育探索、思考和感悟，生动全面地阐释了苏霍姆林斯基的教育思想。中国教育界赞颂他为“苏霍姆林斯基式的教师”，许多中青年教师把他奉为楷模和标杆，直接称他为“中国的苏霍姆林斯基”。苏霍姆林斯基的女儿、乌克兰教育科学院院士奥丽佳·苏霍姆林斯卡娅不但认可他是“中国的苏霍姆林斯基式的教师”，而且称他是“苏霍姆林斯基的亲人，是他最亲近的人”。

因为这本书，李镇西一跃成为中国教育界最耀眼的明星之一。他拥有了六位数以上的庞大“粉丝团”，许多地方的教育者自发成立了李镇西教育思想研究会，学术界也有不少学者专门研究李镇西。

第二章　向教育现实主义转型

教育之路上，李镇西一直在探索。两届未来班，6 年辛苦耕耘，李镇西收获颇丰。但是有两件事情，促使他对浪漫主义的教育即“玫瑰色的教育”产生了深刻的反思，反思的结果是，他的教育之路转向了现实主义。

第一节　“宁小燕”之死

1988 年 7 月 8 日，《中国青年报》以头版转二版的大篇幅，刊登了一篇报告文学《她为教育者留下了什么“遗产”》。文章的作者就是李镇西。

文章见报后，立刻在全国引起强烈反响，同时引发广泛讨论，人们反思：我们的教育究竟缺失了什么？

文章讲述了一个发人深省的故事。

1987 年 11 月 3 日下午，乐山市下辖五通桥区一位名叫宁小燕（李镇西给她取的化名）的女中学生服毒自杀。

尤其令人震惊的是，宁小燕是学校、同学、家庭和社会一致公认的品学兼优的孩子。她出身干部家庭，从小学到高中一路走红，小学时曾是小雷锋队的“女司令”，一个学期得过 19 朵小红花，中学时期连续两届获得市级三好学生殊荣。

她是一位全面发展的好学生——

她热爱文学，喜欢读小说，读过大量中外文学名著。她说：“我看书不是为了消遣，看书时，我总是要仔细读，看书里是怎样抓住风景进行描写的；是如何用凝练的笔墨刻画人物外貌的；是如何用一条线索把众多的人物、纷繁的事件串成一串珍珠项链的。同时，我也是带着生活中的问题在名著中寻找答案。”

她酷爱艺术，在绘画上很有天赋。她喜欢齐白石的《对虾》《樱桃》，徐

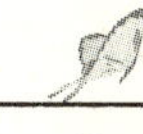

悲鸿的《奔马》，张大千的《长江万里图》，达·芬奇的《蒙娜丽莎》、《自画像》，还喜欢印象派的《日出》，巡回画派的《伏尔加河的纤夫》，鲁本斯的《画家和他的妻子》，罗丹的《巴尔扎克》、《沉思》……她对水彩画、素描、白描都爱，尤其喜欢用白描手法和素描画人物、雕像。

她写诗，画画，崇拜英雄，用一颗赤诚的心面对生活和未来。

她为自己就读以本地籍女英雄丁佑君的名字命名的学校而自豪，曾经多次来到菩提山上丁佑君烈士纪念馆，久久凝望着女英雄的塑像热血沸腾："如果我生活在那个枪林弹雨的时代，我一定会在人们永远纪念的英雄名单上占据一行！我要充分利用有限的生命，在当今这个同样是创造灿烂文明的飞旋时代中奋起！"当南疆自卫还击战的炮声响起，她摊开了洁白的信笺，用饱含热血和激情的语言，高唱一首感激之歌、力量之歌、勉励之歌，鼓舞正在奋战的勇士，纪念为国捐躯的烈士。

她爱读书，更爱思索，在阅读中走向成熟，在思考中保持纯真。她在同龄孩子中显出了独特的个性：别人"成熟"（实则世故）时，她保持纯真；别人"纯真"（实则肤浅）时，她却显出成熟。

然而，冷酷的现实却让她陷入了甚深的困惑之中。她对课堂教育与社会现实的巨大反差百思不解。不是说，新社会劳动人民当家作主，过上了幸福的生活吗？为什么原始的煤油灯还统治着中国农民的夜晚？为什么电影上20世纪40年代农村的情景还会在20世纪80年代出现？为什么不少人至今不能摆脱物质的贫困和精神的愚昧，成天愁眉苦脸无法开颜？为什么书本上说的是一回事，现实却又是另一回事？

的确，现实让她感到了太多的绝望：同学们考试作弊成风，一些老师在课堂上讲的和课后做的完全背道而驰，校内外发生的不少邪恶让她触目惊心，社会上正在流行的庸俗关系学让她感到恶心，个别教师队伍的败类，把淫亵的目光扫向她那刚刚开始发育的少女的身躯，让她感到丑恶。"不是说'我们的祖国是花园，每个人脸上都笑开颜'吗？人世间为什么这样肮脏？"她感到了难以自拔的绝望和幻灭，最终选择了用死来逃避。

她决定告别这个肮脏丑恶的世界，去另一个世界追寻新的梦想。她想象着，另一个世界等待着她的，是美丽的樱桃山谷和玫瑰山庄。她从容冷静地给爸爸、妈妈、姐姐和友人写了遗书："我真的要去远行了，带着我的梦，我的希望，去寻找那自由王国……此时，我好害怕孤独呀！我将孤零零地、只身一人乘上小船，漂泊到那个苍白然而纯洁的世界，只有我的梦和幻想陪伴我，我也许仍感孤独，但我终究自由了，解脱了。"

她来到岷江边，把头天晚上工工整整抄写的泰戈尔的《纸船》再次阅读了一遍：

我每天把纸船一个个放在急流的溪中。

我用大黑字写我的名字和我住的村名在纸船上。

我希望住在异地的人会得到这纸船，知道我是谁。

我把园中长的秀利花载在我的小船上，

希望这些黎明开的花能在夜里被平平安安地带到岸上。

我投我的纸船到水里，仰望天空，看见小朵的云正张着满鼓着风的白帆。

我不知道天上有我的什么游伴把这些船放下来同我的船比赛！

夜来了，我的脸埋在手臂里，梦见我的纸船在子夜的星光下缓缓地浮泛前去。

睡仙坐在船里，带着满载着梦的篮子。

读完，她把《纸船》放在身边，就着啤酒，从容地吞下了 15 包磷化锌……

一阵秋风，《纸船》飘落江中。

江水打着轻漩，宁小燕的纸船破碎了。

品学兼优的好学生宁小燕自杀的消息，震惊了所有的人。教育行政部门的调查结论照例是刻板与冰冷的官样文章：“宁小燕在人生观上存在着缺陷，她对人生的意义、价值早就产生了消极的认识，因此，她的自杀不是偶然的。”这份结论提出：“宁小燕的自杀反映出加强青少年学生人生观的思想教育的必要性、紧迫性；反映出深入地关心、了解学生内心世界方面，我们还应做很多过细的工作。”

正陶醉于浪漫主义教育的李镇西，对宁小燕这个当代郑波、杨蔷云的陨落倍感震惊。他认为有关部门的结论太简单太草率，无法让他心服口服。他不相信这份结论，他要追寻真相。为了追寻真相，他利用周末，一次次从乐山骑自行车到五通桥，对少女的死因做了认真细致的调查和探究，得到了大量第一手资料。于是，一篇沉重的报告文学问世了，字字千钧，力透纸背，在叩问社会的同时，拷问着每一个教育者，拷问着艰难行进中的中国教育：

如果宁小燕在幼年启蒙时，我们能告诉她未来不仅仅是美好的，更是艰苦的；如果她成立‘小雷锋队’时，我们不仅教育她要学雷锋，也告诉她生活中并非人人皆雷锋；如果我们对她的理想追求与道德要求合乎实际地降低

一些；如果我们给予她的学校教育同她所面临的社会现实是基本和谐而不是相抵触的；如果她在处理人际关系方面感到困惑时，我们给她一本《怎样使别人喜欢你》（送给中学生礼物丛书之一）；如果当她的青春爱芽萌发时，我们给她一本苏霍姆林斯基的《给女儿的信》；如果她的政治老师是一个高尚的人而不是一个卑劣的小人；如果她的班主任不仅仅是一名教育工作者，而且还是一名明察秋毫、洞悉心灵的心理学家；如果她的父母不仅仅是她的哺育者，而且还是她最信任的知心朋友……那么，宁小燕的生命之火是不可能熄灭的。

仔细翻阅着宁小燕留下的日记，认真倾听着少女的真诚独白，李镇西发现，当宁小燕发誓追求“直”和“真”的时候，我们的德育已经为她埋下了悲剧的种子。当社会变得越来越庸俗、浮躁、市侩、急功近利、只以成败论英雄的时候，我们的德育为什么不能引导她在保持自己纯真个性的同时，学会机智地应对社会？在读到宁小燕告别世界前一天——1987 年 11 月 2 日的日记的最后一句“再见了，我心爱的日记本，不会有人再来续写了……”时，李镇西禁不住抚膺大恸，恨不得生出美国电影中超人的巨手，或者通过“时光机器”返回那一天的那一刻，在十万火急之际挽留住这花朵般美丽鲜活的生命：

“我听见了历史的回音——那是 20 世纪初一位巨人的呐喊：救救孩子！”

他不是超人，也没有时光机器，他只能伤心欲绝、徒劳无功地重复鲁迅先生的呐喊：“救救孩子”！

分析宁小燕的死因，李镇西的心情再也不能平静，他沉浸在巨大的悲痛和深重的思索中。要“救救孩子”，必须靠脚踏实地的人性化教育体制，靠自己和成千上万有着自觉意识和责任意识的教育工作者，靠一个高度尊重人的全面发展的社会。

李镇西经过沉重而痛苦的思索，发现了“玫瑰色教育”的缺憾。经过“文化大革命”劫难的中国，人们的价值取向、利益认同和思维方式已经不同于“文化大革命”前的五六十年代，教育如果继续“不识时务”或者不“与时俱进”地培养王蒙笔下的郑波、杨蔷云式的人物，那么，这些郑波们、杨蔷云们一旦走上社会，面对残酷的社会现实，肯定无所适从，甚至碰得头破血流。宁小燕就是这样一个“真善美的殉道者”。

宁小燕的死像当头棒喝，促使他对“玫瑰色教育”作出了深刻的反思。

第二节 反思“玫瑰色教育”

《中国青年报》发表这篇报告文学后，在全国引起了强烈反响，参与讨论的信件雪片般飞到报社。编辑这样综述道：“反应焦点：来信认为，宁小燕的死教育者有责任，社会也有责任。一位师范学校的学生来信说，我和许多同龄人都对现在的一些社会现象感到迷茫、不解，这些社会现象深深压抑了我们的进取心和对生活美好的希望。”

一位名叫余燕的中学生投书报社，向教育者们发出呼吁：“可不可以使环境宽松一些，可不可以拿您或别人有益的人生经验去疏导他们壅塞的心灵，可不可以不把学生们当作一部部受教育的机器，而是一个个正在通过他人帮助，更通过自己不断努力而逐步形成的‘人’……为了不让悲剧重演，请给他们以自信力和直面现实的勇气和胆略；请给他们以一颗健康而有强大生命力的心脏；请给他们以一个清醒而有独立思辨能力的大脑；请给他们以一种积极而富于弹性的生活态度……”

从浪漫的天空猛然跌落到现实的坚硬大地，从田园牧歌的童话回归风云变幻的现实，李镇西的反思是痛苦的，解剖是真诚的。1988 年到 1990 年，是他写文章对教育弊端批判最猛烈的一个时期。他站在全局的角度，高度概括地总结了我国德育观念的十大碰撞。他说，他并不是全盘否定自己过去的教育实践，更不是彻底否定我们现行的德育，而是找出弊端，改进德育工作。所谓“十大碰撞”，就是教育十大弊端与十大出路水火不容的交战。

其一，德育目标：是培养膜拜师长，迷信权威的守旧者，还是造就崇尚真理、勇于开拓的创造者？

前者有意无意地培养着膜拜师长、迷信权威的守旧者，讲演作文习惯于重复名人或英雄的豪言壮语，一举一动听命于老师或家长或书本，不敢也不愿有自己的见解，思维受到束缚，思想变得苍白，创造精神被压抑直至泯灭；后者鼓励学生运用科学的观点和方法进行独立思考，崇尚真理，勇于开拓。

其二，德育内容：是唯上唯书，还是面对实际？

前者一切听命于上级和书本，老师讲的不是学生想的，学生想的没有人关注；后者切合学生心灵，回答学生最关心的问题，在理解学生中引导学生。

其三，德育教师：是“学生保姆”“班级警察”，还是“灵魂工程师”？

前者对学生要么“无微不至关怀”，要么“严加管教”，导致学生依赖性强，自理能力差，个性特点淡化，习惯封闭心灵，言谈举止总是被动服从；后者是专家、思想家和心理学家，善于让每一位学生都对自己敞开心扉，与他们心心相印，息息相通，使学生具有良好的道德风貌和健康的心理、完善的人格。

其四，情感教育：是长官，还是朋友？

前者抱持“一日为师，终身为父”的古训，师生关系是教育与被教育、管理与被管理的关系，在老师心目中学生是顺从的臣民，在学生心目中老师是威严的长官；后者遵行“吾爱吾师，我更爱真理”、“真理面前人人平等”、“教学相长”、“当仁不让于师”的至理名言，教师发自内心地把自己看作是与学生一起探求真理的志同道合者。

其五，德育艺术：是“泥塑”，还是“根雕”？

前者把学生当成一块泥团，德育是教师随心所欲的泥塑，无视学生的主体性；后者认为学生是有着自己独特个性的根块，科学的德育是“因势象形”的根雕艺术，充分尊重学生的个性，真正做到“一把钥匙开一把锁”，创造条件使每个学生展示其独特优势，让每个学生都抬起头来做人。

其六，德育方法：以灌输为主，还是以引导为主？

二者相权，当然应该选择引导为主。苏霍姆林斯基就曾大力提倡：“在自然而然的气氛中对学生施加教育影响，是使这种影响产生高度效果的条件之一。换句话说，学生不必在每个具体情况下知道教师是在教育他。教育意图要隐蔽在友好和无拘无束的相互关系气氛中。”教育目的一定要明确，但教育痕迹一定要淡化，春雨润物的德育感染远比慷慨陈词的说教更有效。

其七，德育过程：是虚假，还是真诚？

其身不正，偏要正人；己所不欲，硬要施人；宣誓之时满脸虔诚，转过身来男盗女娼；只讲形式的轰轰烈烈，不讲内容的扎扎实实；明知是在造假作秀，偏要大张旗鼓表扬吹捧……在李镇西看来，社会主义德育的力量在于诚实，而德育过程的真诚在很大程度上取决于教育者的诚实，言行一致，表里如一，自己不相信的决不教给学生，勇于向学生承认自己的过失，这应当成为德育工作者起码的职业道德，真诚只有用真诚来唤起，信念只能用信念来铸造。

其八，德育环境：是封闭，还是开放？

在封闭的环境中进行纯而又纯的德育，培养不出适应社会、改造社会、创造未来的合格公民；健康的德育应该向家庭开放，向社会开放，向未来开放。

其九，德育管理：是“人治”，还是“法治”?

“人治”的标志就是一言堂，是家长制，班主任就是班级之王，大小事务由班主任一人包办，班风好坏取决于班主任个人素质的高下，学生不能发挥自我教育、自我管理潜能，班级只有班主任的绝对权威，没有学生的集体意志，学生只有服从义务，没有参与权利；“法治”将使班主任的权威转化为集体的权威，使学生自我教育、自我管理制度化，学生与教师有同等的权利，教师与学生有同等的义务。

其十，德育评价：是片面测估，还是科学衡量?

无论从升学率高低评估德育的效果，还是用数字来量化德育的成果，都是片面测估的表现，其结果只能是“以成败论英雄”，助长弄虚作假的歪风；德育成果应该全面而科学地衡量，既要看短期效果，还要看长远效应，既要看学生一时一事的是非判断，还要看一生一世的行为走向，既要看在校时的表现，还要跟踪离校后的行为……

批判是为了建设。敢问路在何方？路就在前方，路就在脚下。李镇西的路，就此由教育的浪漫主义转型为教育的现实主义。

第三节　高考遭遇“滑铁卢”

促使李镇西开始教育转型的，还有自己带的第一个高中毕业班高考的失败。

1990 年高考成绩揭晓，李镇西所带的高九〇届 1 班尽管出现了程桦、杨嵩等一批出类拔萃的学生，但全班并没有创造更引人注目的奇迹。这是他教育生涯的一次“滑铁卢”。

遭遇“滑铁卢”的不仅李镇西一个班。乐山一中这所四川省重点中学，这一年高考集体遭遇惨败，远远低于社会期望值和教育行政部门下达的高考指标，在省内同级的省重点中学面前也抬不起头，在校内外引起强烈震动。《四川省乐山第一中学校百年校史》写道：“高 90 届毕业六个班（其中两个代培班），一百四十九人参加高考，录取七十八人（包括保送生六人），其中重点院校四十一人。自（19）80 年以来，这是一次大滑坡，上线率降到最低水平。”

李镇西陷入了内外交困的艰难境地。

创办于1903年的乐山一中，此时已有将近90年的办学历史。九旬老校在积淀了丰富的历史文化的同时，也积累了厚重的传统。在这样的学校里，似乎创新比传承更为艰难。乐山一中穹形的大门古色古香，厚重的木门在开关的时候轧轧作响，喻示着对反叛与创新的拒斥——

李镇西这一次躺着中枪了。

作为乐山一中青年教师中的风云人物，他张扬的个性，率真的秉性，不肯和光同尘的行事风格，与人交谈开口苏霍姆林斯基闭口陶行知的书呆子做派，每天十几小时跟学生泡在一起的工作态度，多次累倒累病的拼命三郎的工作作风，连续两届未来班在校内外引起的高密度关注，在班主任工作和语文教学中与众不同的风格，班集体建设的成功，别出心裁而又花样翻新的班级活动，持之以恒不撞南墙不回头的教育教学改革，对传统与时弊坚定不移的挑战，时不时有大块文章见诸报纸杂志，以及随之而来的稿费汇单，雪片般的读者来信，纷至沓来的邀请讲学、介绍经验的函件，加上一些不容于当世的独立高蹈的“异端”行为，为他积累了不少的非议者，暗中形成了一股反对他的力量。

全校高考失败，犹可说也，别的老师高考失败，也没什么大不了的，唯独李镇西班的失败，那就千真万确不可饶恕了！别的老师没有考好，全校乃至全市都没有考好，没关系，因为从来都是“法不责众”。唯独你李镇西没有考好，那就该拿话来说！只因为你李镇西那么有名，那么不合群，那么特立独行，那么喜欢说真话——说真话在当时就可能离经叛道，就可能与社会不合流！还在高考之前，校园内外就有一股看不见的力量，开始了对他的“叛逆式”教育的绞杀。高考成绩揭晓以后，人们更是毫不吝啬冷嘲热讽，风言风语，夹枪带棒，幸灾乐祸之情溢于言表。一些“河曲智叟”发话了：“他那样处处表现得跟大家不一样，那样喜欢出风头，你们看，这不是报应来了吗？看他还跳不跳啦！”

人言物议，李镇西并不是太在意。这些年，准确说是执教乐山一中这9年，他都是在人们的议论中走过来的，这些声音多半是非议。当然，教育系统中也有一些有识之士坚决支持他的教育教学改革。他最崇敬的岳父万鲁君老先生，一个在当地德高望重的老教师也是全力支持他。他把人们的讥笑与嘲讽像蛛丝一样轻轻抹去。鲁迅先生说，真的猛士，敢于直面惨淡的人生；真的猛士，将更奋然而前行。李镇西就是这样一位“真的猛士”，他在给一位朋友的信中这样写道：

只有我自己能打倒自己，除此之外，谁都不可能阻挡我李镇西的崛起！

长篇小说《红旗谱》中，主要人物朱老忠有一句口头禅："出水才看两腿泥"。也许，此时评价李镇西的乐山一中高九〇届1班高考的成败，还为时过早。

2015年8月18日，《光明日报》刊载了李镇西的文章《用25年的时间填写一份优秀答卷——乐山一中高90届1班聚会随笔》。《光明日报》在"编者的话"中写道：

> 乐山一中高90届1班，让李镇西内疚了25年——这个班，是他教育生涯中唯一高考不怎么样的班级。是"汲取教训"，转而狠抓分数，研究应试技巧，最后让学生成为应试教育的高手？还是继续走自己认定的正确的教育之路？他选择了后者。

时间冲淡甚至过滤了在某一人生节点上"至关重要"的色彩，学生们用25年的经历证明并告诉他，什么是真正的教育，什么是幸福……

李镇西在文章中记录了这个曾经在高考中遭遇"滑铁卢"的班级，毕业25年以后重新在母校乐山一中旧址相聚的情景。除了部分在国外和外省的学生没能参加聚会以外，80%以上的学生都回来了。请让我节选这篇文章的后半部分，来为李镇西和他的乐山一中高九〇届1班学生的高考"平反昭雪"——

……

三

然而1990年暑假，我所面临的也是我描述的那样："搞了那么多与高考无关的活动，高考当然会砸锅——我早就料到了！"

说实话，直到现在我都没想通这个班为什么高考没考好。是师资力量不强吗？科任教师中有两位副校长；是班风不好吗？我们班可是乐山市优秀班集体啊！唯一似乎可以解释的理由，是当时的乐山市指导高考复习的有关部门可能有所失误——那年不只是我校高考没考好，整个乐山市的高考都滑坡。当然，这也是我的主观推测。

我虽然不知道什么是高考失利的原因，但我知道什么不是原因——所谓"搞了那么多与高考无关的活动"绝不是高考失利的原因。"那么多"被人诟病的所谓"与高考无关的活动"是什么呢？中秋晚会、元旦联欢、街头调查、农舍走访、峨眉山看雪、瓦屋山探险、一分钟演讲、模拟性辩论，社会问题论坛……是的，这一切的确是高考不考的，"与高考无关"，但我们教师

难道仅仅是高考的“奴隶”吗？难道教育的全部内容和最终目的仅仅是高考吗？

唯一觉得对不住的，是那个班的学生们。毕竟他们唯一的高考败在了我任班主任的班里。25 年来，我一直对他们心怀内疚。虽然至少表面上没有学生怪我，或者说至少绝大多数学生对我很宽容；但我自己很难抹去心中的歉意——尤其是对包括宁玮等同学在内的一大批来自农村的同学。

四

自从这个班毕业，我就盼着有机会再给他们上课。今天这一刻来临了。

正要讲话，吴忠中校长站起来说还要补充几句：“你们毕业 25 年了，这 25 年证明了你们李老师的教育是成功的。我们的教育所要培养的正是你们这样的人！”

于是，我接着吴校长的话开始了我的讲话：“吴校长的话，让我很感动，也让我临时决定我的讲话换一种方式开头。吴校长的话其实没说透，我干脆就把话说透吧！你们这个班，是我教育生涯中唯一高考不怎么样的班级，当年高考的确没考好……”

这样开头是很不“喜庆”的，与活动气氛似乎不太吻合，但我是真诚的，而且所有同学们都理解因而能够听懂我的意思。

我说：“这么多年以后，你们以你们 25 年的经历证明了你们自己，比如今天这个聚会活动的策划，刚才各位老师和校长都说这次聚会活动非常有创意，是其他年级的同学所没有的。你们证明了你们很优秀！你们用 25 年的时间填写了一份优秀的答卷！”同学们用掌声回应我的话。

我说：“我并没有因为这个班的高考没考好，便‘汲取教训’，转而狠抓分数，再也不搞什么活动，而是全力以赴研究试题，研究应试技巧，最后成为应试教育的高手，让我的学生上学上课就像坐牢一样。没有！我坚信我没有做错，我继续走自己认定的正确的教育之路。教育是为什么呢？就是让孩子快乐而有收获，并给未来留下温馨的记忆！”

翻开《花季》，我全文朗读了《送李静》的文章，这是我们全班同学共同的记忆。然后我又讲了几个当年发生在我们班的温馨故事，讲着讲着，我即兴说出了好几个同学的生日：“比如林玲的生日是 1972 年 11 月 21 日，你和余洁是同一天生日；又比如景建辉，你是 1973 年 3 月 7 日，对不对……”这让同学们感到惊讶，大家不断鼓掌，叫好。

五

“25 年来，你们好吗？刚才有两个细节我说一说。赵琼上来讲完以后，祝黎嘉就对大家说，赵琼现在是成都中医药大学的教授。我当时就给祝黎嘉摆手，不要他继续说。你们知道为什么吗？后来文方老师给我发短信，让我叫每个同学都介绍一下自己现在做什么。我也没转达这个要求。为什么？我想，不管你是局长，是教授，还是董事长，现在都是同学！毕业25年来，我从来不主动问任何同学你在做什么，你要考虑别人的心理感受。除非他主动告诉你，当然私下也可以问一问。但公开场合，不要主动问别人。就这是尊严，这就是平等。我经常在想，无论是哪个学生，不论做什么，只要你善良、正直、勤劳，就是最优秀的学生！25年来，你们已经证明了你们是最优秀的！我以杨嵩、赵伟、李岷、赵建、宁玮等同学为例，他们在人生的道路上一样扬眉吐气，一样事业有成！我们为他们喝彩！”掌声再次响起。

“朴素最美，幸福至上，这也是我送给你们的话。不管你是做什么的，只要你善良、正直、勤劳，你就是最优秀的！就是最幸福的！”我说：“今天，我重新发现了你们。以前成绩不怎么样的同学，今天表现出让老师们惊讶的创造能力。我们每一个人都是某一个领域的天才！这个观点你们要告诉你们的孩子，不要让你们的孩子只在分数上去追。你们已经用25年的经历证明并告诉我了，什么才是真正的教育。我重新发现了你们，你们也要重新发现自己。”

六

我给大家讲了我现在的学生的故事，讲了我的教育理想。“七号晚上，我和杨嵩、赵伟等同学在上海聚会。我对他们说，几天前我刚刚卸任校长，但已经有三家请我去做校长，我没去，因为我觉得现在我们的教育并不能按我的理想去做，我要做就要做我理想的教育。”

杨嵩和赵伟对我说：“李老师，以后我们有了钱，我们来办一所学校，办理想的教育！”我说：“太好啦！如果我们要办一所学校，我们就办平民教育的学校，收平民子弟，让他们享受最平等、最公平、最温馨的教育！我希望25年后，我还能够参加这个聚会，那时候这个梦已经圆了！”

在同学们热烈的掌声中，我结束了发言。但思考并没有结束。这个班和玉林中学的高95届1班真是太值得比较研究了，其中的教育意蕴真是太丰富、太耐人寻味了。

我把期待的目光投向新的未来。再次想到了当年《花季》中，周强同学在序言中的一段话——

好吧，朋友，向前走……让这段美好的时光化作灿烂的记忆永存于我们心间，也化作熊熊的火炬激励着你、我、他，在未来的风雨旅途中劈浪前行！

我在心里激励自己，并真诚地祝福着每一个同学继续“在未来的风雨旅途中劈浪前行”。

补记：

25年来，这个班的许多同学一直和我保持着密切的联系。无论是当年便考上大学，还是次年复读之后高考成功，或是落榜之后再没参加高考的，我也见证了他们后来的人生轨迹——有中学教师、有大学教授、有媒体记者、有法官、有律师、有房地产老总、有国家公务员、有餐饮业老总和其他个体创业者……他们在各行各业为这个社会做出力所能及的贡献，也收获着自己的幸福。时间冲淡甚至过滤了在某一人生节点上“至关重要”的色彩。我承认，具体到某一个学生，如果当初高考辉煌，他的人生道路或许会更加顺利一些。但随着年龄的增长、阅历的丰富，18岁时的高考，对人生的影响越来越淡。

比如宁玮。当年差几分没考上大学的她，25年来奔波全国各地，从小餐馆服务员做起，经历过所有打工者的艰辛与挫折，但善良与勤劳，成了她一路的绿灯。在成都某商场应聘仅一个月，她就被老总提拔为经理，一年后任商场总经理。在旁人看来她已经处于事业的辉煌阶段，可几年后她急流勇退，谢绝了老总的苦苦挽留，辞去了总经理的职务，来到成都一条小街开了一家小饭馆，专门为那几条街的打工者服务。宁玮说：“我多年打工，深知打工者的不容易，我就想为这些民工兄弟做点事。”宁玮再次表现出她的善良，冬天的夜晚，她常常给前来吃饭的民工们烧洗脚水，她赢得了民工兄弟的尊敬——每年春节，从家乡回到成都的民工们都要给宁玮带来一些土特产。为了照顾日渐年迈的父母，现在宁玮回到了彭山老家，继续做着她的餐饮。短短几年，宁玮的小餐馆在当地颇有名气。我曾把宁玮请到我的学校给孩子们讲她的经历，孩子们都被她的故事吸引了。宁玮真诚地说：“其实我并没有什么能耐，只是想到要对人善良，不要怕困难。一个人无论做什么都要认真，能够吃苦，就一定能够赢得别人的尊敬，也一定能够找到自己的幸福。”

比如杨嵩。当年的班长兼“学霸”的他，16岁就保送进复旦大学。毕业后，先在一家公司做营销，后来转入一家车企继续做营销。同样凭着善良与真诚，还有过人的智慧与出众的能力，他坐上该公司市场销售总部副总部长的位置，成为国内营销界著名的“大咖”。去年春天，杨嵩被派往美国担任该公司北美营销负责人。今年六月，他突然回国，决定创业。面对许多朋友的不解，他最近在网上发布微信：回国这几个月来，很多朋友都在关心我到底创业做什么。谢谢关心！近日我的第一个作品已经上线，期望尝试开辟汽车行业第三市场（之前都是卖车和售后市场），不是聚集于车，而是关心每天耗费在车上的无聊与烦躁的时间，如何变废为宝……我理解杨嵩，更欣赏杨嵩。25年过去了，他赢得了事业的辉煌，难能可贵的是，他在人们羡慕的辉煌巅峰突然转型，从美国回到国内开始新的创业。我欣赏他，不是因为他是所谓“成功人士”，而是因为他现在依然保持着当年的善良、纯真与大气，和以前不同的是，有了更多的人生体验与智慧，还有独立思考的精神。

百川归海，殊途同归，或辉煌或平淡，大家最后都拥有了自己人生的幸福——尽管这“幸福”的构成因素各不一样。

第四节　对宁玮的愧疚

高考失败最让李镇西耿耿于怀的，是一些本该考上大学并借此改变命运的学生，遗憾地未能踏进大学的校门。他最关心的好学生之一宁玮，仅以几分之差名落孙山，从此与大学无缘，一门心思寄望于“读书改变命运”的她，命运却丝毫没有改变，使他非常痛心。

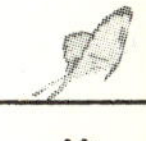

宁玮是来自彭山县（今属眉山市）的一位农村姑娘。她是1987年高中一年级进入李镇西班的，虽然没有在未来班读过，身上却处处洋溢着未来班学生的风采，非常正直，特别善良。她来自农村，却处处关心别人，善于为其他同学着想；她家庭贫困，每星期只能吃一次肉，因而体质较差，却任劳任怨担任生活班委，为全班同学购买、分发饭菜票；她勤奋好学，第一学期期末考试就在60个同学中考了第22名，但她却深感愧对父母和老师；寒假结束返校的路上堵车了，她毫不迟疑把熟鸡蛋送给同车的农妇；一位同学在作文中这样描述她：

宁玮对乡村有一种特殊的挚爱之情。她爱花，爱草，走过一块小小的菜地也要蹲下去仔仔细细瞧那每一棵嫩芽。她是那样深深地爱着她的父母姐弟，爱着她的乡村家园……她抓紧每一分钟时间学习，上课积极思考并主动发言。她在课余给同学们带来欢乐：为同学们剪漂亮的纸花；在晚会上以清纯的歌喉为大家唱《洪湖水，浪打浪》；在太阳岛，她俨然像个特级厨师，给大伙儿煮好吃的饭菜……因此，她受到同学们深深的爱戴，也因此连续两年被同学们评为三好学生。

然而高考结果：宁玮落榜了！

对于宁玮的落榜，李镇西特别感到心疼。她是那么朴实、正直、善良、勤勉、好学，拥有一颗水晶般莹澈透明的心，身上几乎集中了同龄人所有的优点，受到所有任课老师的喜爱和全班同学的敬重，这样的孩子无论如何都应该得到命运的垂青。她是多么渴望通过读书改变自己和家庭的命运啊，但是命运偏偏跟她开了一个残酷的玩笑。同龄人都拥有比她多得多的机会，但家庭的贫困和低人一等的农村户口，"乡下人"和"城里人"之间无法跨越的鸿沟，却注定她只能"一考定终身"。社会的不公平，在宁玮身上体现得淋漓尽致。面对这个最疼爱的学生无助的眼泪和绝望的神情，李镇西此刻最大的感受，除了愤愤不平就是挥之不去的负疚。他写道：

其实，她就差那么几分！如果她是城市户口，或者她的父母稍微有点"背景"与"社会活动能力"，或者她家里多少有点"经济基础"，她完全可以通过"委培"或"自费"或其他途径踏进大学校门的。事实上，当时同班的不少同学分数比宁玮低得多，最后仍然通过各种门路上了大学——因为他们是"城里人"！

我绝无半点鄙薄这些"城里人"的意思，因为他们毕竟也是我喜爱的学生，我真诚地为他们最后还是如愿以偿而高兴。我之所以把他们与宁玮比较，只是想说明并突出宁玮的"不幸"而已！

宁玮返校看高考分数的那些天，她和几位远道而来的农村同学就住在我家。面对她控制不住的眼泪，我虽然一遍遍苍白无力地劝慰她，但在心里再一次升起沉重的负疚感……（《爱心与教育》）

眼前的宁玮，就是一位活鲜鲜的郑波，活鲜鲜的杨蔷云。然而，时代变了。青春的朝气，对未来的憧憬，玫瑰色的梦想，顷刻间遭遇现实的风刀霜剑，美丽的大学校园已成为遥不可及的梦，满脸愁云取代了积极向上的笑容，如珠的眼泪映照出前路的坎坷。宁玮即将踏上艰辛的生活之路，开始打工妹的生涯。

李镇西能够做的，就是在给她的信中谆谆告诫，阳光下也会有阴影，祖国大花园也会长出荆棘和杂草，希望她保持善良的同时注意保护自己。他写道："你的朴实、善良与正直，我是永远忘不了的，同学们也是永远忘不了的；而且我相信，在以后的生活道路上，这些可贵的品质也许会为你带来一些烦恼，但更会使你赢得人们的尊敬与信任。当然，社会是复杂的，特别是现在社会风气、社会治安都不太好，你在外奔波一定要多一些心眼，多一份机智，要学会自己保护自己啊!”

宁玮在后来的人生道路上，正如李老师希望的那样，始终保持着正直、朴实和善良的天性，所到之处赢得了人们发自内心的敬重和爱戴。面对邪恶，她没有躲避更没有同流合污，而是勇敢地迎了上去，身心受伤也无怨无悔。一路走来，一路坎坷，却始终坚守高洁的品质和嫉恶如仇的水晶心。经过十几年的走南闯北艰难打拼，宁玮变得越来越成熟，最终扎根成都，开创了自己的事业，实现了自己的人生价值。李镇西在《爱心与教育》中用了“好人一生平安”为标题的专章来描写宁玮。这是后话。

高考才是硬道理，高考成败论英雄。越来越注重眼前利益的中国社会，越来越不相信眼泪。宁玮遭遇的残酷的社会现实，把李镇西培养郑波、杨蔷云的“教育梦”击得支离破碎。李镇西明白，理想化的教育已经不能适应社会现实，特别是经过十年动乱后的社会现实。

教育必须面对现实。

他在酝酿着一场华丽的转身——由教育浪漫主义转向教育现实主义。

第五节　成都抛来“红绣球”

乐山市风景秀丽、文化深厚，是一座享誉中外的全国优秀旅游城市、国家历史文化名城。还有一个鲜为人知的事实，乐山市还是一座以教育人才输出而著名的城市。改革开放以来，乐山向深圳、成都等地输出了为数不菲的教育人才，这些人才在新的地方，在各自从事的教育教学、教育科研或教育管理领域，都取得了斐然的成绩。李镇西就是其中的代表。

1990 年的李镇西运交华盖，内外交困，迫切需要一个理解他、包容他、支持他继续大刀阔斧进行教育改革的环境。同时，胸怀梦想、壮志未酬的李镇西，也在渴望这样一个环境出现，让他一试“九年磨一剑”的霜刃，因为，“乾坤能大，算蛟龙元不是池中物”（文天祥《酹江月·和友人》），只有更广袤、更宽松、更开放的教育环境，才能够让他真正施展才华，排除掣肘，向理想的高峰攀登。在这样一个环境出现之前，我们的李镇西“恰如猛虎卧荒丘，潜伏爪牙忍受”!

机遇不期而至。新创办不久的成都市玉林中学向他抛来了红绣球。

玉林中学创办于 1988 年 8 月 30 日。这是四川省第一所实行全面改革实验试点的中学，是成都市第一所实行校长招聘制的中学，也是全省、全国第一所有后援委员会的公立学校。玉林中学的第一任校长杨兴政是一个胸怀理想的教育实干家，他思贤若渴，向省内外广撒“英雄帖”，招纳贤才。

1991 年 1 月，李镇西在乐山一中的一位同事到玉林中学联系工作调动，在跟杨兴政校长的交谈中提到了李镇西。对于李镇西，杨兴政并不陌生，已经从各种刊物、报纸上读到了他的文章和有关他的报道，知道他是一位有思想、有理想、积极探索、勇于创新、才华横溢、敢做敢当的朝气蓬勃的年轻教育者。杨校长通过李镇西的同事，转达了邀请他来玉林中学工作的愿望。

收到杨校长的邀请，李镇西感到有些突然，因为此时他还没有离开乐山一中的打算，正铆着劲准备“哪里跌倒哪里爬起来”。但那位同事告诉他：“杨校长的意思是，让你先去和他见见面，谈一谈，去不去反正由你，看看有什么关系呢?”

1991 年 1 月 11 日，李镇西来到成都面见杨校长。两人交谈时间不长，但杨校长的一句话，让李镇西非常感动，下定决心北上成都。杨校长感动李镇西的话是：“李老师，你来吧，我们一起干一番事业吧!”

经过一番艰难的努力，1991 年暑假，李镇西暂别年轻的妻子和年幼的女儿，只身一人来到玉林中学。应该说，要离开乐山，李镇西还是有许多的不舍和些许的失落，乐山是他的第二故乡（真正的故乡是他的出生地仁寿县），那里不仅有他温馨的家，还有 9 年来激情燃烧的每一天，还有一串串教育成果，以及熟悉的工作环境和不少朝夕相处志同道合的同事、朋友。他的教育理想的种子，最早就播撒在乐山的热土里，9 年的辛勤耕耘，9 年的阳光雨露，如今已然枝繁叶茂。还有刚刚接手当了一个学期的班主任兼语文老师的新班，他跟孩子们已然建立了深厚的感情，要离开实在难分难舍……唉，自古儿女情长则英雄气短！现在，他要把教育理想的幼苗从乐山移植到成都，希望它在更加广袤、肥沃的土地上，长成参天大树，结出累累硕果。

男儿仗剑出乡关，志不成兮誓不还！

有着 4500 年历史文化积淀的成都，是闻名中外的西部名都。漫长的历史上，曾经有多如繁星的文化名人在这里建功立业，留下数不清的雪泥鸿爪。她是国内教育事业最为发达的城市之一，有过全国最早的官办学堂“文翁石室”（即现在的石室中学所在地），有着享誉巴蜀的名校四、七、九中。同时，成都还是一座包容性很强的移民城市。

来到成都，李镇西果然虎入深山，龙游大海，纵情挥洒自己的教育理想。20 年后的 2011 年，他荣获了“成都市荣誉市民”的美誉，对这座城市充满了感激之情：

成都的城市精神是“和谐包容，智慧诚信，务实创新”，对我而言，感受最深的就是“和谐包容”。如果要我说成都最让我感谢的是什么，我会毫不犹豫地回答：“对我的包容。”因为我的个性，我参加工作之初到现在，争议一直伴随着我。我的教育行为，我的思想观点，我的表达方式，我的为人之道……往往和许多人不一样，让一些人“见不惯”就很自然了。当然，有些问题的确是我自己的“问题”。我从来就不是一个通常意义上的优秀教师，更不是苏霍姆林斯基那样的教育完人——在我心目中，苏霍姆林斯基的确是完人！我毛病不少，缺点很多，我说过错话，做过错事，我的观点也不都是正确的，引起人家的反感也很正常。但是，成都能够包容我，让我在这里一干就是二十年，还给我那么多的荣誉；局长们校长们能够宽容我，放手让我按自己的思路去探索。成都还让我当校长，把一所有三千余学生、一百八十位老师的学校交给我，让我进行教育实验，这是怎样的包容与宽容？想想三十多年前令人窒息的中国，想想四十多年前被桎梏的中国人，想想五十年前被“改造”甚至被“阳谋”摧毁尊严的中国知识分子，我发自内心地感到，尽管我对目前中国许多方面还相当不满意，但我毕竟赶上了正在进步而且这种进步不可逆转的时代了。（摘自博文《感谢成都》）

只身北上成都这一年，李镇西 32 岁。陪伴他的，是一大摞苏霍姆林斯基的著作。

第六节　一振高名满成都

在玉林中学，李镇西果然找到了全新的感觉：作为一所诞生在改革大潮中的全面试点中学，学校推出了一项又一项的教育改革措施，而且对教师的任何创造性工作都给予鼓励与支持。对于李镇西这样不甘平庸、具有鲜明教育个性的老师来说，这样的工作环境就是最佳的用武之地。李镇西深有感慨地说：“可以说，离开了玉林中学这块土地，我教育个性的种子，很难生根发芽。”

他的教育个性是怎样张扬的？

应该说，从 1991 年调到玉林中学后，我便继续在自己的教育实践中进行一系列探索性的尝试，力争使自己的教育工作充满科学精神与民主气息，让教育真正深入学生的心灵世界。在班级教育管理方面，我变过去的教师一人说了算的人治为全班学生运用集体制定的班规互相制约、共同管理的法治，并将我也放在与学生平等的位置上，和学生一起建设班集体。在思想教育方面，我在遵循党的教育方针的前提下，始终把目光对准学生的心灵世界：善良人性的保持、正直品格的塑造、现代意识的培养、创造能力的锻炼以及青春期心理辅导……我在语文教育上不停实践，不懈探索，不断创新，并逐步形成了自己的语文教学改革指导思想——立足课堂，面向社会，深入心灵。立足课堂就是以课堂教学改革为基础，对学生进行严格的读、写、听、说基本训练，扎扎实实地引导学生掌握语文学科的知识体系；面向社会，就要使语文教学充满时代气息，让学生在热爱生活、关心天下的过程中广泛汲取语文养料，在社会生活的实践中把语文知识转化为语文能力；深入心灵，就要使语文养料与学生的思想、情感互相渗透与融合，以形成美的情趣、美的心灵、美的人格，同时学生能在实践中情不自禁地学习、得心应手地运用语文知识与能力。这些探索，现在还远远谈不上成功，但毕竟已经成为我每天实实在在的行动。（《恰同学少年》序：《教育的魅力在于个性》）

他同时又略带忧伤地感慨，当全社会对教育成功与否的考评标准只限于升学率一项指标的时候，多少有志于教育改革的人士，虽然胸怀大志，却不得不在升学教育的铁索桥上冒着“学生考不上大学一切都是白搭”的舆论弹雨，艰难而又执着地前行。当今中国任何一个优秀教师的辉煌大厦，都必须以其班级大大高于所在年级、所在地区平均水平的升学率作为支撑的主要栋梁，否则他的一切教育思考、探索与创新都等于零！

为了学生的未来，为了学校的发展，同时也是为了自己的荣誉，必须用高考成绩说话！李镇西选择了向升学教育有限度的妥协，他像教育战线的阿迪力，在素质教育与应试教育之间走钢丝，最终达到了素质教育与应试教育的双丰收。

1995 年高考成绩揭晓，全国参加高考人数 253 万人，录取人数 93 万人，录取率 37%。李镇西所带的玉林中学高九五届 1 班取得了满堂红，高考成绩大大高于同年级和全市平均水平，位居成都市前列。全班学生除一人上中专以外，其余 50 人全部被大专院校录取。李镇西的名字，一夜间红遍成都，他在成都教育界的地位初步奠定了。

对他个人来说，这是一次完美的“雪耻考试”！他心里清楚，对这个班级在教学理念和教育方法上，与乐山一中高九〇届 1 班并没有什么两样。他百思不得其解，他的研究者们也很困惑，难道是“橘生淮南则为橘，生于淮北则为枳”的缘故？

一振高名满成都。李镇西长长地吁了一口气。

作为素质教育（或者说教育改革）的丰硕成果，凝聚为高九五届1班的班级史册《恰同学少年》。这是一本洋洋38万字的班级史册，记录了李镇西和他的51个学生一千多个日夜的班级生活，也记录了他和孩子们互相砥砺的成长史。

张辛同学的短文《高考捷报：理所当然的丰收》，记录了这个班在高考中取得的令人咋舌的骄人成绩：

牵动人心的高考终于结束了。在这次高考中，我们高95届1班全体同学打了一个漂亮仗。

全班51名同学中，高考分数在本科线（521分）以上的有37人，其中在重点大学分数线（550分）以上的有22人！

总分600分以上的同学有5名：陈峥（632分）、王铜（627分）、柴云川（619分）、王劲（604分）、谢宇（604分）。

我们班高考升学率名列成都市前茅！

面对这样优异的成绩，许多人感到惊讶，但我们和老师们却觉得取得这样丰收的硕果是理所当然的。

我们能够取得这样好的成绩，原因是多方面的，有学校领导的关怀，有家长们的关心，但更多的是因为有辛勤的任课老师和团结的班集体。

现在，我们终于没有辜负老师的心血、家长的期望，更没有辜负夜幕下燃烧着青春与理想的蜡烛！

我们高95届1班是一个响亮的班集体，这倒不是因为我们有过什么惊天动地的壮举，只是因为在班主任李老师的教导下形成的纯正的班风。他教给我们做了好事不留姓名，他教给我们失败也是一种动力，他教给我们关怀别人才是一种幸福，他教给我们面对国旗去维护中国人的尊严，他同样教给我们——在人生旅途上，一分耕耘换来一分收获是理所当然的。

校长杨兴政在该书的序言《我想说几句话》中，对李镇西和他的班级建设给予了高度评价：

高95届1班在班主任李镇西老师的带领下，几年来倡导学生自我管理、自主教育，既发挥老师的主导作用又充分发挥学生的主体作用，学生基本上能做到在学校、在家、在社会上一个样，有老师在场无老师在场一个样，有人管理无人管理一个样。同学们个个竞争意识强，读书兴趣浓，行为习惯

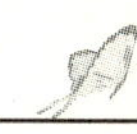

好，整个班集体风气正，凝聚力强。“团结奋进，求实创新”的校训得以落实，“艰苦奋斗，勤恳奉献，科学严谨，共创一流”的玉林精神得以发扬。李老师在班主任工作中从爱护学生出发，既管又导，既严格要求又循循善诱，启发学生的自主意识，充分发挥学生的内部潜能，让学生明确该做什么、不该做什么，提倡什么、反对什么，用行为规范来自觉约束自己，从而产生强烈的自尊心和自豪感，处处为集体争荣誉，事事为人生添光彩，真心懂得做人的尊严，使整个班集体成为团结向上的集体，给学校留下了良好的印象。这种精神和作风都应大力提倡和发扬。

第七节　“让每一位孩子抬起头来”——转化后进生

离开了对“后进学生”的研究与关注，“素质教育”不仅是虚假的，而且是虚伪的！

只要哪怕极少数的“后进学生”在我们教育者的视野之外，那么，我们所标榜的任何“素质教育”都不是科学意义上的素质教育，而只能是我们社会主义教育的耻辱！（《爱心与教育·与顽童打交道》）

——这是李镇西的教育宣言。

在绝大多数学校和班级，都可能或多或少存在着一个特殊的群体，他们因为学习成绩较差、行为习惯不好等问题，相对学习成绩优秀、行为习惯良好的优秀生，而被目为“后进生”，一些地方甚至直接称他们为“差生”。极个别的后进生，甚至距离“少年犯”只有一步之遥，成为家庭、学校和社会的心病。

后进生是客观存在的群体，这是教育者必须面对的现实。

如何转化后进生，让他们尽可能地学会做一个好人，是每一个有责任心的教育者无法回避的问题。

还是以富有中国特色的“初三分流”为例——

相当长一段时间内，不少地方实行的办法是，对那些被认为学习成绩或行为习惯相对比较差的学生进行强制分流，在最后一个学期不让上学，不让参加升学考试，指令其进入老师或者学校圈定的职业学校读书，否则不发初中毕业证。而为数不少的所谓“职业学校”，都是临时拼凑的草台班子，连自身都缺少职业技术“含量”，遑论教书育人！这些学校既难以胜任真正的职业技术教育，又无法进行良好的职业道德培养。而大部分分流生就被迫进入鱼龙混杂的职业学校，其中部分人就此流入社会成为漂流一族，而留在原学校继续学习的孩子则可以考高中，升大学。后进生及其家长们在这项政策的执行过程中受到歧视甚至粗暴对待，造成的心灵伤害是显而易见的。后进生们就学的选择权和享受完整九年义务教育的权利统统被剥夺，他们做人的尊严被蔑视甚至被践踏，他们中的一些人可能从此仇视社会。与此同时，初中学校与职业学校之间暗箱操作，买卖学生成为行业潜规则，普通教师也可能参与进来分一杯羹，从而加剧教育腐败。

这就是前些年盛行一时，现在还在一些地方强制推行的“初三分流”。

李镇西当然不会同流合污。他在“民主、科学与个性”的旗帜下，倾尽全力转化后进生，用他的教育实践，向社会交上了一份满意的答卷。1995年8月，玉林中学挑选了一批优等生，开了一个“六年一贯实验班”，指定李镇西当班主任。他向学校领导提出要求，把全年级倒数几十名的后进生也编一个班，他来做班主任。同时担任两个班的班主任和语文教学，不仅工作量增加了一倍，而每天面对“冰火两重天”的教育对象，对他自己的体力、能力和智慧都是一个严峻的挑战。

在转化后进生方面的实验，他取得了令人叹服的成功。

他转化后进生的理论依据，来自苏霍姆林斯基关于每一个孩子都有“想做好人”的愿望的论断。苏霍姆林斯基多次谆谆告诫教育者：不能让儿童那种“成为一个好人”的愿望的火花熄灭，要“让每一位孩子抬起头来”！苏霍姆林斯基说：

由于教育工作实施不当，学校生活就可能引发——而且常常正在引发另一种不幸：学生掌握知识时在前进的道路上遇到难以克服的困难，成为失败者，丧失对自身力量的信心。此时，儿童每走一步其意识就被一种想法搞得稀里糊涂：我不如别人，我什么也不行。而我们成年人并不总能了解，儿童为此是怎么样地痛苦。如果一个班集体里有几个这样的孩子，那集体就会丧失教育力量。特别危险的是，儿童痛苦的感觉也会变得迟钝，他会习惯于总不如别人的想法，他的心灵就会变得麻木；情感上的麻木不仁会导致道德上的厚颜无耻，以致产生最为可怕的后果：人失去了自尊感。这里，学校付出的代价似乎并不可观，但事实上，这已经酿成了大灾难：社会对此不得不支付昂贵的代价，以挽救那些没有学识和没有教养的人，挽救那些总不幸福和一贫如洗的人，因为真正什么也不是的人，就是在童年期和少年期社会没能帮助他找到自我的人。

怎么预防这种灾难呢？这是个大问题。要解决它，只有把学习和掌握知识的过程置于道德教育的宏大计划之中，当作集体与个性精神生活的一部分加以研究。（转引自吴盘生《对苏霍姆林斯基的重要文章〈人是最高价值〉的译文勘误》）

苏霍姆林斯基领导的帕夫雷什中学，相信一切孩子都能被教育好。这里没有“差生”的概念，只存在“困难学生”或“难教育学生”的说法。苏霍姆林斯基一生中就教育过178名“难教育的学生”，在经历了178个艰难的教育过程之后，这些孩子全部回归“正常儿童”的行列，有的还变得十分优秀。

李镇西踏着苏霍姆林斯基的脚印走来。

李镇西长期与顽童们打交道。他发现，即使是某些教育者心目中“一无是处”“不可救药”的学生，其心灵深处或多或少也有着美好道德的萌芽，因此，对后进生的转化关键不是讲大道理，而是巧妙地引导他们发现自己身上的优点，帮助他们树立“我是一个有缺点的好人”的道德自信，进而达到成为好人的人生目标。要做到这点，教育者必须具备“民主、科学、个性”的精神，真诚热爱、帮助并信任后进生。

他认真分析后发现，后进生的成因来自家庭、学校和自己三个方面。

家庭方面，教育方法不当，要么溺爱，要么粗暴；家长行为不当，“第一任老师”将孩子引入歧途；家庭离异，让孩子遭受心灵创伤等。

学校方面，教师的歧视（同时也会带动同学的歧视），教育的失误（未能因材施教），多次尝试失败（失败后得不到老师的抚慰，失败成为恶性循环）等。

自身方面，交友不当（街头结交沾染恶习），身体状况不佳，智力状况差异等。

他开出的“药方”是：首先，班主任对待后进生要注重感情倾斜，以强烈的人道主义情怀给他们更多的呵护，帮助他们树立做人的尊严；其次，要唤起他们向上的信心，实现苏霍姆林斯基推崇的“真正的教育是自我教育”；第三，引导集体舆论，把对某一个学生的表扬、批评、鼓励、关心转化为班集体的行为；第四，讲究有效的方法，如建立家校联系本，填写报喜单，集体评议，写“每日九问”，写《灵魂的搏斗》，安排当班干部，搞对手竞赛，同学作文表扬，推荐好书等。

在具体操作中，李镇西因材施教。

平时上课坐不住的陈元兵，有一次课堂上居然偷偷地在抽屉里“研制”炸药，结果引燃了书包，差点儿酿成恶性事故。李镇西发现了他对化学的兴趣，对他严肃批评教育后，给他介绍了一位化学老师，让他好好从基础学起。找到了兴趣所向的学科，他在课堂上渐渐老实起来，并且迷上了化学。

伍锐在课堂上耍蛇，吓得全班同学不敢进教室，李镇西感觉到他对生物的爱好，介绍生物老师跟他交朋友，生物老师让他当生物课代表，还让他参加了生物课外兴趣小组。

文建国上课从来不听讲，说是听不懂。李镇西发现他对小制作特别入迷，就专门叮嘱物理老师，请他指导文建国搞各种小制作，并让他参加各种小制作比赛……

而转化万同的故事，则是李镇西无数转化后进生经历中的一个经典案例。

这个“万同”当然是“顽童”的谐音化名，在一般人眼中可能有点“十恶不赦”，是个地地道道的“小痞子”：他成绩差得没有底，文化程度只有小学二年级的水平；天生好动，再加上听不懂大部分学科的课，上课就没有一分钟安静，不是唱歌，就是说话，不是搞小动作，就是干扰其他同学；考试作弊；早恋；在校外有一帮辍学后沾染了不少恶习的“哥们儿”；偷东西——偷某班老师的东西，只为报复那位老师的一次批评；偷同学的东西——而且是价值几千元的随身听；等等等等，简直就是那个很让苏霍姆林斯基费了一番周折才教育好的高里亚的翻版，一个中国版的高里亚！

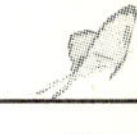

李镇西通过家访得知，万同生活在城市贫民窟，而且是那一带最不幸的一个孩子：几岁的时候父母离异，先是跟着父亲，父亲娶了后妈，后妈不待见他，他又回到亲妈这儿，亲妈再婚后，后爸又不愿认他这个“拖油瓶”儿子，他只好投奔爷爷，不久爷爷死了，只得回来找妈妈，妈妈没有工作，母子生活必须仰仗后爸，后爸喜欢赌钱、喝酒，赌输了或者喝醉了就打老婆，而母亲成天无所事事，便约人打麻将，输了拿不出钱，又被人家打；小学的时候因为调皮，经常被老师体罚，责骂，打耳光，赶出教室，罚吃粉笔，嘴上被贴不干胶……这个从小爹不疼妈不爱学校也嫌弃的孩子，心灵一直被扭曲着，积累了太多的戾气，所有的调皮捣蛋都是他心理扭曲的表现。

为了矫正万同，李镇西很是费了一番苦心。

抓住他热爱班上的劳动这个优点，李镇西暗地动员全班同学选举他当清洁委员；抓住他恨自己“控制不住自己”这点尚存的上进心，让他自己找了一个“帮助人”，写家校联系本，监督他改正缺点；为了让他在课堂上安静

下来，开出特例让他在“听不懂”课的课堂上抄写小说《烈火金刚》，不但不再扰乱课堂，还能学点语文知识，两年中万同抄写了 11 个作文本；当开始学好的万同被昔日的“哥们儿”毒打的时候，李镇西号召班上同学给予无微不至的关怀照顾，写勉励的纸条，让他真正感受班集体的温暖，从此远离坏朋友；帮他回绝“情书”，协助他摆脱早恋的烦恼；当他作弊的“老毛病”再次发作的时候，依然耐心地动之以情，晓之以理，把他个人的荣辱上升到班集体的荣辱，肯定他不断取得点滴进步的同时，让他树立正确的荣辱观；动员各科老师，对其降低标准考评成绩，让他找回起码自信；严重违反校纪的时候，又是班集体的力量，让他幡然悔过，迷途知返……

万同终于变了一个人，这是洗心革面的变化：许多根深蒂固的缺点被一一克服，语文第一次考了 76 分，主动请求完成每天早上的早扫除，关注校园公共卫生，成为人见人爱的乖孩子。在这样一个“毛毛虫变成美丽蝴蝶”的过程中，他找回了做人的尊严，找到了做人的幸福。在代表全班进行的“国旗下的讲演”中，他声情并茂地说：“我要让初二（5）班因为有了我万同而更加温暖，更加美好。我决心在老师同学的帮助下，成为玉林中学最优秀的学生，成为祖国母亲最优秀的儿子！”

几年后的 2000 年 5 月，李镇西正在陕西师大参加骨干教师国家级培训。一个身着军装的小伙子突然出现在他面前，调皮地微笑着，他是从成都一路打听到西安，克服重重困难找来的。

他就是万同。此时是北京某部一个优秀的通信兵战士，正准备考军校呢。

苏霍姆林斯基说过：“有位古印度哲人说道：一个人如能收干儿童脸上的泪水，并在其嘴角唤起微笑，那他就比建造了最为壮丽的庙宇的建筑师更值得尊敬。是啊，我们的天职就是建造人类幸福的大厦，这就是开展教育，这就是塑造灵魂。不要在儿童周围构造无菌环境，不可对邪恶视而不见，而要在儿童的心灵中确立对抗邪恶的力量。”（转引自吴盘生《对苏霍姆林斯基的重要文章〈人是最高价值〉的译文勘误》）

万同的故事，是李镇西践行苏霍姆林斯基的教育理论，“用心灵赢得心灵”的无数故事中的一个。

在回顾自己转化后进生工作的时候，李镇西说，他在万同们身上成功的尝试，印证了苏霍姆林斯基的教诲：“自然界里没有一个这样的人，我们有权利说他‘无论干什么都不行’的人。共产主义教育的英明和真正的人道精神就在于：要在每一个人（毫无例外地是每一个人）的身上发现他那独一无二的创造性劳动的源泉，帮助每一个人打开眼界看到自己，使他看见、理解和感觉到自己身上的人类自豪感的火花，从而成为一个精神上坚强的人，成为维护自己尊严的不可战胜的战士。”

第八节　锻造卓越人格——培养优秀生

李镇西所谓的优秀生或曰优生，跟一般人心目中的优生有所不同。一般人认为的优生，就是学习成绩优秀，能够得心应手地应付各科考试，将来可以考上名牌大学的“尖子生”。而李镇西所说的优生，是品学兼优即品德、学习等各方面都优于同龄人的学生。

在李镇西看来，要让优生真正优秀起来，还必须花大力气进行培养，因为即使是好钢，也要百炼才能成为精钢，所谓“猪圈岂生千里马，花盆难养万年松”是也。“培养”的目的，就是让优生最终成为对民族对国家有用的高素质人才。

培养优生，切忌只看该生的学习成绩，一好遮百丑，忽视其思想偏差、人格缺陷。来自教育者的纵容与溺爱，极易滋生“目空一切”、“唯我独尊”的“娇骄二气”。这样的所谓优生，一旦遭遇挫折，就容易迷失方向，这些年全国各地因承受不了各种“打击”而自杀的中学生中，许多都是教育者眼中的优生。

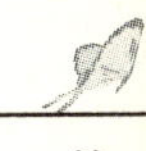

近些年，每年高考成绩揭晓，各地不约而同掀起一阵追捧“状元”的热潮。出了状元的学校弹冠相庆，出了状元的家庭光宗耀祖，当了状元的孩子不知天高地厚，社会万众瞩目，媒体推波助澜，好一阵喧嚣了得。

冷静一想，这个所谓“状元”，其实是伪命题。每年高考，全国各地究竟会产生多少个状元，恐怕没有人算得清楚。由于各地高考命题和评卷标准不同，有无国家级状元很难界定，但省级状元是千真万确有的，全国 32 个省市自治区（不包括港澳台），每年至少产生 64 名文理科状元（不排除有并列的时候）。数百个市、地、州，又是上千名地市级状元。几千个县，则是上万名县级状元。如果再加上校级状元、班级状元、乡镇状元，这状元简直就是浩浩荡荡的一支大军了。

萝卜多了不卖钱，状元多了就是一大堆萝卜。封建时代科举考试，历经 1280 多年才出了 800 多名文武状元，我们现在每年要出数以十万计的状元，真是不可同日而语。

于是，在北大、清华、中科大等“状元”成堆的名牌大学，好多在原籍被捧到天上的“状元郎”“状元妹”，进了大学跟身边的“状元”们一比较，才发现自己其实算不了什么，平常得有如校园中一棵小草。从天上掉到地面的巨大心理落差，够这些孩子们喝一壶的了。许多人也许从此默默无闻，只好像王安石笔下的方仲永，从此“泯然众人矣”。

捧杀所谓的优生，其实是对孩子、对社会甚至对国家、民族极其不负责任的表现，是一种不正常的社会现象。

孟子说：“天将降大任于斯人也，必先苦其心志，劳其筋骨，饿其体肤，空乏其身，行拂乱其所为，所以动心忍性，曾益其所不能。”就是说，真正的人才不是“捧”出来的，是千锤百炼打造出来的。

李镇西总结出了培养优生的六大方法：

引导其树立志向——让优生在更广阔的历史空间和时代背景中认识自己的使命；

帮助其认识自己——通过与其他少年英才比较，准确找出自己的长处与不足，发现潜能；

教育其保持童心——这里主要针对初中学生，淡化优生的“优生”意识，去掉“优生”光环，回归平常学生，保持淳朴童心；

激励其超越自我——对少数具有出类拔萃潜质的学生理直气壮提出 8 个字：超越自我，追求卓越。人生的乐趣与辉煌正是从战胜自我到超越自我；

训练其受挫心理——不搞特殊，在干部岗位上能上能下，犯了错误决不迁就，适当创设一些令其品尝失败的机会，最终让他们坦然面对人生路上的各种挫折与打击；

培养其创造能力——培养创造性思维，培养善于质疑、勇于否定、独立思考、积极创新的治学方法和人生态度。

从程桦的故事，可以解读李镇西在培养优生问题上的独具匠心和良苦用心——

1985 年秋季开学，12 岁的小男孩程桦从阿坝藏羌自治州某县转学来到李镇西班上。这是一个多才多艺的“神童”级学生：绘画、书法、作文、朗诵、演讲、表演、小提琴样样精通，甚至自控能力、独立生活能力都在同龄人中显得出类拔萃。

李镇西敏锐地发现，这是一个不可多得的“尖子生”，天赋不错，反应敏捷，接受新知识的能力强，但思维不够开阔，知识面较窄，创造能力比较弱，要成为未来社会合格的高素质人才还必须多加锤炼。他开始培养他：跟他进行朋友式的谈心，话题围绕社会的热点问题展开，借以走进他的心灵，把他的视野引向广阔的空间；向他推荐书籍，从名人传记到一些励志读物，引导他树立远大志向；鼓励他竞选班长，锻炼组织能力和管理能力；让他率领“未来班”小记者团，采访来校访问的日本国市川市市长高桥国雄……采访高桥国雄的时候，程桦居然单刀直入提出“贵国如何对中学生讲述侵华战争历史”的尖锐问题，让有关部门始料不及，多少有点难堪。李镇西却非常惊喜：这小子，有思想！

程桦在稳步发展。初三毕业之际，他代表学校参加乐山市中学生现场作文大赛，夺得一等奖第一名；高一参加乐山市“沫若杯”中学生现场作文大赛，再次夺得一等奖第一名；高二为学校主办的国庆专栏板报，打破常规，用对祖国命运的思考和对改革事业的关心来庆祝祖国的生日，虽然因为跟一味歌功颂德却空洞无物的惯常做法不合拍，只张挂了十天就被人强行撤下，但却是二十多年来乐山一中最好的一期学生板报……

少年的成长肯定不会一帆风顺。各方面遥遥领先同龄人的少年才俊，成长进入“多事之秋”，不经意间开始有了骄傲自满的苗头：上课爱讲话，常常受到老师批评；下课爱出风头，无比活跃，在禁止踢球的教学区踢足球，打破了玻璃窗；学习开始松懈，作业有所敷衍；有一次对母亲的教育反感，竟然离家出走；更不可思议的是，高一半期考试，他竟然从一直保持的年级前三名跌落到班上第二十四名！

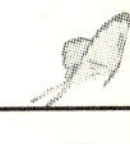

究其原因，是他太顺了，从小学到高中，一路走来都是表扬、赞誉和奖状奖杯。如果任其发展下去，很难说会不会成为一个现实版的“方仲永”。李镇西决定给他点颜色瞧瞧，让他品尝一下失败的滋味。

半期考试后一次全校集会，高九〇级1班一如既往地纪律不错，只有程桦一个人在有说有笑。李镇西用眼色制止了他几次，他装作没看见，依旧谈笑风生。李镇西一声断喝：

“程桦，站起来！”

这一声断喝，也许在旁人听来并不是太严厉，但在一直被各科老师捧在手心里的程桦听来，简直就是燕人张翼德手绰蛇矛，倒竖虎须，圆睁环眼，立马长坂桥头的一声霹雳暴吼！他愣住了，脑子里一片空白——

见程桦没有动，李镇西的“猫儿毛”进一步发作，三两步冲进队列一把将程桦拖出来，责令他站在过道边，在全校一千多师生面前“示众”。程桦遭受了有生以来第一次大庭广众之下的“奇耻大辱”，脸上红一阵白一阵，泪花在眼眶打转，恨不得找条地缝钻进去。

接下来的几天，程桦一直对李老师耿耿于怀，见面躲着走，绕道走，躲不过就低头走。李镇西知道“知耻者后勇”的古训，故意不理他。这两个“敌人”，其实每时每刻都在偷偷打量对方，同时也在反思自己。

几天后，见程桦的气消了一些，李镇西把他请到家里，进行了一次推心置腹的谈话。在讲了自己少年时期一次类似的经历以及自己“任何时候都不要自我感觉太好”的感悟之后，告诉他作为同龄人中的优生，站在金字塔尖，在享受更多荣誉的同时，也有更沉重的使命。如果这少数优秀学生对自己不能严格要求，不能克己自律，那么我们这个民族就真的没有希望了。李老师的一番话，程桦听得如痴如醉，懂得了李老师那天一声断喝的大爱，禁不住频频点头，眼里充满了羞愧和感激的泪水。

一场挫折教育，在程桦背上击了一猛掌。从老师期待的眼神、激动的表情和滚烫的话语中，程桦幡然醒悟，开始新一轮的奋飞。少年的表情更坚定，翅膀更有力。

高一下期起，他的各科成绩再次名列年级前茅，高二下期当选学校学生会副主席兼团委宣传部长，被评为市级三好学生。高三毕业之际，因为品学兼优被北京大学免试录取。大学毕业时又因发展全面、成绩优异而保送攻读本校硕士研究生。离开学校后，他先到联想公司工作，游走台湾等地跟 IT 行业的巨子们打交道，工作得心应手。羽翼丰满后，他创办了自己的公司。也许某一天，如果机会和条件具备，他还真会再做出点什么更大的事呢。他说：

这都是上学时李老师无数次把我推到台上给练出来的！

第九节　跟孩子们讲的“青春期悄悄话”

青春期教育，是所有从事基础教育的教育工作者共同面临的问题。但是，我们的传统教育一直把“爱情教育”“性教育”视作禁区，看作雷区，欲言又止，欲说还休，吞吞吐吐，含含糊糊，谈情色变，谈性惊魂。可怜那些在“黑暗中”摸索前进的孩子们得不到即时的有益的科学引导，有的人小小年纪就走上歧途，还有人甚至走上堕落甚至自杀的不归路。

对于人生各个不同时期尤其青春期等关键时期的问题，李镇西有着清醒的认识和界定。他很坦然地跟孩子们谈论爱情：

人生的不同时代，都有着不同的主题：幼年时代享受父母的呵护，少年时代经历求学的充实，青年时代沉醉爱情的浪漫，中年时代体验事业的辉煌，还有晚年时儿孙绕膝的快乐以及回首往事问心无愧的骄傲与宁静。在不同的阶段都有不同的幸福，任何一个阶段幸福主题的缺失都是人生的悲剧。李老师九岁就失去了父亲，这就是一个悲剧。你们在青年时代不能享受爱情也是悲剧，中年事业无成也是悲剧，晚年孤苦更是悲剧。不同的主题都是幸福，每一个主题的缺失都是不对的，如果主题错位依然是悲剧。我们今天虽然还不能谈情说爱，但是可以谈论爱情，可以有生活的准备、智慧的准备。苏霍姆林斯基说过，培养父母要从孩子开始！所以我希望同学们要有勇气做明天最温柔的妻子、最善良的母亲、最豁达的丈夫、最高尚的父亲！还是李老师说过的那句话，我希望在座的每一位同学，希望盐道街外语学校的每一位同学，将来都成为最优秀的丈夫，最优秀的妻子，最优秀的男子汉与最优秀的女性！（《心灵写诗》（一））

李镇西了解到学生中出现爱情萌芽的时候，从苏霍姆林斯基那里找到了解决问题的“灵丹妙药”。他甚至宣称，苏霍姆林斯基《爱情的教育》一书，是他进行青春期教育的“圣经”。

在《爱情的教育》一书中，苏霍姆林斯基写道：

尊重、关怀、细心、掌握分寸等原则在这里具有决定性意义。爱的情感的产生，犹如含苞待放的花朵，它是长成芳香的玫瑰还是带刺的飞廉，这有赖于我们教师的爱护和教育。当然可以把它剪断或连根拔掉，但这样做就会严重伤害一颗敏感的心，一株新发的幼茎就会长成畸形。

对学生的精神生活和他们隐秘角落采取粗暴的态度，最容易从男女青年的相互关系中驱逐出一切高尚的、有道德的、明快的审美情感，并把爱情的生理本能的一面推到首位，激起不健康的好奇心，使男女同学更加疏远，对交往产生一种恐惧症。

对待青年男女的爱情持轻蔑乃至嘲讽的态度，恰恰说明教师的教养水平低。

……

爱的情感是衡量道德的最灵敏、最精确的天平。这绝非言过其实。

我坚信不疑的是，高尚的爱情种子需要在年轻人产生性欲之前好久的时候，即在他们的童年、少年时期就播在他们的心田里……我们所指的爱情种子，当然不是指关于爱情的说教，而是指培养道德尊严和人格的过程，指在每一行动中树立起真正的人道主义观点；指培养对人道美的理解能力和创造

人道美的能力。爱情的念头一旦在年轻人的思想和感情上撩拨和引起不安，教育者就应该给他们讲爱情是什么。这种讲解将会在年轻人的心灵中培养出高尚的思想和情感，首先是培养出能够给人以巨大幸福的对美的责任感。但是这种美对善于爱美的人才是幸福的。

苏霍姆林斯基是这样说的，也是这样做的。在女儿满 14 岁那天，苏霍姆林斯基给她写了一封信：

亲爱的女儿：

你提出的问题使我忐忑不安。

今天你已经 14 岁了，已经迈进成为一个女人的年龄时期。你问我说："父亲，什么叫爱情？"

我的心经常为这种思想而跳动，就是今天我不再是和一个女孩子交谈了。进入这样一个年龄时期，你将是幸福的。然而只有你是一个明智的人，你才是幸福的。

是的，几百万年轻的 14 岁的少女怀着一颗跳动的心思考这样一个问题，什么叫爱情？每一个人对它的理解都各不相同。希望成长为男子汉的年轻小伙子也在思考这一问题。亲爱的小女儿，现在我给你写的信不再是过去那样的信了。我内心的愿望是：希望你要学会明智地生活，也就是要善于生活。我希望做父亲的每一句话都能像一颗小小的种子，促使你自己的观点和信念的幼芽萌发出来。

接着，他向女儿转述了自己的祖母玛丽亚给他讲过的一个有关爱情的美丽的童话故事。在故事的结尾，玛丽亚告诉他——他又告诉女儿：

爱情，高于上帝，这是人类永恒的美与力量。人们世代交替，我们每个人最终都要变成一抔黄土，但是，爱情将成为赋予生命的、永不衰退的、使人类世代相传的纽带……

我的小女儿，这就是爱情！世上各种有生命的东西生活、繁殖，成千上万地延续自己的有生命的后代。但是，只有人懂得爱。而且说实在的，只有在他善于像人那样去爱的时候，他才是一个真正的人。如果他不懂得爱，不能提到人性美的高度，那就是说他只是一个能够成为人的人，但是还没有成为真正的人。

李镇西心有灵犀一点通。他像苏霍姆林斯基那样，通过书信的方式，跟学生推心置腹交流如何对待朦胧爱情、生理心理变化之类"成长中的烦恼"

问题。这些书信，后来汇集成了一本书——《青春期悄悄话——致中学生的100封信》。而这本书，是李镇西初到玉林中学的时候，在教学楼五楼一间五六平方米的阁楼间整理完成，直到3年后的1994年才出版的。这是他的第一本书。他在初版序言《用心灵进行青春的对话》中写道：

这是3年前写的一部书稿，而酝酿此书则是在1988年。当时，我所任教的四川省乐山市有好几位教师心目中的优秀中学生自杀，而我们所接触的学生中不断出现种种难以排遣的"青春期烦恼"，这促使我反思中学教育的缺陷，并试图通过对中学生的青春期心理辅导而改进中学教育，使我们的教育真正进入人的心灵世界。在这期间，我与不少中学生通过书信进行心灵交流，回答他们的疑问，解除他们的苦闷。实践证明，我的尝试是成功的。

1991年，我调到成都工作后，开始对这些书信进行整理和修改，便形成了这本薄薄的小册子……就在本书即将出版的1994年盛夏时节，又传来中学生自杀的消息——南京两位女中学生陈修燕、张迎丽因中考升学失利而先后自杀，这消息震惊了全国（见1994年8月15日《中国青年报》）。不少有识之士在探讨悲剧原因时，对我国现行教育制度的利弊进行了深刻地剖析，同时，也为当代部分中学生受挫时心理的脆弱而深深叹息，并再次疾呼：加强对中学生青春期心理教育，培养其良好的心理品质，塑造其健全的人格，已刻不容缓……

处于青春期的中学生正在走向成熟而又还没有成熟。在这一阶段，他们对自己、对他人、对学习、对人生、对社会、对前途等等方面都会出现前所未有的各种迷惑与苦闷。解除这些迷惑与苦闷，仅仅靠过去教育中的"政治引导"、"思想教育"和"品德培养"显然是不够的，而还必须借助于青春期心理辅导（或称"青春期心理卫生教育"）。

我长期担任中学教育工作，比较熟悉中学生的心灵世界，在担任班主任的过程中，我根据中学生成长过程中容易出现的心理问题，从青春期一般心理特征、男女交往、人际关系处理、智力开发与学习心理、心理障碍的克服等十个方面，深入浅出地对我的学生进行心理学知识的讲解与传授。同时，交给他们以消除烦恼的有效方法，防止可能出现的青春期心理疾病。

……在与中学生通信的过程中，我常常忘记了自己是老师，情不自禁地与同学们推心置腹，联系自己青少年时代的感受与经历，尽量淡化理论色彩与说教痕迹，在真诚平易、幽默轻松的拉家常、讲故事中表达我对青春期种种心理现象的看法和建议。

如果说《青春期悄悄话——致中学生的100封信》是李镇西对“青春期教育”或者说“性教育”一场成功探索的结晶的话，那么进入21世纪之后，他在这方面的教育又取得了重大的发展。唐云增先生这样评价道：

“他深深知道，真正的性教育应当是全面综合的教育。性教育的核心的确是人格教育。他从高中生的实际出发，抓住了性教育的关键期，抓住了性教育的核心——对学生进行人格教育，突出了性道德、性审美教育，突出了人格教育。”

唐云增先生高度评价《心灵写诗》中有关青春期教育的章节：“如果《心灵写诗》的文章篇篇为诗，那么青春期教育的诗篇是诗篇中的绝作。”

这是李镇西在盐道街中学外语学校担任副校长兼班主任的时候，对孩子们进行的一次青春期教育：

我今天的主题是说，女同学和男同学——我希望男同学满18岁以后不要说“男孩子”——男同学女同学应该怎样提升自己，使自己的一言一行符合自己的身份，符合自己的社会角色。我先说女同学——做一个美丽的女人。注意，我说的是“女人”，你们可能觉得这个词好像不合适，其实很合适。苏霍姆林斯基在他女儿满十四岁时写信给他女儿说：“今天你进入女人的年龄了!”我是着眼于你们的一生来说的，所以我用了“女人”这个词。美丽不仅仅是漂亮，不漂亮也可以美丽。作为一个女性，我们今天是女同学、女孩子、少女，以后就是青年女子，中年是妇女，老年是老太太。无论什么时候，有一个角色无法改变——女人。那么，一个女人怎么美丽？是不是应该具备四点（板书）：

第一，温柔；第二，坚强；第三，自尊；第四，优雅。

对于男同学，我就说的是：做一个堂堂的男子汉！也是四个建议：

第一是刚强；第二是宽宏；第三是进取；第四是幽默。

如果做到了这些，未来的爱和被爱你就准备好了。说到底，无论男生还是女生，最重要的还是你的修养，我们怎样与人相处：男女有别，但各具风采。

我这儿还要补充说一下女性，你们看看居里夫人传记。居里夫人是很美的，可以说是内在美和外在美的统一。她在读大学的时候，很多人追求她。她说，我的志向是搞科学发明。每次到教室她都坐前排，以免被人看到，只留后脑勺给别人，而且还剪了头发。我给女儿说，要学居里夫人。我们女同学也要学居里夫人。

我给历届学生都说过，今天我也把这话给大家说——

李老师希望，教出来的所有女同学是最优秀的女性，教出来的所有的男同学是最优秀的男性。

这一番深入浅出的谈话，对男女同学未来的角色定位作了准确的诠释，犹如拨云见日，让懵懵懂懂的孩子们明白了未来的发展方向：女生要做美丽的女人，男生要做堂堂的男子汉。谁能说，这样的教育会收不到良好的效果？

他在写给男孩子们的信中说：真正的男子汉应该具有阳刚之美，也就是壮美。具有阳刚之美的男子汉应该是力量与气魄的化身。真正的男子汉应有高尚的情操与健壮的体格，以及勇敢、宽宏、进取的基本性格特点。

他还告诫男孩子们，要学会尊重女性，养成尊重女性的良好品德。因为，女性在延续人类生命方面的贡献，绝不亚于男性在维持人类生存和安全方面的贡献。也许正是因此，法国作家福楼拜才这样感慨："国民的命运与其说是掌握在掌权者手中，倒不如说是掌握在母亲的手中。因为母亲是人类的养育者。"苏霍姆林斯基也曾这样告诫男孩子："妇女是生命的体现者，对人类的未来怀有最高尚的道德感情。因为她的爱产生新生命，所以她的美较之男人的美更充满高尚的人道主义精神。尊重妇女，就是尊重新生命。不允许侮辱妇女，只因为她是妇女。"在全世界优秀的文化中，尊重女性是重要内容。泰坦尼克号倾覆的时候，男士们都自觉地把生的希望留给妇女儿童，把有限的救生艇让给她们，自己从容面对死亡。因此，尊重女性的品质应该从现在开始培养，从对班上的女同学充满真诚的友爱做起，从不在女同学面前说脏话做起，要处处体谅、帮助、保护女同学，必要的时候还要挺身而出。

李镇西在写给女孩子们的信中，用了"做美丽的女孩儿"做标题。他提出，女性至少应该具备三点美德：温柔、坚韧、自尊。拥有三点美德之后，如果再拥有自信、学识、微笑，即使不漂亮的女性，也会变得美丽，变得有魅力，有神韵。女性的解放关键是女性要自信与自强。他引用著名电影演员潘虹的话说："中国妇女最大的悲剧就在于自我束缚"，因此，中国妇女的真正解放就在于自身价值的觉醒。他用人才辈出的英国萨墨维尔学院的名言勉励她们："即使你们不能胜过周围的男子一筹，至少也应该把自己看得与他们不相上下。"

苏霍姆林斯基《给女儿的信》是人教版九年级上册语文课本中的自读课文。一般情况下，自读课文不需要老师作深入讲授，但李镇西却把这篇课文当作重点讲读课文，跟学生一起钻研。因为，它既是语文教材，更是青春期

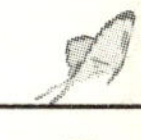

教育的范本。他让孩子们一边学习一边讨论，自己适时引导，鼓励大家敞开心扉，畅所欲言，发表各自对爱情的看法。既是语文课又是德育课，真是一箭双雕！我们在这里暂时撇开他的语文教育艺术不谈，只看他通过与学生一起对课文展开民主讨论，如何巧妙地进行爱情教育——

汪洋同学举手了。她站起来说："'我们每个人都不免变成一抔黄土，但爱情却成为人类种族生命力永不衰败的纽带。'这句话我觉得写得很真实，但在生的时候有过爱情，爱情就会通过你的生命延续。"

汪洋的回答真实地反映了她的理解，这个理解我认为是正确的，不过我感到还不完整。于是我说："汪洋对这段文字印象比较深刻，同学们对这句话还有没有不同的理解或补充？"

钟雪飞举手站了起来："我觉得这句话还有一个意思，有了爱情两个人才能走到一起，这样才能延续后代，这也是生命的一种继承。"

我说："对，我同意钟雪飞的补充，她的补充很重要。我也谈谈我的理解，爱情无疑是一种精神的东西，它有着生物性的基础，也包含了人的自然结合，包括人类的生生不息。有了爱情，才有相爱的人之间的结合，才有了后代。但是我们今天谈论爱情更多的是赞美精神的东西，因为我们是人！每一个人的生命是有限的，绝大多数人不过就是几十年，但爱情是永恒的。比如梁山伯与祝英台，他们已经死了多少年了，但是他们因爱而化作蝴蝶一直飞翔到今天！还有罗密欧与朱丽叶的爱情。因此，人不免一死，但爱情的力量是永恒的。"

他跟孩子们一起分析苏霍姆林斯基《给女儿的信》中那个关于爱情的童话故事，引导大家"正确认识爱情"：爱情是"美的力量"，爱情是"忠诚"，爱情是"心灵的追念"，并把对爱情的认识引向更加深入的层面：

我说："对，层层深入，把对爱情的认识引向深入。刚才李运说的话把情节引向深入，其实，我还有一个想法，作者并没有全像我们说的，全都是层层深入。"这里，我有意想和学生碰撞一下，在碰撞中引导，"你们看，作者的语言有没有重复的？是哪些句子，找出来。"

同学们开始重新看课文。不一会儿，何思静举手了。

何思静说："是这几句，'他们一会儿看天，一会儿你看看我，我看看你，互相传情'。后面还有，还是这样重复的。"

我问："你说为什么苏霍姆林斯基会这样表达？"

何思静说："因为爱情是一种精神上的心理上的东西，不能用语言告诉对方，他们之间的爱，就是这样‘你看看我，我看看你’。”

我说：“很好。爱情，是不用语言的，而且爱情就是这么简单，就是‘在金黄色的麦田前，时而望望红艳艳的朝霞，时而你看看我，我看看你’。你们看，这是多么朴素，又是多么美好！现在，像这种古典的爱情方式已经很少了。并不是说在大街上接吻拥抱，生怕别人不知道，这才是爱情。其实，爱情是很简单的，不过就是看着自己心爱的人。”

教室里一片宁静。孩子们还小，但他们显然也被文中的爱情打动了。讲到这里，我突然有一种感动，不知是苏霍姆林斯基美好的童话感动了我，还是学生纯真的理解感动了我，或者是我产生了什么美好的联想，甚至也许是我心灵深处某一根柔软的情弦被拨动了。我突然想到一首歌，并忍不住对同学们说了出来：“突然我想到一首歌，这首歌我不会唱，大概就是叫《浪漫的时刻》。”

同学们纷纷点头：“知道，知道，叫《浪漫的事》。”

我说：“何思静会唱吗？你可不可以给大家唱一下？”

何思静轻轻地唱了起来——
我能想到最浪漫的事
就是和你一起慢慢变老
一路上收藏点点滴滴的欢笑
留到以后坐着摇椅慢慢聊

歌声把所有同学都感染了。渐渐地，全班同学和着何思静的声音一起唱道——

直到我们老得哪儿也去不了
你还依然把我当成手心里的宝

我能想到最浪漫的事
就是和你一起慢慢变老
一路上收藏点点滴滴的欢笑
留到以后坐着摇椅慢慢聊

我能想到最浪漫的事
就是和你一起慢慢变老
直到我们老得哪儿也去不了

……

歌唱完了，大家鼓掌。

我的眼睛潮湿了，鼻子开始发酸，但我尽量抑制自己的情绪，尽可能镇定地说：“虽然李老师不会唱，但每一次听到这首歌都很感动。爱情就是看着对方变老，仍然爱他。像这样的爱情，虽然少，还是有的。前次裴丹同学的作文大家还记得吗？她说她爸爸妈妈每次上街进商场，爸爸都把妈妈的手牵着。爱情有时候就是牵手，不需要太多的语言，更不需要海誓山盟！”

同学们没有说话，都看着我，每一双眼睛都在感动，都在思考。

……

我对同学们说：“今天咱们这里上课，学习苏霍姆林斯基给女儿的信，说实话，我在上课时忘了是在给你们上课。这堂课勾起了我的回忆，我过去教过的一个学生，她的孩子要读小学，来找我想读一所非常好的小学，我说没问题，成都几所非常好的小学的校长我都认识的。当我接到她的电话时，我感慨万千！当年我给他们那批学生讲苏霍姆林斯基的时候，他们和你们一般大，一晃十几年过去了，他们都成了爸爸妈妈，有了孩子，孩子都读小学了！我想，你们正在一天天长大，再过若干年，你们也会迎来自己的爱情，迎来自己的家庭，并有自己的孩子，说不定李老师还会教你们的孩子；到了那一天，李老师会从你们孩子身上看到你们的影子！大家想一想，这是不是最浪漫的事？这样的人生多么富有诗意！但是，只有真正懂爱情的人，才会拥有这样诗意的人生！”

同学们自发地鼓起了掌。这是这堂课最热烈的掌声！

掌声中，我对同学们说：“下课！”

学生仍在热烈鼓掌……

（《李镇西与语文民主教育》）

这是一堂美妙的语文课。

这更是一堂精美绝伦的青春期教育课。

这样的课堂，不仅让孩子们接受了一场美好的文学熏陶与爱情教育完美结合的课堂洗礼，同时也让我们许多语文老师和班主任老师大开眼界。可以说，这个课堂营造了这样一种氛围：师生全身心沉浸在对美妙辞章和美好爱情的解读、理解、接受、分享与憧憬之中。美好爱情的种子，已经在孩子们纯洁的心灵中发芽。这样的课堂，充满激情、浪漫和想象力，跟苏霍姆林斯基讲述的童话故事一样美好！

第三章 再度转型——教育的理想主义

一路行走，一路反思，一路进取——李镇西从来不会固步自封。

当历史的车轮来到 21 世纪的大门口，李镇西深感“贴近社会现实，贴近学生生活”的教育现实主义已经不能适应新世纪的需要。他思考最多的问题是：我们把什么样的学生奉献给 21 世纪的中国，或者说，当代教育将为 21 世纪的中国培养什么样的人？

为未来中国培养什么样的人？这是许多有识之士不约而同思考的问题。中央电视台著名主持人白岩松就说过：“我跟温家宝总理当面说过，中国教育最大的问题，甚至都不是把应试教育改成素质教育，而是为未来培养什么样的中国人。只有把这个思维转过来，很多的教育理念，包括教科书等，才会发生真正的正确的改变。”（见《南方周末》2014 年 5 月 22 日第 25 版）

李镇西明确提出：中国正在建设公民社会，教育的责任就是为 21 世纪“经济更加发展、民主更加健全、科教更加进步、文化更加繁荣、社会更加和谐、人民生活更加殷实”的中国培养合格的公民。

第一节 从石室中学到苏州大学

1997 年 7 月，李镇西调入千年名校成都石室中学。

石室中学也称“文翁石室”，又名成都四中，是一所国家级重点示范性普通高级中学，由 2100 多年前的蜀郡太守文翁创建，是四川开始走向文明的标志，也是中国第一所地方官办学校，更是世界上现存历史最悠久的学校之一。学校学风卓荦，人才辈出，在国内享有较高声誉，在国际上也具有一定影响，是四川省首屈一指的名校。

石室中学民主宽松的学术氛围，使李镇西得以更加大胆地进行教育探索。在这里，他重温了苏霍姆林斯基和陶行知的重要论著。陶行知说：

真教育是心心相印的活动。

苏霍姆林斯基说：

教育，这首先是人学！

咀嚼着先哲的教诲，站在巨人的肩上，视野更加开阔，目光更加敏锐，理想更加灿烂，目标更加远大——李镇西逐渐悟出了教育的真谛：

> 在素质教育的大旗上写着一个大写的“人”字！它是目中有“人”的教育，是充满人性、人情和人道的教育，是为了一切人全面发展的教育。十几年教育实践中潜在而朦胧的思想萌芽一下破土而出，我写下一系列文章提出了我的“素质教育观”——素质教育是“民主、科学、个性”的教育。由此，我的事业驶进了教育理想主义的航程。
>
> 我用一句话来概括我的教育理想主义：为现代化中国培养21世纪的公民！
>
> ——因为它是面对正在走向现代化的中国的教育，所以它是关注现实的；因为它是面向21世纪的教育，所以它又是超越现实的。
>
> ——如果说，教育浪漫主义是面对“过去”的教育，教育现实主义是面对“现在”的教育，那么，教育理想主义则是面对“未来”的教育。
>
> ——教育理想主义的核心是民主教育！（《我的教育心路》）

这是李镇西的又一次“顿悟”。他为自己的事业找到了最终的奋斗方向，心情格外开朗，一种醍醐灌顶的感觉油然而生。他继续实施班级民主化管理，但已经不仅仅停留在班级管理的层面，而是深入学生的心灵，提出了“让学生在民主生活中学会民主”，着眼于对学生的民主启蒙教育；他继续从事语文教育改革的探索，但已经不仅仅停留在操作技术的层面，而是把“语文教育”在继续指向社会生活的同时，又指向学生的心灵，更指向中国的未来。

当时石室中学的校长王绍华多年后还在感叹：李镇西对“儿童教育爱得执着而深沉”，对语文教育锐意改革。李镇西带的那个班，多由转学生和基础较差的学生组成，但他对学生一视同仁，“不分家庭出身，不论行为习惯”，至今那些学生家长都在念及李老师的好。

1998年，他的第二本书《爱心与教育》出版，迅速引起强烈的社会反响。这是他的代表作，也是他的成名作。李镇西的名字，一夜间红遍全国。

1999年，他又出版了《爱心与教育》的续集《走进心灵》。这本书超越《爱心与教育》之处在于，将教育的爱心赋予了教育民主的全新内涵。

他在后来回顾石室中学的经历时，饱含深情地写道：

感谢成都石室中学，感谢王绍华校长！可以这样说，历史悠久的石室中学让我的教育视野更为开阔。睿智、善良、宽厚的王校长给了我许多教育自由。我继续在这里教语文并当班主任，继续收获着学生对我的爱——春天，我和学生们一起意气风发地走进成都平原金色的油菜花；初夏，学生们到火车站送我出差，追着已经启动的火车奔跑，眼泪在飞……正是在石室中学，我写出了后来引起反响的《爱心与教育》，以及《走进心灵》、《从批判走向建设》、《风中芦苇在思索》、《花开的声音》等著作；正是在石室中学，王校长支持我前往北京出席纪念苏霍姆林斯基八十诞辰国际学术研讨会——会上，我结识了苏霍姆林斯卡娅，这成为我教育生涯的重要事件；正是在石室中学，我一边教学，一边备考，后来考取了苏州大学朱永新教授的博士生……应该说，我的教育实践与思考相对成熟，是在石室中学完成的。（摘自博文《感谢成都》）

1999 年，李镇西从贵州六盘水支教回来，江苏张家港一名中学校长请他去作报告。这位校长还是苏州大学名师名校班的学员，这个班恰是在著名教育家、苏州大学教授、苏州市副市长朱永新倡议下设立的。这次报告，让李镇西认识了朱永新，两人颇有“一见如故”“相见恨晚”的感觉。朱老师当即表示，要收李镇西到苏州来读自己的博士，并许以“一套房子”，当天就带着李镇西的女儿去看了房子。

“生不愿封万户侯，但愿一识韩荆州”——朱永新就是李镇西的“韩荆州”啊！这是千载难逢的机会，不用考试就直接读博。李镇西就是李镇西，他不愿走“终南捷径”，而是老老实实地一边教书一边备考，认认真真地考了两年，终于在 2000 年考上朱老师的教育哲学博士，研究方向是“民主与教育”。

尽管王绍华校长十分不舍，但还是爽快地同意了。而成都市教育局却对这个“镇市之宝”的远走高飞心存疑虑，担心他一去不复返。李镇西承诺将人事关系留在成都，毕业后一定回来。李镇西如愿以偿，独自到那“花柳繁华地，温柔富贵乡”的苏州寒窗苦读“充电”去了。

朱永新与李镇西同岁，1958 年 8 月生，江苏大丰人，全国政协副秘书长，民进中央副主席兼秘书长，中国教育学会副会长，苏州大学教授、博士生导师，新教育实验发起人；曾任苏州市主管教育的副市长，在全国率先实行义务教育全免费。有人称，在中国众多的市长中，朱永新是学教育、研究教育、主管教育的第一人。从 2002 年起，由朱永新发起的新教育实验在全国推广，至 2015 年，全国有 25 个省市自治区的 3000 余所实验学校、200 余万名教师和学生参与实验，以行动悄然改变着中国教育。

李镇西师从朱永新，确实是奋进者的一次“充电”。

人到中年的李镇西告别成都，胸臆间涌动着一股“男儿仗剑出乡关，志不成兮誓不还”的豪气，只身东下姑苏，一头扎进象牙塔，老老实实当起了学生。因为没有读过硕士研究生，由本科学历直接攻博，他认为理论是他的短板；长期从事汉语教育和写作，英语也是他的弱项。不少人怀疑他在事业如日中天的时候突然选择攻博的动机，同时也怀疑朱永新教授招李镇西做博士生的动机。42 岁的李镇西不理那些针对自己和导师的飞短流长，拿出了比别人更强的毅力和更多的时间刻苦攻读。他常常在深夜 12 点以后还在啃理论书，凌晨四点过就起来背英语单词，终于攻克英语关，理论知识也更加丰富。

有一天，朱老师告诉他：“我问了其他博导，他们都说你是最勤奋的学生!”李镇西确实问心无愧，每天早晨打扫房间，他会心疼地发现掉在地板上密密的头发——这便是呕心沥血的见证！读博三年，知识增长了许多，头发却掉落了不少，素常以一头浓密黑发自喜的他，毕业时头发们不得不“地方支援中央”。他的博士毕业论文，就是在中国教育界振聋发聩、影响深远的《民主与教育》。

在苏州大学期间，他并没有全身心沉迷在象牙塔中。星期天、节假日，他喜欢四处转悠，稍微近点的地方，他就步行或者骑车。三年时间，他把苏州古城和周边的古镇如甪直、同里、周庄认真读了不止一遍，用心灵去感悟这座历史文化名城的美。他在五人墓前久久徘徊，向反抗暴政的平民英雄致敬；他在叶圣陶故居流连忘返，向这位教育与文学的前辈大师畅叙心曲；他苦苦寻找因反对“文化大革命”而被虐杀的女英雄林昭的墓地而不得，只好对着苏州的每一缕阳光、每一片绿荫、每一朵鲜花、每一条小巷、每一串涟漪、每一寸草坪呼喊：林昭在哪里?

他又到了扬州，感受这座琼花玉树的东南都会的风流，领悟“扬州八怪”的倜傥，以及瘦西湖的窈窕妩媚。他在朱自清故居情思缱绻，思绪穿越时空，凝望着先生思绪万千，感悟真正的知识分子用生命为民主与自由抗争的勇毅；他来到梅花岭畔的史公墓前，向当年以四千孤军对抗十万清军而死守扬州的民族英雄兼“廉政典范”的史可法，表达了一个当代公民难以言说的追慕与缅怀之情。

从扬州返回成都的途中，他还专门在南京停留了一天，就为了凭吊他的教育偶像之一陶行知。在陶行知墓前久久伫立，他向大师倾诉了一个有良心的当代教育者心中的种种疑虑与伤感，表达了顶着风浪奋然前行的决心。那一次，他把“可与智者道，难与俗人言”的心曲，凝聚成一篇气韵生动催人泪下的散文《愧对先生》，发表后让多少教育志士击节赞叹……

2003 年 6 月，李镇西博士毕业，信守承诺回到成都，被安排在成都市教科所搞学术研究。应该说，成都市教育局的安排并没有错，因为教育哲学博士是稀有人才，安排做专业研究理所当然，只是眼前这位特别有个性的学者，对于成天坐在办公室搞科研却感到如坐针毡，对学校教育魂牵梦绕，他最好的学术阵地是讲台，他的研究对象就是欢蹦乱跳的孩子。

2004 年春天，李镇西到教育教学第一线的请求被批准，来到国有民办的成都市盐道街中学外语学校，担任教学副校长。他在这所学校轰轰烈烈推进新教育实验：一边担任班主任、语文教师，“真抓实干”在教育第一线，一边打造教师队伍，建设书香校园，提倡教育写作，同时还担任新教育网站“教育在线”总版主，“脚踏一所学校，放眼数十万教师”。

2006 年 8 月，在成都市武侯区教育局局长雷福民的竭诚邀请下，李镇西出任武侯实验中学校长，全身心投入平民教育，追随苏霍姆林斯基的脚印，办起了“中国的帕夫雷什中学”。

经过了乐山一中时期的教育浪漫主义，经历了玉林中学和石室中学的教育现实主义，李镇西的教育生涯，步入了“教育的理想主义”阶段。用他的话说：“如果说教育浪漫主义是面对‘过去’的教育，教育现实主义是面对‘现在’的教育；那么，教育理想主义则是面对‘未来’的教育。”“教育理想主义的核心是民主教育！”（参见《民主与教育》）

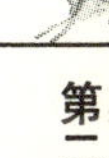

第二节　教育呼唤理想主义

中国教育在近 30 年取得了举世瞩目的成就，解决了“穷国办大教育”的难题，但也存在着不可避免的失误、无法拆解的难题和亟须攻坚的问题。

所有的问题中，如何全面推进素质教育，就是一个无法拆解的难题。因为，挡在素质教育面前的一只威力无比的拦路虎，就是应试教育。从 20 世纪 80 年代出现的“片面追求升学率”，到 90 年代的“教育产业化”，再到至今还在全面推进的应试教育，基础教育在高考的指挥棒下坐上了过山车，从

“一切为了孩子，为了孩子的一切，为了一切孩子”的素质教育，悄然演变为“一切为了考试，为了考试的一切，为了一切考试”的应试教育。“素质教育”四个字，沦落成了不少教育者挂在口头上的空话。在以学生考试成绩衡量学校的优劣、教师的高下、孩子的成败的强大社会舆论氛围下，考试成了绝大多数基础教育学校特别是普通高中的主要奋斗目标。

在我们接触到的一些“省重”“国重”高中学校，在高考的唯一理由支持下，延长每天上课时间，禁止学生看课外书，禁止班级组织郊游活动，尽量压缩甚至取消体育课等现象，已经不是新闻。孩子们被绑在应试教育的战车上身不由已，不得不起早睡晚，死记硬背，各科老师轮番上阵，题海战术铺天盖地而来，各种可能出现在高考试卷中的题型轮番轰炸。十年寒窗，尤其是三年高中，搞得师生都筋疲力尽苦不堪言。

读书的快乐，被应试的痛苦取代；求知的愉悦，被无休无止的习题吞噬。于是，在许多高中学校，高考结束后的一大景观，就是毕业生们拼命撕书、烧书，把各科教科书当成发泄的对象，拼命地撕啊，烧啊，仿佛面对着杀父仇人一样，送瘟神一样“纸船明烛照天烧”。很难相信，对书本如此仇视的年轻的“读书人”们，进入大学乃至大学毕业后的大半生，还会把读书作为最大业余爱好和最大的快乐？创新精神、想象力、创造力，就这样被应试教育生生给毁了。

与此同时，一股市侩、犬儒的教育思潮悄然蔓延在中国教育界。急功近利、浮躁浅薄、只顾眼前利益、不管长远发展的社会风气，肆无忌惮地侵蚀着神圣的教育事业。

一些教育工作者为了激励学生在应试教育的战车上“鞠躬尽瘁，死而后已”，实现升学率的最大化，居然赤裸裸地以“考名牌当大官挣大钱娶美女”为励志口号，有的老师甚至把“书中自有颜如玉，书中自有黄金屋，书中自有千钟粟”这类陈腐的封建糟粕让学生抄下来、背下来作为座右铭，不遗余力为未来社会培养“贪腐人才”。有的学校，给学生干部发津贴，理由是“他们给学生服了务”。在这种思潮影响下，有的家庭，孩子给爸爸泡杯茶，帮妈妈洗洗碗也要索要“报酬”，还振振有词地说“我付出了劳动”！

李镇西拍案而起：多么庸俗的急功近利而又自私狭隘的市侩教育！现实主义教育绝不是培养自私狭隘的接班人！社会主义课堂培养的学生应该有积极的理想！

而发生在学校教育中的许多匪夷所思的事情，让这位永远怀着一颗真诚、敬畏、圣洁、神圣的教育心的教育者，一次次大跌眼镜，内心滴血淌泪——

1998年底，某小学一年级十几名学生因为上课说话，居然被班主任用不干胶封住嘴巴。2000年12月27日，安徽发生一起9名小学生被班主任强迫用剪刀、小刀当众刮脸，直到流血不止的恶性事件。还有，湖南株洲一小学生因写错字被老师用尺子把脸打肿；山西中学生赵超被班主任用拳头打死；陕西韩城一老师抡铁锹打断学生胳膊；云南一名教师对一学生连打12耳光致其死亡……

李镇西通过这些事件痛心地看到，当一系列体罚学生、践踏学生人格尊严的恶性事件的始作俑者受到舆论一致谴责的时候，受害孩子和他们的同学居然大都真诚地认为“老师做得对”！他惊叹：“天哪，这些孩子可就是我们‘完成中华民族的伟大复兴’所寄予厚望的‘跨世纪接班人’啊！可爱的孩子如果继续被如此奴化下去，对于我们的民族来说，真正不堪设想！”

他比任何时候都清醒：教育的种种弊端都源于现行的教育体制的非民主甚至反民主：

> 现在教育上许多非民主的现象，归根到底，却应该从现行教育体制上找原因。比如，教育过程中无视学生的主体性，课堂教学中把学生当成知识容器予以灌输，教师因“恨铁不成钢”而打骂学生，把学生分成三六九等的“重点中学”、“重点班”……这些都不能单单归因于教师素质低下或学校办学思想不正，其背后是应试教育作祟：评价指标片面而单一，升学指标层层下压，学校和教师只能唯应试是从，什么“尊重学生个性”，什么“给学生以心灵的自由”，什么“师生平等对话”……全靠边儿站了！（《民主与教育》）

教育是什么？教育就是为明天培养接班人。我们的教育者，要注意为未来的民主中国培养公民，培养大写的人，而不能培养唯唯诺诺的臣民，培养弯腰屈膝、动辄下跪的可怜虫！培养公民的唯一途径，就是民主教育。

2007年9月4日，时任国务院总理的温家宝发表了《仰望星空》的诗作，最后四句是：

我仰望星空，
它是那样壮丽而光辉；
那永恒的炽热，
让我心中燃起希望的烈焰、响起春雷！

这首诗在李镇西心中引起强烈共鸣：教育不仅要面对现实，还要胸怀理想；不仅要关注眼前，还要放眼未来；不仅要脚踏实地，还要仰望星空！

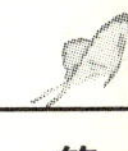

第三节　苏霍姆林斯基走过的路

苏霍姆林斯基是把“人性”引入苏维埃教育的第一个人。这是他对苏联教育乃至整个社会主义教育的最杰出贡献。

苏霍姆林斯基的教育，就是既脚踏实地又仰望星空的教育，目中有人，“以人为本”，为了学生的终生幸福，是他的教育思想的主流。贯穿他整个思想体系的一条主线，就是把教育作为一门独特的科学来看待，这门科学叫作“人学”。

李镇西认为，尽管苏霍姆林斯基的著作中没有出现过“民主教育”的字样，但他却是社会主义民主教育的先驱者：“他的整个教育思想体系处处闪烁着民主的光芒：对学生的爱，师生关系平等，对学生精神世界的尊重，让学生的思想燃烧，充满人性的教育……”（《民主与教育》）

在苏霍姆林斯基生活的时代，科学技术的发展突飞猛进，苏联流行着“科技时代”、“数学时代”、“电子世纪”、“核子世纪”的说法，而苏霍姆林斯基则坚称，当今世界首先是“人的时代”、“人的世纪”，他进而预言，21世纪是人的个性全面和谐发展的世纪。

在《给教师的一百条建议》中，苏霍姆林斯基写道：“每个儿童就是一个完整的世界，没有重复，各有特色。如果这个世界显示在你的面前，如果你感觉到每个儿童都有个性，如果每个儿童的喜悦和苦恼都敲打着你的心，引起你的思考、关怀和担心，那你就勇敢地选择崇高的教师工作作为你的职业吧，你在其中能找到创造的喜悦。因为完美工作中的创造性，首先就是要认识人，了解人，对人的多面性和无穷尽性感到惊奇。”

苏霍姆林斯基认为，教育的责任就是“帮助每一个人打开眼界看到自己，使他看见、理解和感觉到自己身上的人类自豪感的火花，从而成为一个精神上坚强的人，成为维护自己尊严的不可战胜的战士……人的充分的表现，这既是社会的幸福，也是个人的幸福”。

“他的感情真挚而充沛，他的思想朴素而深刻，他的语言平易而精彩！让每一个从他身边走出去的人都能拥有自由舒展的心灵并幸福地度过自己的一生。这就是苏霍姆林斯基的教育追求。”——李镇西由衷地赞叹道。（《民主与教育》）

第四节 《民主与教育》——又一个里程碑

民主是个好东西。民主不是哪个国家的专利，而是人类发展的必由之路。

党的十八大报告提出了十二个词的社会主义核心价值观，民主居第二位。

应该说，从教以来，李镇西一直在自觉或不自觉地进行民主教育的探索，并取得了可喜的成效。1999 年出版的《走进心灵》一书，所用的副标题就是“民主教育手记”。而全面反映他的民主教育思想的，还是他的博士研究生毕业论文。

2004 年 3 月，李镇西的博士毕业论文《民主教育论》经过一番技术处理，以《民主与教育——一个中学教师对民主教育的思考》为书名公开出版了。这是李镇西教育行走的又一个里程碑，是李镇西教育理想主义思想的结晶，也是李镇西坚定不移推行民主教育的宣言书。

这是李镇西所有著作中理论色彩最强的一本书。但是，千万别以为理论色彩浓烈的东西就一定枯燥无味甚至佶屈聱牙，这本书尽管是用来呈上“大雅之堂”的博士论文，依旧带有浓重的“李镇西式”行文风格，亦即苏霍姆林斯基式的表达：用散文随笔式的语言写成，文字鲜活灵动，表述朴实生动，没有枯燥乏味的术语堆砌和居高临下的理论说教。

这本书浓缩了李镇西民主教育五个方面的思考：校园期盼“德先生”——民主教育与时代呼唤；激情中的沉思——民主教育与民主理论；“教育——这首先是人学!”——民主教育与教育原理；如同空气、阳光和水……——民主教育与民主修养；用民主培养民主——民主教育与教师素质。

他提出，社会主义民主教育的使命，正是为即将到来的“民主更加健全”的社会培养民主主体——具有民主精神的现代公民。社会主义民主政治呼之欲出，也使社会主义民主教育应运而生。他说：

> 作为未来共和国的公民，与民主社会相适应的平等观念、法治思想、人权意识、独立人格等民主精神，以及通过民主程序行使民主权利所需掌握的具体操作技术都是必不可少的。因此，今天我们就必须在民主的环境中培养民主精神，必须在民主教育的机制中培养民主精神，必须在民主教育的实践

中培养民主精神。(P13)

他认为，民主社会中人与人之间的关系是平等关系。教育者必须认识到，学生跟自己一样是具有独立人格和民主权利的公民，因此必须尊重学生，与他们保持人格上的平等。拥有平等意识才能避免不是做奴才的自卑便是做主子的自傲的两极思维，才能摒弃"一日为师终身为父"的陈腐观念，树立"吾爱吾师，我更爱真理"的师生平等观念。

在这本书中，李镇西向我们普及了许多有关民主政治、民主生活和民主教育的常识：

——民主的生活方式，意味着自由、平等、尊重、多元、宽容、妥协、协商、和平等观念，浸透于社会的每一个角落，体现于生活的每一个环节。(P49)

——讲民主必然讲法治，没有法治的民主必然是假民主。在这里，法治精神体现于宪法至上的观念、遵守法律的观念、权利与义务相统一的观念、依法监督行政权力机关的观念、依法维护自己的权利的观念，等等……法治国家不允许有任何一个人或者政党组织处于法律之上或者处于法律之外。(P54—55)

——我所理解的"民主教育"，是用"民主"去更新"教育"的内涵，即把专制的、不民主的或者说不充分民主的教育，改造成为适合现代民主社会需求的民主的教育。在具体的教育过程中，它除了指教育者应该具备的民主思想以及在教育过程中应该体现出的民主精神外，更多的还是教育者在教育过程中对学生所进行的一系列有关民主精神价值的教育——平等精神的教育、自由精神的教育、法治精神的教育、宽容精神的教育、妥协精神的教育以及权利与义务的教育、纪律与法制的教育等公民意识教育。(P64)

——如果说"民主政治"意味着"尊重"——对公民权利的尊重的话，那么民主教育仍然意味着"尊重"——尊重学生的人格、尊重学生的情感、尊重学生的思想、尊重学生的个性、尊重学生的差异、尊重学生的人权、尊重学生的创造力……当然，与此同时，也要教会学生尊重他人。(P64)

——民主教育是学生的主体性和教育的民主性二者的和谐统一：它把受教育权利还给每一个学生，同时把教育过程变成一种民主的生活方式，尊重学生的主体地位，使学生得以生动活泼、自由地发展，消除一切不平等地对待学生的现象，尊重学生的人格与权利，解放学生的主体性与创造性，为提高学生的民主意识和参与能力，发挥学生的主体作用创造最好的教育条件和

教育环境；更重要的是，在教育过程中培养学生的民主思想、民主精神，以民主的教育造就富于主体性的一代新人。(P66)

——民主教育的对立面：专制教育。

专制教育是“非人教育”

专制教育是“听话教育”

专制教育是“共性教育”

专制教育是“等级教育”

专制教育是“守旧教育”(P68—81)

——民主教育是充满爱心的教育

民主教育是尊重个性的教育

民主教育是追求自由的教育

民主教育是体现平等的教育

民主教育是重视法治的教育

民主教育是倡导宽容的教育

民主教育是讲究妥协的教育

民主教育是激发创造的教育（P102—120）

——唯有具备自由意识的学生，才能成为明天的公民；人人都拥有自由思想的社会，才是一个真正的民主社会；而由拥有自由心灵的公民组成的民族，将是一个永葆青春不可战胜的真正伟大的民族！(P216)

——要让我们的学生意识到：同在蓝天下，都是大写的人！人与人之间的智力、才能、学习成绩、性格特征、家庭经济情况等等存在着客观差别，但每个人的尊严和权利都是绝对相等的。平等只能在平等中培养——今天的教师如何对待学生，明天的学生就会如何去对待别人。(P204—205)

——真正的“知识分子”除了一般所要求的“文化水平”之外，还至少应该具备两个特征：第一，具有强烈的社会责任感；第二，具有独立人格和自由思想。真正的教师也应该如此。而具有民主素质的教师，更应该是理想主义者，应该具有推动社会民主进程的使命感。在中国，真正的教师理所应当地为中国走向“更加健全的民主”而贡献力量。(P248—249)

——我们的教育正在功利化、技术化、庸俗化。每一位教育者都在咬牙切齿地诅咒现在的教育，但每一位教育者（当然包括我在内）都在“助纣为虐”！(P249)

——在我看来，“教师是人类灵魂的工程师”这个命题至少包含三点谬误：第一，教师的灵魂肯定是比学生高尚（否则怎么可能当“灵魂的工程师”呢）；第二，学生的灵魂肯定不如教师（否则干吗还需要“灵魂工程师”呢）；第三，学生的“灵魂”是可以被“工程师”随心所欲地“塑造”的……传统教育习惯于把教师奉为道德圣人，但教师又不可能是道德圣人，于是，教育的虚伪就产生了……须知“人之初，性本善”，从某种意义上说，教育的过程并不是给学生外加“美好道德”而是让学生尽可能保持童心的过程。儿童的心灵比成人纯洁，这是不争的事实，无论是《皇帝的新衣》中的小男孩还是我们每天面对的学生（包括有缺点的学生），都已无可辩驳地证明了这一点。（P280—281）

——中国教育也的确需要一批乃至一代把教育当作事业而不仅是谋生饭碗的教育者。他们应该有直面现实的勇气，有超越苦难的精神，有披荆斩棘的双手，有遥望未来的眼睛；在他们的心中应该永远燃烧着教育理想主义之熊熊火炬！（P243）

——在今天的中国，需要什么样的理想的教育？我认为，需要一种把人当成人的教育！我们向往并为之奋斗的教育，应该是目中有“人”的教育，是充满人性、人情和人道的教育，是为了一切人全面发展的教育，是充满着民主精神、散发着科学芬芳、闪烁着个性光芒的教育！（P252）

……

《民主与教育》为我们做了关于民主的启蒙教育，告诉我们“民主是个好东西”的朴素真理，指引我们如何进行民主教育。作者站在社会发展、国家富强、人民幸福、民族复兴的“中国梦”的高度，实实在在地提出了实现中国梦的必经之路。

这本书告诉我们一个道理：“社会主义民主更加健全”的未来中国，一定会更美好。为伟大祖国的未来培养合格的公民，是每一个教育者义不容辞的责任。

第五节　民主启蒙——一堂班会课

从科研单位重返课堂，李镇西开始脚踏实地试水他的“民主教育”理想——

2004 年 9 月 18 日上午最后一节课。

昨天我就给学生们说过，这堂班会课的内容是制定班规。于是有的学生以为今天要制定出班规。说实话，如果要弄个班规是很容易的，但如果这个班规不是来自学生而仅仅是来自老师，这样的班规是不会真正起到应有的作用的；而且我还认为，制定班规的过程应该成为民主启蒙的过程。

因此，一上课我便说："昨天我说了，我们班一直缺个东西，就是班规。今天我们就来讨论一下这个问题。我有三个问题要问大家，请大家一定要实话实说！第一个问题：同学们是不是真的想我们班以后成为一个优秀的班集体?"

我话音未落，同学们已经纷纷点头并说："当然想!"

这在我意料之中，谁不愿意生活在一个美好的班集体中呢?

但这个问题一定要问，因为这是让学生们明确我们共同的目标：建设优秀的班集体!

这个问题潜在着一个答案：制定班规正是达到这一理想的必经之路。

但我没有一步到位地说出来，而是一步一步地引导者学生："好！我也和你们一样，希望我们班成为优秀的班集体！但是，我们在建设班集体的过程中，肯定会遇到很多困难，包括我们会犯各种各样的错误，这些都妨碍着我们实现自己的目标，怎么办呢？所以李老师想问的第二个问题是：你们是不是真的觉得应该制定班规？——这个问题不要急于回答，一定要想想再回答，不要揣摩李老师的意愿为了让李老师高兴而说违心的话。"

同学们真的还想了想，然后纷纷说："应该制定!"

我说："究竟有多少人同意呢？这样吧，凡是觉得有制定班规的必要性的同学，请把手举起来!"

一只只手臂举了起来，我一看，显然是绝大多数。

我又说："有没有不同意的，也请把手举起来！——反对的同学不要有什么顾虑，我最愿意看到同学们能够勇敢地真实表达自己的意思!"

有的同学说出了不同意制定班规的意见。

班级里展开了和风细雨的讨论，统一了认识，但允许个别同学保留自己的看法。

我说："我们只能少数服从多数，制定!"但我同时补充了一句："我们也尊重刘陵同学的意见。"我特别强调："民主有两个原则：行动上，少数服从多数；精神上，多数尊重少数。"

在讨论中，有学生说到"家有家规"，李镇西马上借题发挥："你们把我们班比作家，非常好。但我要问：这个家谁是家长?"

学生齐声说："李老师!"也有学生补充："还有王老师!"

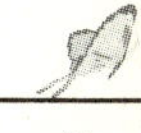

我笑了，但斩钉截铁地说："大错特错！"

学生一愣。我接着说："我们班集体的每一个成员都是平等的，包括李老师和王老师都是这个班集体中平等的一员！我和你们不是父子关系，而是朋友关系。我们一起建设班集体，共同追求我们的理想。在中国传统的观念里，家长是一家之主，他的话是至高无上的。如果我是家长，那这个班的一切都由我说了算，我岂不是成了皇帝！对了，在封建社会里，皇帝把整个天下都当成他的家，所谓'家天下'嘛！他成了这个家的家长，因此专制便是很自然的了。而在我们班，不允许有'皇帝'存在！"

稍停顿了一下，我接着说："你们说我是家长，这里面隐藏着一个观念，认为这个班都靠李老师了。不，我要说，总统是靠不住的，李老师也靠不住。同学们千万不要把这个班的兴衰都寄托于一个人的身上，无论这个人是李老师还是王老师。我们要把希望寄托于制度，也就是我们即将制定的班规。如果一定要说这个班有家长的话，那么这个家长应该是体现我们集体意志集体意识的制度，就是班规。我们不服从于任何人，只服从班规；班规制约着每一个人，包括李老师！"

学生们都很惊讶于我的观点，没有一个人说话，教室里都很安静。但从他们认真聆听的神态中，我知道至少大多数学生理解了我的观点。

我向学生提到第三个问题："这个班规由谁制定？"

这次学生们的回答让我满意："由我们自己制定！"

"非常好！"我赞叹道："班规是应该由同学们制定，而且是每一个人参与制定，注意是'每一个人'，而不仅仅是班干部！李老师当然也要参与制定，但我主要是和大家讨论班规制定的原则。"

我继续引导大家："我们的班规制定应该遵循怎样的原则呢？"

学生们面面相觑，显然没有想过这个问题。我只好说："我先谈谈我的想法，供同学们参考。我想，班规制定是不是应该遵循这样三个原则，第一，广泛性。"

同学们对我的说法好像不太理解，眼睛里充满了迷惑。我展开解释说："就是说，这个班规应该尽可能穷尽我们同学们和老师今后可能发生的任何违纪现象。"

我接着说："第二个原则是，可行性。就是说我们的班规制定出来后，要能够落实而不是一纸空文。要做到可行性，我想是不是有这些要求，首先是班规的条文应该是对行为的约束，而不是思想道德的提倡。也就是说，班规只管行为，也只有行为我们才能约束。"

我继续说："但这样还不能算有可行性。因为有一点没有作出规定：违反班规了怎么办，也就是说需不需要惩罚？"

同学们齐声说："需要！"

我紧接着问："怎样惩罚？"

有同学说："罚做清洁！"有同学说："罚抄作业！"有的同学说："罚款！"

我说："劳动是光荣的，怎么成了惩罚呢？罚抄作业我也不同意，学习应该是愉快的。至于罚款我更反对，又不是你们的钱，是家长的钱，怎么你犯了错误居然要罚家长的款呢？"

学生们没辙了。他们望着我，似乎在问："那您说怎么办？"

我说："和同学们一样，我也主张应该惩罚，没有惩罚的教育是不完整的教育。但我要说的是，惩罚不等于体罚！我想，我们的惩罚措施能不能既有精神的，也有行动？前者比如如果犯了错误，就让他给大家表演一个节目，给大家带来一些愉快，以表达他的歉意；后者比如如果谁做清洁卫生不认真，可以规定他必须重新做！你没有做好，让你重做一遍，这是理所当然的呀！前几天我看有的小组做卫生就不太认真，但没有叫他们重做，因为还没有班规嘛！现在我们就要作出这样的规定。这就是我理解的惩罚。"

学生们纷纷说："可以。""应该这样。"

我继续引导："但是这样还不具备彻底的可行性，因为由谁来监督执行没有明确。我们国家的法律，专门由司法部门执行，但班规的每一条由谁执行？"

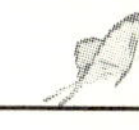

我说："因此，班规上除了规定哪一条由哪一个执行之外，还得写上由谁监督！"

同学们马上便问我："那个监督同学不负责任怎么办？"

我说："我们定期——比如一周或一个月或半学期举行民主评议，评议每一条班规的执行情况，特别是评议执行者和监督者的表现。我们的制度要把每一个人——包括李老师——都置于监督之中！"

我开始给学生说最后一条原则："我们制定班规，除了尽量做到广泛性和可行性，还有最后一条原则：约束性，即同学之间和师生之间的互相约束。也就是说，这个班规不是班干部和老师拿来管同学的，而应该约束每一个人！我特别要强调的是，这个班规必须有对班主任的约束。"

同学们又一次没有想到我会这样说。我耐心地解释道："对于一个国家来说，任何一个公民——包括总统都必须守法，这是常识。对于一个班集体来说，任何一个成员包括老师都必须遵守共同制定的班规，这也应该是常识。因为李老师也会犯错误。如果你们不通过班规制约我，我会肆无忌惮地犯许多错误呢！比如，过去李老师做班主任是从不拖堂的，从来都按时下课，但开学以来，我已经拖堂好几次了，为什么？我们还没有班规嘛！同学们还没有从制度上对我提出规定嘛！因此我拖堂也不算违规。但如果以后班规作出了不许拖堂的规定，我就不会，不，是‘不敢’拖堂！再说了，班规对老师的制约并不是为难老师，而是帮老师改进工作。”

最后我说：“关于制定班规的原则，我就说这么多，同学们不同意也不要紧，你们也可以谈谈你们的想法。”

同学们说：“我们同意李老师说的几条原则！”

我说：“那好！那我今天的最后一个问题是：这个班规谁来制定？”

“我们制定！”同学们大声说。

“对的，是你们！但是，”我说，“所谓‘你们’应该是指你们每一个人！而不仅仅是班干部。这几天同学们可以继续思考或者打草稿，军训结束紧接着是国庆七天大假，你们就开始制定班规。国庆后回到学校，请每一个同学交一份班规！”

同学们很惊讶，认为制定班规怎么会花这么长的时间。

我说：“制定班规是一件非常严肃的事。如果老师匆匆抛出一份班规让大家照着做，效率是很高，但这样的班规多半不能兑现。我们还是多花一些时间好。过了国庆，我们请班干部将每一个同学制定的班规进行整理综合，提出一份草案，大家再来修改。最后，我们将以无记名投票的方式对班规进行表决。如果通过了，就执行；如果没有通过，我们重新制定！总之，这是大家的事，一定要严肃认真！”

同学们都表示同意。

下课的音乐声响了，我简单总结道：“这份班规是我们班的‘法律’，而法律面前，人人是平等的。李老师多次说过，总统是靠不住的，班主任也是靠不住的，只有集体的智慧和意志，以及体现这智慧和意志的制度，也就是班规，才能保证我们班逐步成为一个优秀的班集体！而在这过程中，同学们在成长，李老师也将和你们一起成长！”

下课后，不少同学都对我说，原以为班规就是一开学老师给大家提几条，然后叫大家照着做——以前初中就是这样的；没有想到，制定班规还有这么大讲究。他们觉得这班规真正是同学们自己制定的。

不仅仅出台一纸班规，而更着眼于学生自我教育和自我管理意识的唤醒与能力的培养；不仅仅让学生遵规守纪，更着眼于我和学生的共同成长；不仅仅达到民主管理的结果，而更着眼于民主教育——把班规制定的过程同时变成对学生进行民主精神启蒙和民主实践训练的过程……（《心灵写诗》）

制定一个班规，居然如此劳神费力，大费周章，而且旷日持久——李镇西这样的做法，也许让许多人不能接受。但是且慢，在一个对“民主”二字感到陌生的族群，要普及民主知识，要培养民主精神，确实还离不开这样循循善诱、不厌其烦的启蒙教育。民主意识和民主精神，只能在民主的氛围中培养。李镇西确实用心良苦。

唐云增先生在读到李镇西的这一篇教育手记的时候，禁不住击节赞叹：“李镇西老师用现代的眼光，现代的治理国家的手段来培养学生，那么，他的学生们的思想将会在国家倡导的民主浪潮中经得起磨练与考验。”但是，现实是不容乐观的，甚至是令人沮丧的：“然而，我们从我国班级教育的现实来看，不得不承认，当前我国学校教育中，常常是以班主任的经验为主，以班主任的情绪为主。班主任在口头上也讲以人为本、主体精神、个性发展、科学精神、民主观念，在许多文章中也不陌生。但是，这些现代教育理念并没有在我们的班级教育、班级生活中实践，只是浮于表面，流于形式，使得这些最具基础性、根基性的班级教育、班级生活缺少 21 世纪应有的时代状态。”（《班主任工作的成功之路》）

正因为如此，李镇西的民主教育探索，在当代中国教育中才显得那样璀璨夺目，难能可贵。值得欣慰的是，现在已经有越来越多的教育者受到李镇西的影响，他们高举民主教育的大旗，踏踏实实地为未来“民主更加健全”的中国培养合格公民。

第六节　民主训练——班规面前人人平等

李镇西进行民主教育的实践，除了真正意义上的以人为本，尊重每一个学生外，最大的亮点就是民主治班。他把班级管理权交给全体学生，班主任和全班学生一起通过民主的方式制定班规，班规面前人人平等，班主任也必须接受班规约束，班主任和班干部的权力被真正“关进笼子里”。一纸班规，字字千钧，力透纸背，浓缩了民主与法治的基本精神。

他经常出差在外，一走就是三天五天甚至十天半月，班级管理却井井有条。甚至很多时候，科任老师都不知道这些天班主任居然不在学校。他是如何做到的呢？就是班级的民主管理。

李镇西对此颇为自得。他说："应该说，我的班级民主管理的实践是成功的。在我的班上，平等意识深入人心，学生们的确很尊敬我，但决不是对我顶礼膜拜，更不会把我说的每一句话当作'绝对真理'；相反，他们常常同我争论，而且不少时候是他们正确的意见说服了我。我班的班委干部也决没有高人一等的'官念'；相反，由于他们是同学投票选举而不是我'委任'的，因此他们深知自己的权力是同学赋予的，也只能用于为同学服务，而且定期投信任票，也使他们实实在在地感到自己的一言一行无不受着同学们的监督，自己的'位置'是否'稳当'也完全由同学们决定，因而唯有真诚勤恳当好同学的'公仆'方能受到同学们的拥戴。在这样的民主机制中，班主任和学生具有同等的义务，学生和班主任都有同等的权利。在我们的集体中，谁都有义不容辞的一份责任，但谁都没有《班规》以外的特权。"（《民主与教育》）

在盐道街中学外语学校，李镇西博士更加旗帜鲜明地开展民主教育，他的教育成果，浓缩为两大本的《心灵写诗》。

2004 年 8 月 30 日，开学第一天，他向每一位新同学赠送了一本《爱心与教育》，书中还附了一封信作为见面礼。他在信中主动请求全班同学"按书中的李老师监督眼前的李老师，看李老师是不是真的爱学生"，主动把班主任的"权力"放在阳光下，关进"笼子里"。

而班级管理的重头戏，还是民主制定班规。班规的内容包括：民主选举坚强有力的班委会的选举制度；建立能实行当家作主的民主决策的班委会例会制度；建立让每个学生在集体中都有岗位有责任的民主管理制度；建立班干部培养制度；建立由学生表扬和监督班干部的干部评议制度；建立民主评优制度，定期评选优秀学生、班干部制度；等等。对班、团干部和班主任，都有切实可行的详尽措施进行约束。其中约束班主任的条款有 7 条——

46. 尽量做到不主观武断，若错批评同学一次，罚款（交班费）10 元。此项由班长监督执行。

47. 不得未经同学同意而占用自习课讲语文，违者独自扫教室一次并罚款 10 元。此项由班长监督执行。

48. 上课不得无故迟到（上课音乐结束为准），违者在班上唱一支歌。此项由班长监督执行。

49. 按时下课，特殊情况拖堂不得超过一分钟。违者在班上唱一支歌。此项由班长监督执行。

50. 用不文明语言侮辱同学的人格，必须向有关同学公开道歉，并罚款10元。此项由班长监督执行。

51. 批评同学应尽量态度平和，不得经常对同学们大发雷霆。每月向全班同学发火超过一次，扫教室一次。此项由班长监督执行。

52. 每期全班对班主任进行评议，并投信任票。评议不合格，或信任票未获半数，将通报学校并要求撤换班主任。此项由班长监督执行。

班规正式施行不久，李镇西就因向学生发火而触犯班规。第二天早自习，班长在黑板上大书："李老师昨日发火，罚扫教室一天!"李镇西老老实实接受处罚，一个人把教室打扫得干干净净。第二天一早他做早扫除，让教室卫生评比得了满分10分。孩子们心灵受到深深的震撼，对李老师赞不绝口。李镇西抓住机会进行民主启蒙教育：

在下午的班会课上，我真诚地对全班同学说："纪律面前，人人平等。既然同学们违纪都应该受罚，为什么老师可以例外？这与'高尚'丝毫不沾边!"（《做最好的班主任》）

这是为了维护班规的严肃性、权威性和公平性，彰显"班规面前人人平等"的法治观念。这是真正在民主的环境中培养民主精神，在民主的机制中培养民主精神，在民主的实践中培养民主精神。

毋庸讳言，李镇西的探索是成功的。在民主教育的环境中成长起来的学生，已经具备初步的民主意识，内心深处开放着美丽的民主精神之花。他们是未来民主社会的火种，完全可能成为未来公民社会的合格公民。

"九州生气恃风雷，万马齐喑究可哀。我劝天公重抖擞，不拘一格降人才!"在中国的民主化进程中，在走向伟大民族复兴的道路上，我们期待成千上万李镇西式的富有人本情怀、自由思想、民主精神、独立人格的教师出现。什么时候，民主教育成为所有学校的普适价值，成为所有教育者的自觉行为，中国教育就真正有希望了，中华民族的伟大复兴也就为期不远了。

第三部分◆◆◆

做苏霍姆林斯基式的语文教师

语文是人生的第一工具。语文的作用又远远不只是工具。

语文，还是培育精神、涵养气质、培养情操、塑造人格的重要途径。

李镇西追随苏霍姆林斯基等教育先哲，逆着潮流勇敢搏击，高举“民主、科学、个性”的旗帜，蔑视浮躁，拒绝虚伪，坚持真理，廓清谬误，为语文教育趟出了一条全新的路子。

第一章　语文课堂现状批判

第一节　为什么要学语文

中小学为什么要开设语文课？中小学生为什么要学习语文？语文课是一门什么样的课？这是存在于许多人心中的疑问，就连一些语文老师都说不出个子丑寅卯来。

中华人民共和国成立后的前30年，政治运动风风雨雨，有许许多多的人因言获罪，因文获罪，“文化大革命”更是将语文的原罪推衍到登峰造极，人们谈文色变，语文教育走入困境。相对而言，理工科要安全得多（当然也难逃“走白专道路”之嫌）。拨乱反正以后，语文课重新受到重视，但是冰冻三尺非一日之寒，在一些学校，向学生灌输的仍然是“学会数理化，走遍天下都不怕”，对语文却是爱理不理，甚至嗤之以鼻，把文科视为“瘟科”。如果不是高考必须考语文，也许会有为数不少的学校砍掉这门学科。为什么要学语文这个问题，老师欲说还休，学生云遮雾罩，大家便姑妄言之姑听之，姑妄教之姑学之。教师既然昏昏，学生又如何昭昭！

“语文”最早称“国文”。1905年，清朝废除科举，开办新学。当时的课程以至教材，都是从西方引进的，只有语文一科，教授的仍是历代文言文，当时称为“国文课”。五四运动爆发以后，提倡白话文，反对文言文，国文课受到了冲击，小学于是改设“国语”，教材具有鲜明的口语特点，选用的都是白话短文或儿歌、故事等。中学仍设国文课，白话文的比重也明显增加，选用了鲁迅、叶圣陶、冰心等新文学作家的作品。在20世纪30年代后期，叶圣陶、夏丏尊等人提出了“语文”的概念，并尝试编写新的语文教材，可惜因抗战全面爆发而被迫终止。新中国成立后，叶圣陶先生再次提出将“国语”和“国文”合二为一，改称“语文”。这一建议被华北政府教育

机关采纳，随后推向全国。从此，“语文”成了中小学的一门主课。

进入21世纪，语文该叫“语文”还是“国文”的争论再度激烈起来。经过从20世纪上半叶开始的将近百年的语言文字改革，无论新中国成立前的汉字“拉丁化”，还是新中国成立后的“拼音化”，都无疾而终。这得力于汉语言文字和汉语言文化本身的力量，说白了这就是母语的力量。这种力量之强大，任何行政的手段和人为的努力都难以撼动。法国著名作家都德在他脍炙人口的短篇小说《最后一课》中，借用韩麦尔先生之口，表明了母语的重要性：“我们必须把它记在心里，永远别忘了它，亡了国当了奴隶的人民，只要牢牢记住他们的语言，就好像拿着一把打开监狱大门的钥匙。”

近年来，不少有识之士建言，应该把毫无个性特色的“语文”，改回“国语”或“国文”。这不只是语词更换，是对母语的尊重和民族标记的认同。

讨论还在继续，当局暂无回应。而语文作为一门基础学科，在所有学科中当仁不让排在首位，是基础的基础，其重要性不言而喻。1922年，叶圣陶先生在《小学国文教授的诸问题》中提出：“第一、须认定国文是儿童所需的学科……第二、须认定国文是发展儿童的心灵的学科。文字所以表声音，声音所以达情思，那是人人知道的。没有情思，就没有发出声音的必要，更何况文字。可见情思为声音的泉源，而文字为声音的符号。”因此，1922年制定的新学制课程标准纲要，就明确提出小学国文教学的目的之一是“涵养感情德性，启发想象思想，引起读书兴趣，建立进修国文的良好基础，培养能达己意的表达能力”。

80多年后，李镇西又进一步发展、完善并提升了叶圣陶当年对语文教育的定位：“是一门解放心灵、唤醒自我、发展个性的‘人学’!”

语文学科不仅培养阅读能力、写作能力、审美能力和思考能力，同时还培养道德情操，帮助树立人生观、世界观，是地地道道的“人学”。一个人无论从事什么职业，如果语文功底扎实，就会腹有诗书气自华；假如语文根底不深，再高深的见解，再高明的发明创造，都无法流畅表达。

著名中学语文特级教师于漪老师指出：“中学语文教育领域是一个充满艰辛也充满希望的领域。说其艰辛，是因为关系到学生素质的培养。如果语文能力的培养是纯技术性、纯技巧性的，那只要反复操练就可取得显著效果。然而，语言文字毕竟不是僵死的符号，它负载着人的思想、情感、意识、心灵，是活生生的，有灵魂、有生命力的。语言、思想、情感是同时发生的，语言不仅仅是载体．实质上它就是意识、思维、心灵、人格的组成部分———个认识水平低下、孤陋寡闻、缺少文化教养的人，不可能具备很强的语文能力，很高的语文水平。”（转引自李镇西《从批判走向建设——语文教育手记·序》）

原教育部新闻发言人、现任语文出版社社长王旭明提出：“语文是影响人一生的重要课程，是学习其他学科的基础，关乎人的精神成长。在古代，自汉语诞生之时起，语文教育就随之产生。古代教育家孔子教学生‘德行、言语、政事、文学’，‘言语’和‘文学’实际已经相当于语文教育的内容。经过千百年的积淀，古代语文教育留下了许多宝贵的思想和经验，是中华民族五千年灿烂文明的一部分。到了近现代，叶圣陶、吕叔湘、张志公等语文前辈的教育思想精髓对我们也有很多启示。叶圣陶先生在《认真学习语文》中告诉我们：‘学习语文还可以养成想得精密的习惯，理解人家的意思务求理解得透彻，表达自己的意思务求表达得准确；还有培养品德的好处，如培养严肃认真、一丝不苟的态度等，这样看来，学习语文的意义更大了，对于从事工作和培养品德都有好处。’”（王旭明新浪博客《这个时代需要真语文》）

引导学生学好语文，是每一个语文教师的天职；语文作为基础之基础，又是每一个学生必须掌握的利器。南京大学中文系教授王彬彬说：“我一向关注中小学语文教育。我认为，一个孩子能否成长为一个合格的公民，与他小学和中学阶段遇上怎样的语文老师、接受怎样的语文教育大有关系。”（《南方周末》2014年5月22日第27版）

第二节　语文教育现状批判

当了30多年的中学语文教师，从初中一年级到高中三年级的语文教材，李镇西都“跑”了几个来回，跟国内众多的语文教育方家有着密切的交流、碰撞，随时站在全局的高度审视整个语文教育，因此对语文教育最有发言权。总的说来，他对中学语文教育的现状是不满意的，而且非常不满意！

他把批判的“手术刀”伸向了整个语文教育体系，从学与用脱节的教育思想、肢解课文的阅读教学、教人说假话的作文教学、把学生当敌人对付的考试制度到参差不齐的教师素质、令人揪心的学生满意度，都作了毫不留情的解剖，有如金庸笔下的武林高手，刀刀见血，拳拳到肉，把语文教育的种种弊端揭露出来。

当然，他的批判是为了建设。几十年的教育实践，他一直坚守“真语文”和“大语文”的教育，与“应试语文”展开了不屈不挠的斗争，并把自己的实践和思考写成文章，变成铅字，希望通过这些文字，找到志同道合的“战友”，并影响到更多还在黑暗中摸索的语文老师，大家一起来打破铁屋，拯救语文教育。

1998年，李镇西的《爱心与教育》出版后，读者来信雪片般飞来。其中，成都市一封未署名的中学生来信引起他的特别注意。这位落款“一位12点钟还在奋笔的学子”在信中写道：

要知道，我和许多同学对现在的语文课有多么失望，而在这种令人失望的语文教学影响下，多少学生的心灵正受到摧残啊！

从初中到高中的语文学习，我真不知道我是在学什么。好像什么都学了，又好像什么都没学。我甚至觉得自己是在浪费青春。一天天只是背呀背，真想把书烧了，可一想到升学压力，又不得不硬着头皮学。有时我又想，管他的！宁肯不考大学也不受这个罪！宁为玉碎，不为瓦全！

现在学语文真是一件苦差事！语文学习无非就是一个“记”字，特别是字、词、句型、文言词语、通假字、作家作品等等。这个“记”字使我感到头疼，尽管我平时努力克服困难，尽量去记，但效果仍不明显，尤其是写作文，我更感到特别难，像刀架在脖子上似的，只好一个词一个词地拼凑出来。很多老师的语文课完全是为了应付考试，把教参答案作为标准答案，评讲作业时，不允许学生有自己的思考，只要背答案要点就行了。我不明白：难道将课文背得滚瓜烂熟，高考就能得150分，作文就能笔下生辉吗？事实上，我们考试时遇到一些稍微灵活点的题，就束手无策了。

多么希望来一场彻底改革语文教学的暴风雨啊！

这封来信，使李镇西明白了一个非常朴素的道理：语文教学为什么应该改革？——不就是为了我们每天面对的学生吗？

他自然而然地想到了两次调查。

1990年秋季，他在乐山一中116名高一新生中作过一次关于语文课兴趣的调查。结果显示，明确表示对语文课兴趣浓厚的有14人，占11.67%；兴趣一般的有45人，占37.5%；没有兴趣的有61人，占50.8%。这是非常令人吃惊的结果：喜欢语文课的学生只占极少数，超过半数的学生对语文课没兴趣！

1999年，李镇西通过一些语文教育界同行，分别在四川省内一些省重点中学、普通中学、省会城市中学、郊县农村中学对1026名高一学生进行了无记名调查，调查的题目只有两个：1. 你是否喜欢上语文课？2. 对语文教学现状的看法？统计结果表明：喜欢上语文课的占15.6％，无所谓喜欢不喜欢的占52.8％，明确表示不喜欢上语文课的占31.6％。

时隔九年，两次调查的结果大同小异，令人悲摧。这两次调查揭示了一个令人尴尬的现实，我们中小学的语文教育，总体上是失败的！语文课，是不怎么受学生待见的！

语文课不受欢迎，语文老师们内心的尴尬与痛苦，也是难以言说的。一位年轻的高中语文老师这样抱怨道："从我第一天当老师起，我就感觉到传统语文教学模式的僵化，直接导致学生对语文的轻视。那么多年下来，深感语文教师在高考指挥棒下的无奈与无力，教师中甚至流传着这样的段子：'上辈子杀了猪，这辈子来教书；上辈子杀了人，这辈子教语文！'"

历史悠久、博大精深、美轮美奂的汉语言文化，在当代中国的中小学课堂遭遇前所未有的尴尬。这种尴尬，主要来自曾经流行的"伪圣化"和逐渐盛行起来的"语文技术主义"，根源还是应试教育。程式化的作者介绍、时代背景、中心思想、段落大意、考试要点、标准答案等几乎千篇一律，一切以教参为准，老师和学生都成了没有自主意识的机器。这种目中无人的专制的语文教育，远离学生的心灵，扼杀学生的创造精神，把许多优美的课文肢解得七零八落，语文课的美学价值不得不让位于应付考试的死记硬背……断章取义，肢解美文，好比燕太子丹斩美人手送给荆轲，把启迪智慧，涵育美感，培养人文情怀的语文课堂搞得不伦不类，教我们的孩子们如何去爱语文？就连李镇西这样能够把语文课上得文采飞扬，调动满堂学生群情振奋的优秀语文教师，常常都不得不面对这样的尴尬而大伤脑筋。

仅举一例：

对于"上面"统一订购的形形色色的单元检测题、基础训练题、模拟考试卷等，如果没有"标准答案"，我是不敢给学生评讲的。这倒不是说我自己不愿意老老实实地把有关试题认真做一遍，而是不少题我根本就做不起：像"恣睢"之类的"词语解释"，像"《济南的冬天》选自什么集子"之类的"文学常识"，还有许多似是而非的阅读理解题，等等。但做不起还得照"标准答案"给学生评讲，因为"上面"要考这些东西呀！如此"以其昏昏，使人昭昭"已不仅仅让我感到尴尬，更让我感到难受。(《从批判走向建设·引言》)

李镇西会“感到尴尬”，“感到难受”，其他所有具有责任心和使命感的语文教师们，感受又该如何？芦苇在枫叶荻花的瑟瑟秋风中思索，李镇西在语文教育的尴尬面前思索——

回想当年我自己的语文学习，无非就是多读多写，哪有那么多的“方法”、“技巧”？对比现在学生的语文学习，我又不禁思索：学生应该读什么？（仅仅是课文吗？）学生应该写什么？（仅仅是教师命题吗？）阅读量应该有多少？（仅仅限于教材篇目吗？）写作量又应该有多少？（仅仅限于课堂作文吗？）学生该怎样读？（是不是非要“受教育”不可？）学生又该怎样写？（是不是非要写“托物咏志”或“借景抒情”的杨朔式散文不可？）……对这些疑问，我现在还谈不上有什么“标准答案”，但是有一点是明确的，那就是教师应该随时设身处地把自己当成一个学生，结合自己当年学习语文的切身感受来把握语文教学的特点和规律。（《从批判走向建设·引言》）

第三节　语文课堂应该像苏霍姆林斯基那样精彩

语文教育的现状必须改变，语文教育必须改革！

在改革开放 30 年之际，李镇西以满腔的热情，热切呼唤语文教育的第二次革命。他呼唤语文教育面向新的时代，面向新的世纪，面向新一代思维更加活跃、心灵更加色彩斑斓的青少年，不仅仅传授知识、培养能力，更要注重人文熏陶和人格培养。

他非常赞成于漪老师的话：“倘若语文教学再不改革，我们对不起学生，对不起家长，也愧对民族，愧对祖国，要负历史的责任！”

遥想当年，苏霍姆林斯基在帕夫雷什中学，一以贯之的是以学生为主体的教育，语文教育更是如此。他经常带着孩子们来到野外，在跟大自然的亲密接触中观察世界，了解世界，描写自然。他在森林里、小湖畔给孩子们讲述美丽的童话故事，他用孩子的眼光去观察，用孩子的头脑去思考，用孩子的语言去讲述，思想跟孩子们的思想一起燃烧——他的课堂因之生动而精彩。

在布置孩子们写作文的时候，苏霍姆林斯基也要写同题作文，无论何种文体。他的作文流淌着激情，燃烧着思想，跳跃着童心，飞扬着文采，无形中成了孩子们最好的范文。

他强调师生通过教学有效地传授和获取知识。认为只有掌握知识的人才是一个真正幸福的人；他坚决反对那种只给知识，不重视发展智力的教学。他说："教师把事先准备好的种种原理、结论和推理一股脑儿塞进儿童的脑子，往往不让儿童有可能哪怕接触一下思维和活的言语的源泉，这就捆住了他们的幻想、想象力和创造力的翅膀。孩子就会由富有朝气的、积极的、活跃的人变成仿佛专门用于背诵的机器。"因此，他要求教师要善于激发学生的求知欲，讲课力求生动、形象、有趣，反对"满堂灌"，引导学生积极思考，"真正的学校是一个积极思考的王国"，并用分数去鼓励他们，使学生体验到通过学习取得成绩的快乐。

时代不同，国度不同，但在对语文教育的目标追求上，李镇西跟苏霍姆林斯基却高度一致。李镇西认为，语文教育也应该强化素质教育，应该成为真正目中有人的教育："着眼于使学生具备高尚的人格、开放的思想、全面的能力和鲜明的个性，应是语文素质教育的重要内容，也是其主要目的。"

李镇西进一步提出，在语文素质教育中，语文教师应该具备高度的民主素养和真诚的人道主义情怀，发自内心地尊重每一位学生的心灵世界，在语文教学中把学生视为与自己一起探求新知、追求真理的志同道合的同志与朋友。

综合考察国内诸多成功的语文教师的教改实践，李镇西发现，不管采用什么语文教学方法或模式，凡成功的语文素质教育，无不体现着民主、科学与个性的教育精神。语文素质教育中的民主，是指语文课堂必须面向每一个学生——"让每一个学生都抬起头来走路"（苏霍姆林斯基语）；语文素质教育的科学，就是指语文教学应符合语文自身的学科规律，同时又符合学生学习语文的认识规律，"'教'都是为了达到用不着'教'"（叶圣陶语）；语文素质教育中的个性，指的是尊重"每个人的自由发展"，培养创新能力。学校不是工厂，学生不是产品；工厂产出标准化的产品，是其生产的成功；而学校若培养出模式化的"人才"，却是教育的失败！

站在世纪之交的大门口，李镇西满怀憧憬：

我只是一个普通的语文教育工作者，长期置身于中学语文教学第一线，显然不具备高瞻远瞩的战略眼光和高屋建瓴的理论思维，因而难以从宏观上对语文教育改革提出什么方略大计。但是，也正因为我身处基层，所以我不但能够从我周围的老师、我的学生及其家长的眼光中，感到他们对素质教育的期盼，而且，我能够从自己远谈不上成熟但绝非毫无意义的语文教改探索中，坚信在日常语文教学中进行素质教育是完全可行的。（《从批判走向建设·引言》）

第二章　从语文教学到语文教育

每当接手一个新的班级，第一节语文课的开场白，李镇西总会这样告诉孩子们：从今天起我就是你们的语文老师；但是我不是来教语文的，我是来教大家学语文的。

他把语文教育当成人格培养的重要渠道。

他一直致力于生活化的语文教育。

他的语文课堂始终坚持了民主、平等与尊重。

他的语文教育目标明确：教会学生学语文——引领学生找到学习语文的方法和乐趣，引导学生感受汉语言文化的无穷魅力，帮助学生得心应手进行阅读、欣赏和写作，让语文不仅成为人生的第一工具，而且成为重要的精神需要。

他的语文课堂丰富多彩：上课的地点可以在教室，也可以走出教室。花园里、小河边、树林中、乡村田野，到处都可以成为他跟学生一起挥洒激情、享受语文的课堂。一组他在油菜花地里上语文课的彩色照片，让多少人心驰神往：金黄的油菜花、绿油油的油菜叶、脚下褐色的沃土、远处的民居等自然景物衬托下，李镇西手拿书本忘情开讲，一群可爱的孩子散坐在地上，听得如痴如醉……

从教三十多年以来，身为语文老师的李镇西，他的语文课没有一堂不精彩。即使是同样的课文，也没有一课的上法是重复的。观摩过李镇西上课的一些老师们称他为“语文教学的大师”、“课堂艺术家”。李镇西的学生们说，听了李老师的语文课，想不喜欢语文都不行了。

李镇西说，举重若轻，行云流水，这八个字一直是他追求的语文教学的课堂效果。因此，他一直在探索，一直在改进，永不重复自己，把语文课上出了真正的语文的味道。李镇西在小结自己的语文教育之路时，有过一段这样的表述：

我的语文教育，经历了从“语文教学”到“语文教育”，再从“语文素质教育”到“语文民主教育”的过程。如果再细细切割，大致可以分为“浪漫语文”—“训练语文”—“生活语文”—“创造语文”—“人格语文”—“民主语文”等若干阶段。需要特别指出的是，后一阶段对前一阶段不是简单的否定与取代，而是包容与覆盖。(《李镇西语文教育札记》)

第一节　“浪漫语文”

李镇西的“浪漫语文”课堂，是在他刚刚大学毕业参加工作，文学梦方兴未艾的那段时间。

参加工作之初的李镇西老师，骨子里还是一个文学青年，而语文教学不过是他热爱文学、展示文学的一种方式而已，所谓“把文学梦托付给教育”。因此他早期的语文课堂充满了文学的浪漫：纯真、激情、梦幻、诗意……他的课一开始对学生就有一种吸引力，这种吸引力其实不是来自他本人的教学艺术而是文学本身的魅力。在他的课堂上飞扬着激情，因为他追求对学生的心灵激荡。不仅仅是课本上的课文，还有大量的课外读物，都成为他的语文教材，包括长篇小说：《青春万岁》《爱的教育》《烈火金刚》……“浪漫语文”是他语文教学的起点，却永远都不会是终点。直到现在李老师依然认为，离开了浪漫气息的语文不是完整的语文。

第二节　“训练语文”

当“片面追求升学率”的狂潮袭来，李镇西的浪漫语文不可避免地受到冲击。他自己也清醒地认识到，语文教学不仅仅是让学生获得梦幻般的享受，还应该帮助他们掌握语言文字的工具，“学以致用”。他开始重视思维训练，狠抓口语练习，以此带动听说读写能力的全面提高。

听说读写四大能力，构成了学生语文能力的系统，必须在思维能力的统率下，经过科学训练，才能稳步提高。他以口语表达的训练为突破口，以带动其他语文能力的训练与提高：以说促想，以说练听，以说带读，以说助写。

从 1984 年到 1987 年，李镇西在他的好朋友、时任乐山市教育科学研究所语文教研员唐建新的大力支持下，开展了为期三年的“以思维训练为中心，以口语训练为突破口，促进听说读写语文能力的全面提高”为课题的语文教改实践，并取得了非常显著的成效。

第三节 “生活语文”

应试教育的潮流铺天盖地滚滚而来，学校教育的目标不再是羞羞答答的“片面追求升学率”，而是一切唯高考的马首是瞻。许多语文教师把语文课上成了不折不扣的“应试语文”，造成语文知识学与用的脱节，懂与会的分离，语文的魅力在教师和学生心目中都变得虚无缥缈。

李镇西认为，要使学生真正扎扎实实地掌握并得心应手地运用语文这一人生的工具，就必须打破语文与生活之间的“厚障壁”，让语文教学与学生心灵相沟通，让语文课堂与社会天地接壤，使语文教学突破“应试语文”的束缚而成为“生活语文”。

他进一步领悟到：既然语文教学涉及的是人的精神，那么它的教育性就是显而易见的了。因此，仅仅能够从事语文教学，还不能算是合格的语文教师，真正的语文教师，必须把全面实施语文教育作为自己的责任和使命。

20 世纪 80 年代后期，他逆着潮流而上，开始“生活语文”的探索，提出了“语文教学生活化，学生生活语文化”的观念：

> 所谓“语文教学生活化”，在实践中包括“语文讲读生活化”、“语文训练生活化”和“语文教育生活化”，强调的是教师在传授语文知识和训练语文能力的过程中，自然而然地注入生活内容，进行生活教育，让学生明白“生活与教育是一个东西，不是两个东西”（陶行知语），学习语文的同时学习生活并磨砺人生。所谓“学生生活语文化”，在实践中包括引导学生“日常生活语文化”、“班级生活语文化”和“社会生活语文化”，强调的是学生在教师的引导下，形成“语文是生活的组成部分，生活须臾离不开语文”的观念，并养成事事、时时、处处吸收与运用语文知识，在社会生活中培养语文能力的好习惯。（《李镇西语文教育札记》）

第四节 “创造语文”

在总结“浪漫语文”“训练语文”和“生活语文”的基础上，李镇西发现，激发并培养创造精神，才是语文教育的最佳效果。他把以激发和培养创造精神为目标的语文教育称为“创造语文”。

李镇西这样解释“创造语文”的含义：“所谓创造语文，是要解放学生的精神世界，给学生以心灵的自由。在长期纯粹的应试教育的机械训练下，学生的精神世界以及功能被束缚了，他们的心灵套上了镣铐。因此，我们要解放学生的心灵，要点燃学生熊熊燃烧的思想火炬，让他们拥有自由飞翔的心灵。”（《李镇西语文教育札记》）

他提出，语文课应该给予学生充分的心灵自由：

给学生以心灵的自由，就要帮助学生破除迷信。这里所说的“迷信”，主要是指学生长期以来形成的对教师的迷信、对名家的迷信、对“权威”的迷信和对“多数人”的迷信。给学生以心灵的自由，就要让学生在课堂上畅所欲言，特别是在阅读教学的课堂上，教师应该为学生提供一个思想自由的论坛：面对课文，教师和学生之间，学生和学生之间，教师、学生和作者之间应该平等对话；在平等的基础上，交流各自的理解甚至展开思想碰撞。教师当然应该有自己的见解，但这种“见解”只能是一家之言，而不能成为强加给学生，强加给作品的绝对真理。给学生以心灵自由，就应允许学生写他们自己的文章。文章应该是思想感情的自然体现，写文章应该是心灵泉水的自然流淌。如果学生不敢在文章里说真话、写真事、抒真情，其文章必然充满新八股的气息，而八股文绝无任何创造性可言！

“创造语文”就是要让学生明白并学会——写作，就是让心泉自然而然地流淌；阅读，就是让思想自由自在地飞翔！（《李镇西语文教育札记》）

第五节　“人格语文”

通过语文教育，让学生具备高尚的情操、开放的思想、全面的能力和鲜明的个性，李镇西称之为“人格语文”。

培养学生高尚的情操，是从古到今语文教育的核心。在社会浮躁、理想沉沦、道德滑坡、精神颓废越来越严重的今天，语文教育在这方面的任务尤其艰巨而迫切。

拓展学生开放的思想，是越来越开放的中国的现实需要，更是民主不断走向健全、经济更加繁荣的未来中国的必然要求。

提高学生全面的能力——既有丰富的语言、修辞、逻辑、文学知识，又有较强的听说读写技能；既有高雅的文学修养，又有实用的语文本领；既有从生活中汲取语文养料的能力，又有得心应手运用语文知识为生活服务的能力；在批判中建设、在扬弃中创造的创新能力，等等。这是语文教育的重要内容，更是真正的素质教育对语文教育的基本要求。

发展学生鲜明的个性，就是苏霍姆林斯基要求的“要在每一个人（毫无例外地是每一个人）的身上发现他那独一无二的创造性劳动的源泉，帮助每一个人打开眼界看到自己，使他看见、理解和感觉到自己身上的人类自豪感的火花，从而成为一个精神上坚强的人，成为维护自己尊严的不可战胜的战士”。换句话说，就是让每一个学生都在禀赋、兴趣、气质、情感、技能各方面具备与众不同的特性，拥有自己独特的心灵世界和精神空间，今后无论从事什么职业，无论社会地位如何，都能成为心灵高贵而自由的精神巨人。

第六节　“民主语文”

在李镇西看来，语文民主教育是语文教育的最高境界。它是充满民主精神的语文教育，是尊重学生各种精神权利的语文教育，是给学生以心灵自由的语文教育，是师生平等相处、共同发展的语文教育。

由民主教育派生出来的语文民主教育，与传统语文教育最大的不同，是自始至终贯穿着民主教育这条热线，因而它是充满自由精神的教育，是充满平等精神的教育，是充满法治精神的教育，是充满宽容精神的教育，是充满妥协精神的教育，是充满创造精神的教育。因此，民主在语文教育中不仅仅是教育手段，更是教育内容和教育目的。

语文民主教育对教师提出了很高的要求。他说：

语文教育首先应该尊重学生心灵的自由。

尊重学生心灵的自由。教师自己就必须是一个心灵自由的人……我认为，教师也应拥有这样一种追求真理、崇尚科学、独立思考的人文精神。我们实在无法设想，一个迷信教材、迷信教参、迷信高考题的教师会培养出富有创造精神的一代新人。教师的心灵自由，取决于教师宽阔的人文视野；我们应该博览群书，站在人类文化成果的高峰俯瞰我们的每一节语文课，我们的心灵应该向古今中外的大师们开放。心灵自由的教师必然具有海纳百川的民主胸襟，这首先意味着对学生的精神世界的信任和尊重，特别是要善待学生的精神个性。只有教师民主的阳光，才能照亮学生心灵的原野。

尊重学生心灵的自由，还包括这样一些内容：帮助学生破除迷信，让学生在课堂上畅所欲言，允许学生写他们自己的文章，尊重学生思想的自由、感情的自由、创造的自由等等。（《李镇西与语文民主教育》）

李镇西说，与其说我教了几十年语文，不如说我几十年都在学教语文。语文民主教育，就是他几十年“学教语文”的最大收获和成功经验。登上语文民主教育的高峰，俯瞰语文教育的现状，李镇西感慨良多：

我越来越坚定不移地认为，真理总是朴素的，教育总是朴素的，没那么多“花样”。现在的教育，恰恰是脂粉太厚，油彩太浓，口红太艳，穿着华丽的旗袍，夺人眼球。在某些方面，语文教育也（是）如此。所以，我现在想得更多的是，让语文教育回到朴素的起点：如果我们的学生喜欢上语文课，而且下课后也情不自禁地去阅读去写作，进而成为一个有书卷气的雅人和有责任心的公民；而教师能够在语文课上体验到快乐，能够在课堂上挥洒青春，流淌生命，燃烧激情，点燃理想，能够以自己是一名语文教师而由衷地自豪，这样的语文教育，就是最好的语文教育。（《李镇西语文教育札记》）

如果说人生就是一个修炼的过程，那么李镇西在语文教育中几十年的修炼和他最终的彻悟，跟禅宗的参禅三重境界有点不谋而合：参禅之初，看山是山，看水是水；禅有悟时，看山不是山，看水不是水；禅中彻悟，看山仍是山，看水仍是水。

第三章　语文教育生活化

与生活脱节，是语文教育面临困境的重要原因。语文生活化，生活语文化，是李镇西“拨乱反正”，让语文教育回归本来面目的“武器”。

当应对考试成为教育的主要内容和终极目标，在教材、教参与题海中疲于奔命的语文老师们，许多人有意无意地忽视了语文与生活的联系，走上了“应试语文”的不归路。这种“应试语文”不但使语文在学生眼里失去了应有的魅力，而且造成了学生语文知识懂与会的分离，学与用的脱节，最终使得语文教育的结果与目标背道而驰，南辕北辙。

要改变这种局面，使学生真正扎扎实实地掌握并得心应手地运用语文这一人生的首要工具，就必须打破语文与生活之间的“厚障壁”，让语文教学与学生心灵相沟通，让语文课堂与社会天地相接壤，使语文教学由“应试语文”回归“生活语文”。

李镇西的“语文教育生活化”，为我们趟出了一条路子。

第一节　语文教学“生活化”

李镇西解释说，所谓“语文教学‘生活化’”，指的是教师在传授语文知识和训练语文能力的过程中，自然而然地注入生活内容，让学生明白“生活与教育是一个东西，不是两个东西”（陶行知语），在学习语文的同时学习生活并磨砺人生。

语文教学生活化，贯穿于语文讲读、语文训练和语文教育的全过程。

语文讲读生活化，指的是在课堂语文讲读过程中，直面社会生活，在课堂教学中营造一种宽松平等而又充满智力活动的氛围，使学生通过具体课文的学习，自然而然地受到灵魂的陶冶和思维的训练。李镇西讲《一件珍贵的衬衫》前，先请学生们起来谈谈当前出租车行业的不良风气，学生们谈到报上所载几天前成都街头某司机撞了人还要将受伤者打个半死然后扬长而去的社会新闻，个个义愤填膺；在随后学习课文的过程中，自然会比较两种天渊之别的人格境界。学《长江三峡》的时候，他引导学生回顾长江从“两岸猿声啼不住”到课文中“迂回曲折的画廊”再到如今人们惊呼的“第二条黄河”的变迁，使学生在课文上欣赏长江昨天瑰丽景象的同时，关注长江今天被破坏的生态，担忧长江明天的生态状况。

语文训练生活化，既指语言、修辞、逻辑、文学知识的巩固，也指听说读写能力的提高，要求教师的训练着眼于学以致用，而非学以致考。讲短语、句子知识，可以从学生交来的请假条入手；改病句练习，最好从学生日记、作文中找例子；修辞方法的训练，不妨联系学生熟悉的各类广告……李镇西从初中一年级开始布置学生每天写日记。刚开始有不少学生因为惯性思维的作用，喜欢用“成人化”的语言表达“英雄化”的思想——因为小学老师就是这样教的。李镇西反复讲，说真话、写真事、抒真情，是日记的生命；同学们在没有成为雷锋之前，却人人编造“雷锋日记”，这首先不是日记是否真实的问题，而是做人是否真诚的问题；每一位同学的生活都是一道独特的风景，每一位同学的心灵都是一个独特的世界，为什么到了日记本上却如此“规范单一”呢？经过多次引导和训练，学生们才逐渐学会写充满童真、童趣、朴实无华而又各具个性的日记。

所谓语文教育生活化，指的是语文课堂具备很强的思想教育、品德教育和人格教育的功能，而这些功能必须与生活联系起来，才能收获效果。李镇西的做法是：

这种教育应紧扣课文本身的教育因素，又须符合学生的思想实际，还要注意这种教育的潜移默化、润物无声。学富兰克林的《哨子》，我要求学生们以“我的哨子”为题进行讨论，引导他们反省自己曾经犯过的类似错误；学莫泊桑的《福楼拜家的星期天》，我和学生一起审视我们今天的星期天是怎么度过的，并思考怎样让我们每一个普通的日子都闪烁着思想的火花；学鲁迅的《孔乙己》，我既让学生联系当时的社会背景理解孔乙己的不幸命运，又让学生以今天素质教育的眼光来评判孔乙己的悲剧性格，同时还结合当今一些社会现象剖析一下身边的“咸亨酒店”式的冷漠，进而感受鲁迅那穿越时空的深邃目光……这样的教育不但是自然而然的，而且它既紧扣着学生的生活，又与我们的时代息息相关，所以对学生无疑是具有心灵震撼力的。（《从批判走向建设》）

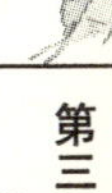

2011年12月8日，身为成都市武侯实验中学校长的李镇西，在该校附属小学听了《黑孩子罗伯特》的课堂教学。他在课后的评课会上发言（他本人自谦“不懂小学语文教学”，所以用“发言”来表述自己的看法）道：“这篇文章的核心，是谈人与人之间的平等与尊重，反对歧视。说到‘歧视’，在中国当然不能说有种族歧视，但有没有其他的歧视呢？比如，城里人对乡下人的歧视，富人对穷人的歧视，健康人对残疾人的歧视……我们应该将课文内容同孩子们每天的生活联系在一起，用平等与尊重的价值观滋润孩子的心灵。关于罗伯特的善良，我们完全可以联系‘小悦悦事件’或类似的人与人之间的冷漠，让孩子思考，人应该如何与他人相处？我们如何通过自己的善良改变目前的社会风气？”（《老师教我当校长》）

这就是语文教学“生活化”。

第二节　学生生活“语文化”

李镇西解释说，所谓“学生生活‘语文化’”，强调的是学生在教师的引导下，形成“语文是生活的组成部分，生活须臾离不开语文”的观念，并养成事事、时时、处处吸收与运用语文知识，在社会生活中培养语文能力的好习惯。

首先是日常生活“语文化”。让学生养成一种在日常生活中情不自禁学习或运用语文的“本能”，把阅读和写作由老师的要求变成自己的生活需求。他举例说：

> 1996年暑假，我给学生布置的语文作业是：读有关长征的书，以回顾中国革命史上最壮丽的一页；读有关“文化大革命”的书，以了解共和国最曲折的历程；每天必看中央电视台的《东方时空》，以感受当今中国的时代气息。这种融思想性、知识性、教育性、趣味性于一体的“语文作业”深受学生及其家长的欢迎。此外，日常生活中，从打电话到会客人，从听广播到看电视，从留言条到申请书，从同学争辩到家庭讨论，从糖酒广告到家用电器说明书……无一不是语文听说读写能力的训练与运用。（《从批判走向建设》）

其次是班级生活“语文化”。长期担任班主任，李镇西始终把“语文化”贯穿在班级生活中：班委选举，让学生先写自荐书或上台讲演；每堂课安排一位学生进行“一分钟讲演”，评论班级生活：班干部在黑板上写个通知，让全班同学看看有无错字、病句；要开新年联欢会了，让学生写《我设计的联欢会》的说明书。他发动每一届学生跟他一起编写反映班级风采的“班史”，一篇篇感情真挚、文笔朴素、内容鲜活的文章由此诞生，汇集成一本本记录青春足迹的班级史册。“班级生活‘语文化’”实现了双赢：学生既是在进行语文实践，又是在参与班级建设；教师既是在进行语文训练，又是在进行班级教育。

第三是社会生活“语文化”，培养学生在社会生活中自觉运用语文“指点江山，激扬文字”的能力。李镇西发现，目前学生所面临的语言文字环境可以说是“无错不成书”、“无错不成报”、“无错不成招牌”、“无错不成广告”，连电台、电视台的不少主持人也常常读错字！他把纠错作为训练学生辨字正音的生活化、社会化的“语文试题”。他说，当学生将反映语言混乱、文字错误的《调查报告》寄往有关单位和部门时，他们不就为净化祖国的语言文化环境尽了一份公民的责任了吗？不仅如此，学生在每天回家的路上所见所闻所感的街头交通、农贸市场、城市环保、治安状况、新建大厦甚至个体摊点……都可以成为他们关心、思考、评论的对象。在这类以语文为工具的社会活动过程中，学生所收获的已远远不只是不断提高的语文实践能力，更有日益增强的民主、独立、批判、创造等现代公民意识。

李镇西强调说：

> 我们主张变“应试语文”为“生活语文”的真正目的是，通过“大语文教育”的实施，使学生既能在近期从容不迫地面对各种考试而取得理想的语文成绩，更能着眼于未来具备得心应手的语文能力。多年的语文教学实践告诉笔者：当我们的语文教学唯“应试”是从，使学生陷于各种机械的模拟训练之中时，不但学生知识狭窄、能力低下，而且教师所期待的应试成绩也未必如意，可谓“多情却被无情恼”；而如果我们在语文教学中淡化“应试”观念，强化“生活”意识，严格遵循语文教育科学规律培养学生终身受用的语文素养，学生的应试成绩也自然水到渠成令人欣喜。这正是“道是无情却有情”！（《从批判走向建设》）

第三节　语文教育“生活化”案例

在李镇西几十年的教育实践中，语文教育生活化的故事层出不穷，是李镇西丰富多彩的教育人生的有机组成部分。这里撷取几个小故事，让我们一起来感受其中的魅力。

比如下面这一场关于成立足球队的舌战。

1995 年 12 月 22 日上午，在我任教的成都玉林中学初一·六班，正举行一场题为“我班是否应该成立足球队”的辩论比赛。辩论双方分别是以薛晚舟为首的一群男生和我这个班主任兼语文老师。

这是怎么回事呢？

原来，从开学到现在，我班男生多次向我提出成立班级足球队。学生第一次给我提出时，我说“考虑考虑”。考虑什么呢？我当然不是怕足球耽误学习而不同意成立足球队，而是想利用这个机会对学生进行一次语文能力的训练。所以当学生再次向我提起成立足球队时，我故意斩钉截铁地回答：“我不同意！”

学生们急了：“为什么？”

我说：“现在学习这么紧张，你们还踢什么足球？难道踢球就把学习踢好了！”

学生们显然毫无思想准备，表情极为沮丧。他们原来以为一向开明的李老师不但会同意成立足球队，而且还会当他们的教练呢！

我说：“这样吧！你们每人回去给我写一封信，谈谈为什么要成立足球队。如果把我说服了，我就答应你们的要求。”

第二天，我刚来到学校，薛晚舟、黄可、蒋亮、胡海等十几个男生就把他们写的信给我交来了。这十来个男生平时都是不喜欢作文的，可这次，每人都写了好几大篇，而且，每人都在信中洋洋洒洒地围绕“踢足球只会有利于学习而不会影响学习”的观点论证成立足球队的必要性，感情真挚，言辞恳切，十分富有感染力。

当天下午放学后，几个男生就来到我办公室：“李老师，我们的信看了吗？”

“看了。”我说。

“您被我们说服了吗？”

我说：“没有。”

“为什么？”学生们急了。

我说：“你们的理由还不够充分。我不明白为什么非要成立足球队不可。”

“那我们重新写一封信，您再看看，怎么样？”他们连忙急切地对我说。

我说："好吧！"

第三天，他们的信又交来了。我一看，好家伙，他们简直是在写论文！为了证明成立班级足球队的必要性，他们不厌其烦地旁征博引，真可谓绞尽脑汁：什么"足球是世界第一大球类运动"呀，什么"只有把身体锻炼好了学习才能真正搞好"呀，什么"中国足球走向世界必须从少年抓起"呀，什么"丰富课余生活"呀，"培养集体主义精神"，"锻炼坚韧不拔的吃苦精神"呀，什么"不会踢足球就不是男子汉"呀，等等等等。好像如果不成立这个足球队就要亡党亡国，甚至世界都要毁灭！

下午，学生又来找我了。我不等学生开口就说："这次来信中的理由好像比上次要充足些，但有同学的信不合格式，而且书写很不工整，我根本看不清楚……"

学生一听又急了："我们马上重新把信抄一遍！"

第四天，十几封格式正确、书写工整的信又放在了我的桌上。我真不忍心再"折磨"这一群男孩了！但是，我还是硬着心肠决定最后还要"折磨"他们一次。

我把薛晚舟等人叫到办公室，对他们说："现在，我已经有百分之九十被你们说服了，还有百分之十没有被说服。而且，既然成立的是班级足球队，就还得说服全班同学。这样吧，明天语文课，我和你们进行一场辩论，然后请全班同学投票决定是否成立足球队。好吗？"

于是，也就有了这次课堂上的辩论赛。

一开始，我先发制人："最近，班上部分男同学给我写信，要求成立足球队。他们最主要的理由是，踢足球能够锻炼身体，而强壮的身体有利于学习。我看，这完全站不住脚！强壮的身体当然有利于学习，但让身体强壮并不一定非踢足球不可嘛！"

我话音刚落，薛晚舟就站了起来："请问李老师，锻炼身体为什么就不可以踢足球呢？再说，足球运动的意义还不只是强壮身体，它还可以锻炼我们的团队精神和拼搏精神。"

我正想反驳，黄可抢先发言了："不管怎么说，现在足球已经不仅仅是一项体育运动了，它同时还寄托着我们的爱国主义情感，现在中国足球的水平这么差，作为中国人我们感到耻辱，也有责任为振兴中国足球尽一分力量！"

我故作恍然大悟状，说："哦，我懂了。你的意思是只要我班足球队成立了，中国足球就上去了！"

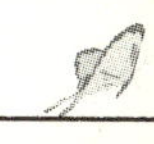

我的讥讽立即引起哄堂大笑，但同时也招来了更猛烈的还击。

胡海说："我们的足球队当然不能与国家队相比，但这是群众性足球运动的一部分。如果没有中国每一个少年的热情参与，中国足球肯定永远上不去。"

蒋亮激动地站起来，大声地重复他在信中说过的话："足球是真正男子汉的运动，连足球都不会踢，根本就不能算男子汉！"

"笑话！"我说，"我没听说过毛泽东、周恩来、邓小平、鲁迅会踢足球，但谁能否认他们是真正的男子汉？"

"可是，"蒋亮仍然勇敢地坚持他的观点："在过去旧中国当然不具备普及足球的条件，但我说的是现在！再说，据我所知，邓小平是很喜欢观看足球运动的，有一篇文章就说过邓小平也是球迷。而且，我想如果邓小平知道了我们想成立足球队，他也一定会同意的。"

……

掌声和笑声伴随着整个辩论过程，课堂气氛极为热烈。学生们滔滔不绝，摇唇鼓舌；我故作从容，强词夺理。一时间，辩论似乎难分胜负。

最后，谢煊反问我一句："李老师，你不是一贯主张民主治班吗？怎么这次你又搞起'专制'来了？"

他的话立即引起几乎全班同学的响应，大家一起吼了起来："按老规矩办，投票表决！"

我说："不用投票了。我已经被你们说服了。看来这个足球队的确有成立的必要，好吧，我同意成立足球队！不过，我也应该是这个足球队的成员。"

学生们欢呼起来："我们胜利了！"

我说："其实，我早就同意你们成立足球队。只是，我想利用这次机会培养一下你们的语文能力。你们看，通过这次与李老师的较量，你们提训练了写作能力，又锻炼了口才。这就是我经常给你们说的，'语、文、生、活、化'……"

"'生、活、语、文、化！'"学生们异口同声地接着我的话说道。

下课后，薛晚舟笑嘻嘻地找到我："李老师，我们足球队特聘你担任我们的领队！"

又比如下面这一篇学生作文。

语文课上的歌声

——陈悦扬同学作文

看到这个题目，可能有人会疑惑：语文课怎么会有歌声呢？

这天下午有一堂语文课，李老师带着他那一贯的笑容走进了教室。他说："今天我们来复习复句知识。"大家当时并没有感到有什么特别之处，然而李老师的第二句话却让我们都吃了一惊："我们今天是通过唱歌来复习复句知识的。"大家一下子兴奋起来，议论纷纷："嘿，真新鲜！""唱歌怎么复习复句呢？""李老师又要耍什么'花招'了！"

李老师接着说："其实，复句并不只是书上的语法练习，而是生活中常用的语言结构形式。我们平时根本就离不开复句。比如，我们的歌曲中的歌词，好些就是复句。下面，我请一位同学唱几句歌，请同学们听一听他唱的歌词属于什么复句？"

大概是没有思想准备，也可能是同学们有点儿不好意思，谁也没有举手。班上一下子鸦雀无声。

李老师便说："没人敢唱？那我就不客气了！且听我一展歌喉——"同学们都被李老师的幽默逗笑了，于是大家都鼓起掌来。

"咳咳，咳！"李老师先装模作样地清了清嗓子，便唱起了"复句"："要是有——人来问——恩——我，这是什么地——依——伊——方——昂——我就——欧骄——傲地告诉——乌他啊，这是我的家——啊啊——乡——"李老师的声音婉转悠扬，十分动人，大家正陶醉着，李老师突然不唱了，问大家："请问这是什么复句？"

同学们一边鼓掌，一边大声回答："假设复句！"

可能是李老师的歌声感染了大家，同学们开始举手要求唱歌了。卢竹同学站起来，唱了一句流行歌："邋遢大王不邋遢，我们喜欢他。"大家被他的歌声逗得哈哈大笑，但在回答这句歌词是什么复句时，却争论不休："并列！""条件！""因果！""递进！"……最后才统一了认识，应该是因果复句。

有了卢竹的开头，后面的"歌手"便纷纷"亮相"了。曾以美声唱法在学校卡拉OK大赛中获得优异成绩的李溟昊同学唱起了《血染的风采》："如果是这样，你不要悲哀，共和国的旗帜上，有我们血染的风采！"班长王迪动情地唱起了《说句心里话》："话虽这样说，有国才有家，你不站岗我不站岗，谁来保卫祖国谁来保卫家，谁来保卫家！"陈玉洁同学以她那甜美的嗓音唱起了："蓝天里有阳光，树林里有花香……"

每个“歌手”在唱的时候，往往是他刚唱了一句，全班同学就情不自禁地和着他的声音一起唱。于是，独唱变成了合唱，教室里的气氛非常感人。唱完一段歌词，同学们就分析一下其复句结构。在歌声中，同学们的情绪越来越高昂，唱歌的同学也越来越多。

快下课了，李老师提议：“我们一起来唱《长江之歌》的最后部分吧！大家先回忆一下歌词，想想是什么复句?”同学们稍微想了一下，便齐声说：“并——列——”然后，大家便唱了起来——

“我们赞美长江，你是无穷的源泉；我们依恋长江，你有母亲的情怀——”

下课了，可语文课上的歌声却还久久地在同学们耳畔回响着……

第四章　阅读——人格教育的重要渠道

第一节　阅读让人生更丰富

歌德说："读一本好书就是同一位高尚的人谈话。"

苏霍姆林斯基说："读书、独立地思考书中的内容，是思想性滔滔不绝的源泉。不能把关于自然界和社会的知识当作不容反驳的道理提供给学生，而要作为不同意见斗争和冲突的结果传授给他们，并让这种斗争和冲突在课后读书的过程中也能继续进行。"（《给教师的一百条建议》）

然而，当代中国人不爱读书了。

车站、机场、航班、地铁、列车、商场这类人群密集地方，司空见惯的风景是，绝大多数的同胞都在低头玩手机，不是上网玩游戏，就是微信聊天，剩下的少部分在百无聊赖地打瞌睡、侃大山，或者发呆。业余时间，人们习惯嗨歌、群舞、打牌、看电视、闷坐。在李镇西生活的那座著名城市，有一句人所共知的段子：不是在打麻将，就是在打麻将的路上。以至有人调侃道：飞机还在空中，就能听见地面的麻将声了！

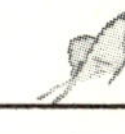

《新闻晨报》2014 年 4 月 24 日报道："2013 年我国成年国民人均纸质图书阅读量为 4.77 本，远低于韩国 11 本，法国 20 本，日本 40 本，以色列 64 本；人均每天读书 13.43 分钟，52.8%的人认为自己的阅读数量很少或比较少。"

阅读是增强国民素质的必要手段。国民素质高下，昭示着国家整体实力的强弱。2014 年是甲午战争 120 周年纪念的年头，随着钓鱼岛争端的激化，中国人民对日本这个宿敌的反感和仇恨与日俱增。但是令人遗憾的是，大多数的爱国者们对日本的憎恶，还停留在阿 Q 式的"怒目而视"的层面，除了骂不绝口，似乎别无他法。中华民族阅读量只占大和民族十分之一强的统计数据，让我们感到脸红。国民的整体素质跟人家差了老远，用什么去战胜人家？这使我想到南京大屠杀纪念馆那几句发人深省的警语："民罢国弱，何可安全？欲免外侮，唯有自强！"国民素质不能全面提高，泱泱大国只是虚胖的庞然大物，无法在世界民族之林获得应有的地位和应有的尊重。

因为没有养成良好的阅读习惯，中国人的整体素质无法跟经济发展水平和生活水平同步提高，难以实现"衣食足而后知礼节"的古训。

不爱读书，就无法构筑精神家园，难以设置道德底线，社会就难免浮躁、拜金，就难免物欲横流。

阅读能够让一个人内心丰富，精神充实。阅读能够让一个民族充满活力，重振雄风，进而完成复兴大业。一个全民喜欢读书的民族，一定会在世界民族之林巍然屹立！

事实证明，良好的阅读习惯应该在学校教育阶段养成。在我们的课堂上，担任"听说读写"四大能力培养任务的语文教育，长期以来是如何培养阅读能力和阅读习惯的？李镇西说：

> 不能说我们的教师对学生的阅读训练没有下功夫，但现在的学生阅读能力低下是一个不争的事实——尽管经过了非常严格而且密集的"高考阅读模拟训练"，但相当多的高中毕业生进了大学或走入社会却不会读书甚至根本没养成读书的习惯，这是我们的中学阅读教学的最大失败！当我们津津乐道于每篇课文的主题思想、写作特点或按"考点"对学生进行各种阅读模拟训练时，阅读过程中应有的心灵体验、激情燃烧、思想碰撞、精神对话却消失了——一句话，作为阅读主体的"人"失落了！（《语文教育札记》）

他进一步分析道，在教育方针是"必须为无产阶级政治服务"的年代，哪里谈得上"学生的主体性"？20 世纪 80 年代以后，应试教育悄然兴起，高考指挥棒一统天下，"唯理性教学模式"逐渐盛行，广大教师侧重语文的工具性和语文教学的训练性，不可避免地，"一些过于'科学'过于'实用'和过于'精巧'的语文'训练'挤掉了语文课本身所蕴含的丰富的人文养料，人的价值、情感、地位可怕地消失了！这体现在阅读教学中，至少有两个突出的倾向：一是在阅读教学'科学化'的旗帜下，技术主义得以空前地泛滥；二是曲解'教师为主导'的思想，学生成了教师精神的俘虏。"

在他看来，阅读教学的改革已经刻不容缓，不仅仅是为了满足全国上下对素质教育的要求，更是为了回应 21 世纪社会主义现代化中国对构筑全民族"人格精神长城"的呼唤。语文阅读教学必须具有这样的内涵：

1. 阅读教学的目的是使学生形成充实而高尚的精神世界：塑造健全人格，净化心灵空间，丰富思想感情，发展创造思维，培养科学精神。

2. “民主、科学、个性”的理念应成为阅读教学的灵魂，让师生之间、学生之间展开心灵对话甚至思想碰撞，努力使阅读课堂具有一种开放性的学术氛围。

3. 让阅读教学由封闭走向开放。首先是教学形式的开放，打破僵硬的“时代背景、作者介绍、段落大意、中心思想、写作特点”等老框框，根据课文特点和训练重点设计教学步骤，让阅读课堂生机勃勃；其次是学生思维的开放，允许学生跟老师有不同的看法，尊重学生的思考权利和精神自由，鼓励独立思考、思想碰撞和创造性思维；再次是教师思想的开放——海纳百川的文化胸襟，高屋建瓴的人文视野，不畏权势的民主意识，独立思考的批判精神——面对教材上的任何一篇课文，教师都要站在人文精神的高度来设计课堂教学。

4. 把“教”的过程转变为“学”的过程。以学生的求知需求为主线，追求教师与学生对作品（课文）的平等对话，进而与作者实现心与心的交流。

5. 丰富学生语文阅读素质的内涵：养成阅读习惯，扩大阅读视野，善于阅读审美，勇于阅读批判，乐于阅读创造。

6. 阅读检测应着眼于学生的整体理解、感悟和鉴赏，让学生运用自己的生活阅历、文化积累和创造联想对作品进行咀嚼、分析、评价。

李镇西对阅读教学改革的理想是：“（但愿）在新的世纪里，语文将逐步摆脱工具主义、技术主义的束缚，成为解放人的心灵、开启人的思想、发展人的才智的重要学科。但愿新世纪的学生心目中，语文阅读是最富个性最具魅力的精神创造，也是最自由、最愉悦、最美好的心灵之旅！”（《语文教育札记》）

第二节　李镇西的阅读史

从童年时代蹲地摊看小人书开始，李镇西的最大业余爱好就是读书。青少年时代，他读了大量古今中外文学作品，由此培养了自己的文学爱好和写作习惯。

从事教育工作以来，他阅读的兴趣更浓。苏霍姆林斯基、陶行知等教育大师的一些书籍，他反复阅读了好多遍，书上划满了红杠杠和一些心得体会。因为读书，他常常忘了吃饭。即使在苏州大学攻博期间，周末都喜欢带上一本书、一个面包一瓶水，骑上自行车，找个地方一读就是一整天。他非常注重四类阅读：读教育报刊，了解同行在思考什么；读人文书籍，拓展人文视野；读有关中学生的书籍，从另一个角度走进学生心灵；读教育经典，直接聆听人类精神的回音。

他特别注重人文阅读对教育的意义，长期订阅《炎黄春秋》《随笔》《老照片》等杂志。每年上百本书的阅读量，让他与思想泰斗对话，与人文巨匠为伴，得以随时随地站在人类的高度看待人生，站在人生的高度看待教育，站在文明和文化的高地审视课堂，对教育的理解更深刻、更全面。

张志新、林昭等志士的事件曝光以后，李镇西给自己设立了一个底线：从今以后，除了真理，不再迷信任何东西。他的人文阅读更加理性。

他向邵燕祥致敬，因为邵燕祥的《人生败笔》帮助我们"真切地认识或回顾那场'触及灵魂'的'大革命'是怎样软化、愚化、毒化了无数普通人的灵魂因此也扭曲了整个民族的灵魂"；

他向流沙河致敬，是因为流沙河这样真诚的知识分子"身上承载着真正的中国文化。无论从学识还是人格，现在的人是很难达到那种境界了。将来谁来继承他们那种风范那种气质？要不了多久，中国知识分子的精神品质，很有可能将成为绝唱"；

他向吴非致敬，因为吴非的《不跪着教书》和《前方是什么》两本书"透着一股嫉恶如仇的凛然正气，真正的'激扬文字'。面对教育界种种的腐败，以及掩盖这腐败的虚伪面纱，他毫不留情地一一撕下，笔触所及，既有大大小小的教育官员，也有学校各色'管理人员'，还有各种甘于平庸而自我感觉好得不得了的教师"。他从吴非的全部文章和著作中读出了两个字：良知；

他向傅雷致敬，倾情推荐《傅雷家书》。因为，它会把我们带进一个五光十色的人文世界，"这里有贝多芬、肖邦不朽的旋律，有罗曼·罗兰、巴尔扎克永恒的声音，有李白、苏东坡恣肆的意象，有丹纳、罗素闪光的哲理，有孔子、王国维精辟的思想，还有中国汉代石刻古朴的线条和巴黎卢浮宫迷人的色彩……而照亮这一切的，是一轮闪耀着人格光芒的太阳，高尚的情操，纯正的思想和真挚的情感……

在现当代作家中，李镇西特别推崇龙应台，认为她就是当代中国最优秀的作家——不是"之一"，而是没有人可以跟她比肩而立。他到香港地区去看女儿，没兴趣东游西逛看风景，倒是用了好几天的时间，把龙应台的所有作品通读了一遍。他喜欢龙应台，致敬龙应台，因为“龙应台是直面现实，与种种社会弊端进行着短兵相接的肉搏战。她以自己女性的声音发出了震天的呐喊，以一个女子柔嫩的身姿挺起了中国知识分子应有的脊梁”。

他喜欢龙应台，因为龙应台跟我们一样，有一个非常简单的“中国梦”——

“请相信我对中国的希望是真诚的。我深深盼望见到的，是一个用文明尺度来检验自己的中国，这样的中国，因为自信，所以开阔；因为开阔，所以包容；因为包容，所以它的力量更柔韧、更长远。当它文明的力量柔韧长远的时候，它对整个人类的和平都会有关键的贡献。”

他把龙应台的《中国人，你为什么不生气》印发给学生作为补充教材。龙应台说的二十多年前的台湾，他总感觉句句都在写我们现在的周遭，感到分外震惊和惭愧，比如河流污染，台湾地区已经大为改观，祖国大陆却还“方兴未艾”。台湾地区没有过的雾霾，祖国大陆还“独领风骚”。

他用理性的目光审视读物，在阅读中思考。

他喜欢王蒙，但对《王蒙现象争鸣录》中王蒙那种一反常态的“盛气凌人，讽刺挖苦，咬牙切齿，气不打一处来”的文风颇不以为然，进而感到惋惜：“莫非在王蒙同志看来，‘费厄泼赖’又该‘缓行’了?”

他为钱钟书先生的“淡泊”感到惋惜，真心希望他在“以学问为人生”的同时“以人生为学问”，像巴金、冰心那样，“放弃个人的名利而为国家进步民族振兴‘争名夺利’，成为真正的‘社会良知’”。

他对《中国可以说不》这本畅销一时的书嗤之以鼻，理直气壮地喊出“我对这本书说‘不’”，对一群富于想象力而又激情过剩的“诗人”和喜欢信口开河、胡言乱语的“自由撰稿人”狂妄无知的连篇鬼话毫不客气地扔了臭鸡蛋。

因为大量的阅读和深刻的思考，李镇西始终保持着一份清醒，对任何事物保持自己独立的评判，决不人云亦云随波逐流。因此，他更清楚自己作为教育者的责任与知识分子的良知和担当。从李镇西身上，我们看到这样一个现象：一个人的精神发育史就是他的阅读史。（朱永新语）

第三节　培养阅读习惯和健全人格

这里所谓的"阅读"，指的是语文教材以外的文学作品阅读。经常性的阅读，不仅可以培养阅读兴趣，养成阅读习惯，拓宽知识面，还能够培养审美意识和审美能力，潜移默化养成健全人格。

从教三十多年来，他坚持把自己的阅读爱好传导给学生。通过阅读，培养学生的阅读兴趣和阅读习惯。他在三个时段给学生读文学作品：一是利用语文课。他大胆推进语文教改，每学期用三分之二的时间就把统编教材处理完毕，剩下三分之一时间便是课外扩充阅读，为学生读文学作品。二是班会课。一直担任班主任，使他有机会理直气壮占这个"便宜"。三是课余时间。他常常利用午休时间和下午放学后，为学生读书。周末带着孩子们郊游，他也不忘随身带一本书，孩子们疯玩累了，就静静地围坐在一起听李老师给他们读书。

这些年，他给孩子们读过的小说、散文、诗歌、报告文学有很多，20世纪80年代读的是《青春万岁》《烈火金刚》《红岩》《新星》《志愿军战俘纪事》《钢铁是怎样炼成的》，等等；90年代以后，他给他们读《昨天——中英鸦片战争纪实》《长征：闻所未闻的故事》《南京大屠杀》《将军决战岂止在战场》《历史在这里沉思》《非凡的年代》，等等。对于一些优秀作品，如果能买到，他都要求尽可能人手一册，如《爱的教育》《可爱的中国》《黑牢诗篇》《中国知青梦》，等等。当琼瑶小说在中学生中流行的时候，他在充分肯定琼瑶小说艺术成就的同时，向学生们推荐《简·爱》《巴黎圣母院》等同样写爱情的小说，让他们在比较中认识到，注入了深刻思想和时代内容的爱情作品更高尚更伟大也更感人。

他给学生读课外书的方式有三种：边读边议（大家一起品评作品，提高学生欣赏水平）、边读边做（结合作品内容，开展一些公益活动）、师生轮读。

从1982年给学生读王蒙的《青春万岁》，到后来给学生读美国的米奇·阿尔博姆所著《相约星期二》，李镇西教过的所有学生，都享受到了许多徜徉文学海洋的心醉神迷、荡气回肠的美好时光。长期的文学浸淫，不仅大大提高了语文素养，培养了良好的阅读兴趣和阅读习惯，还在净化灵魂、陶冶情操、了解历史、认识社会、提高审美能力诸方面取得了潜移默化的效果。

在李镇西学生的阅读史上，就曾经发生过一件动人的故事。

在冉·阿让的感召下

我为学生读《悲惨世界》已一个多星期了。

每天中午吃了午饭，学生们匆匆赶到学校，坐在教室里听我的“小说连播”——这一个小时，对学生来说简直是充满魅力的时刻！

自从学生们认识冉·阿让、芳汀、珂赛特以来，就对他们的命运寄予了深切的关注和真诚的同情。特别是对冉·阿让，学生们对他更是充满敬意。

这天，我读到已经更名为马德兰并当上市长的冉·阿让，突然得知一个和他长得特别像的穷苦人，正被当作“冉·阿让”押送法庭审判——

马德兰苦思焦虑了一夜。

这样的想法萦绕在他的脑际：

无辜的人代我受过，将要被人当作罪人判刑。我不能置之不顾。

时而又出现了这样的想法：

那个人成为罪人，跟我没关系。而且，那个人进了监狱，沙威尔就不会再盯着我了，所以我就会得救。我作为市长，有尽力为众人谋幸福的义务。

他这样想：

可是，我连一个被冤枉的老人都不能解救，怎么还能够为众人尽力呢？

这个时候，他的脑际浮现出他出头自报冉·阿让这个姓名后的一副惨相。自己本是市长，受到人们的尊敬，从此却得拖着沉重的脚镣，遭到看守的呵斥，在监狱里度过今后的生涯。何况如今已到了这把年纪。

这时候，米里埃主教的身姿浮现在他眼前。主教似乎在说：

冉·阿让啊，不要做违背良心的事啊！

对，我要尽一个人的义务！

…… ……

读到这里，我停顿了一下。教室里此刻气氛凝重，学生们和我一样，都被冉·阿让高尚的人格深深感动了！

像每次读到激动人心之处，我都要情不自禁评论几句一样，看到学生们一双双晶莹的眼睛，我感叹道：“什么叫灵魂的搏斗？冉·阿让一夜的苦思焦虑就是高尚的冉·阿让和卑下的冉·阿让进行的搏斗。最终，高尚的冉·阿让获得了人格的胜利，他获胜的武器，就是良心！”

我又自然把话题扯到学生们身上，缓缓说道：“可以说，每个人的灵魂深处都有卑污的一面，但更有善良正直的一面。关键的是，我们应随时问问

自己，是不是守住了自己的一颗良心！是不是在灵魂的搏斗中取得了胜利？我想，肯定有同学曾经体验过这种战胜自我的幸福，也可能有的同学的内心深处正在进行着邪恶与善良的搏斗。李老师真诚地希望，我们每一个人都具备冉·阿让那样的道德勇气！”

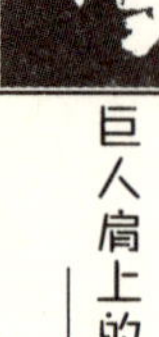

我说这些话的时候，并没有想到要刻意教育谁，无非就是结合小说人物有感而发；但我之所以十几年来坚持为学生读优秀文学作品，就是因为我坚信，优秀文学作品对人的灵魂的确有潜移默化的陶冶作用。

…………

每次我这样充满激情地评论时，学生总是静静地听着，脸上呈现出一种与他们年龄不太相称的庄严表情。而今天，我没有意识到，座中一位学生的灵魂正被冉·阿让的灵魂敲打着……

第二天早晨，我走进办公室，看到桌上放有一个纸包。我打开一看，是卷着的一摞钱，足足有几百元！包着的纸其实是一封信——

李老师：您好！

看到这封信您一定很奇怪，那么就请您慢慢往下看吧！

过去，我是一个非常卑鄙的人，但是我在老师和同学的眼里却是一个品德高尚的人。是的，同学们都认为我是好同学，老师也认为我是好学生，可是，他们哪里知道我这个公认的“可爱的人”，竟是一个小偷！

那是初一的时候，有一次班里收费，我观察了三小组的组长方秋把本小组的钱放在了文具盒里，我心里十分高兴，认为一片肥肉就要到手了。第三节课下课了，同学们都要去操场做广播操，我等同学们走得差不多了，就开始了自己的罪恶。我走到方秋的座位前，拿出文具盒，打开一看：里面有一叠10元的人民币！在那一瞬间，心灵中卑鄙的“我”战胜了高尚的“我”，便赶紧偷了那一叠人民币，匆匆下了楼。还好，没人发现！而且后来老师在班上清查时，也没人怀疑我，因为我在老师同学心目中的印象一直很好。

那件事以后，我感到自己的童心在很快地堕落。又接着偷了好几位同学的钱——尽管每次都没人发现，但事后我总是心虚，很不好受。

李老师，您是一位好老师。虽然您多次在班上查这一系列的失窃案都没查出来，但我的内心并不好受。每次听您在班上苦口婆心地对我们进行正面教育，经常对我们讲做人要诚实，要正直，我的心情总是难过到了极点。记得您给我们读了路遥的小说《在困难的日子里》，并对我们说：“马建强在那么艰难的情况下，都决不要不属于自己的钱物，这是多么的可贵!”当时，我真想来向您坦白我的罪恶，但实在是没有勇气啊！昨天，您给我们念《悲惨世界》时，教育我们要向冉·阿让学习，向过去的罪恶告别，做一个人格高尚的人。您在说这些的时候，并没有具体地批评谁，但我听了却总觉得是在敲打我可耻的心灵！

如果我不承认，别人也许不知道；但我就彻底堕落了。终于我决定鼓起勇气，承认我过去的偷盗行为；并且开了一张清单，写明我曾偷过的同学和所偷的金额，连同赔偿的220元钱，悄悄地放在了您的办公桌上。请您代我退给这些同学。

本来我应该彻底勇敢地找您当面谈，但请原谅我还缺乏冉·阿让那样的勇气。但我非常感谢李老师在我危急的关头，把我从罪恶的深渊拯救了出来，为我以后的人生点燃了一盏明亮的灯！

一颗曾经失落的童心

读了这封信，我感动得不知说什么好！信虽然没有落名，但从字迹上，我很快就判断出是哪个学生写的，但我觉得我没有必要也不应该在班上公开批评他了……

如果有人认为靠一篇小说就可以破案或者改变一个人的思想，那的确把教育看得太简单也太天真了。不过，当我们充满感情地在一点一滴的小事上都有意识地体现出教育的“含金量”，那么，这“润物细无声”的点点滴滴，有时的确会产生令我们教育者惊喜的奇迹！（《从批判走向建设》）

1999年2月，李镇西应《中学语文教学》杂志编辑之请，为该杂志撰写了一篇题为《心灵飞翔的时刻》的“卷首语”：

就我而言，感觉上得最好的语文课，是我给学生读小说、诗歌、报告文学等课外读物的时候，或把自己的思想情感通过课文倾泻出来的时候；而在学生心目中，这样的语文课也是他们最盼望甚至最神往的——不必死记硬背“我和白求恩同志只见过一面，后来他给我来过许多信”之类的“名句”，不必苦苦琢磨“‘圆规很不平’究竟是借代还是借喻”之类的问题，不必老惦记着“这篇课文是高考（或中考）的重点”之类的提醒；有的只是心灵的舒展、情感的流淌和思想的奔涌！

这是最近一节普通的语文课。窗外，银杏树金色的叶子在寒风中顽强地燃烧着自己最后的生命；室内，我在给学生朗读路遥的中篇小说《在困难的日子里》，我和同学们的心灵正和作者高洁的灵魂一起激荡——

“青春、友谊和爱的花朵，就是在饥饿和严寒中，也在蓬勃地怒放着！……是的，我们正在离开孩子的时代，走向成人的阶段。在这个微妙的、也是美妙的年龄里，将会给我们以后留下多少微妙而美好的回忆啊！”

此刻，教室里弥散着一种宁静、温馨而又崇高的氛围，每一个人仿佛都可以听见其他人心脏跳动的声音。是的，我们胸膛里的热血正和着主人公马建强、吴亚玲、郑大卫的青春激情而汹涌澎湃……

这是我经历过的许多堂语文课中美好而又普通的时刻，但正是在这普通而又美好的时刻中，我和我的学生都感受到了语文课的美——那来自激情、思想和青春的魅力！

语文课应该飞扬着激情。不能设想语文课仅仅是词语解释和语法分析，而没有对学生心灵的抚慰或激荡。朱自清沉醉于牧童短笛所吟唱的春天的赞歌，老舍迎着冬天的阳光所描绘的济南水墨画，毛泽东站在黄土高原对着北国风光所抒发的壮丽情怀，苏东坡站立长江之滨所挥洒的万丈豪情，还有梁衡散文的诗情画意、沙叶新随笔的妙趣横生、邵燕祥杂文的激扬文字……都应该汇入语文课，或在学生的精神原野流过一股清澈的小溪，或在学生心灵的大海掀起滔天巨浪！

语文课应该燃烧着思想。聆听着恩格斯面对马克思英灵所发表的不朽演说，我们仿佛可以感受到马克思“思考一切”的深邃目光；而一篇《福楼拜家的星期天》，又唤起了今天的我们对思想沙龙、精神对话多么热切的憧憬与向往啊！在语文课上，我曾和学生追随着鲁迅解剖着我们自己也解剖着中国的灵魂，与余秋雨一起在文化苦旅的跋涉中捡拾、擦磨着文明的碎片，与傅雷一起思考着艺术和人生；我们甚至让梁晓声、张承志、鄢烈山、王小波、余杰等富于思考的作家“走”进课堂，让他们之间展开思想交锋，同时也和我们进行思想碰撞。

语文课应该闪烁着青春。紧扣学生心灵和时代脉搏的作品，总是能让语文课散发出青春的气息：亚米契斯的《爱的教育》、王蒙的《青春万岁》、张洁的《沉重的翅膀》、毕淑敏的《送你一条红地毯》、杨东平的《城市季风》、郁秀的《花季·雨季》以及舒婷、汪国真的诗歌……让我和我的学生沐浴着青春的阳光和时代的雨露。学生从中读到了自己，也听到了中国前进的足音。师生之间共同的感动，以及平等而充满活力的情感交流和精神对话，让我也从中找回了自己年轻的心。

无论是对我还是对我的学生来说，语文课都是生命中最美好的一刻。

是的，“在这个微妙的、也是美妙的年龄里，将会给我们以后留下多少微妙而美好的回忆啊！”——我的学生未来回忆起中学时代的语文课时，会觉得那是他们精神的聚会；而在我过去、现在和将来的人生旅途中，每一堂这样的语文课都是我一次心灵的飞翔！

在这个应试教育一统天下的时代，在中学语文课堂主张死记硬背语法、逻辑、修辞、文学常识和一些无聊的东西的时代，在美轮美奂的汉语言文化由被高考指挥棒弄得晕头转向的老师们五马分尸的时代，在语文课堂强力排斥几乎所有课外读物的时代，李镇西的学生们能够享受到这样的语文教育，他们是当代中学生中最幸运的，也是最幸福的。阅读丰富人生，阅读也能改变人生，阅读让生命更精彩——也许，他们会从此走上一条终身阅读之路，在低俗的世风中做一群高雅的人，在浅薄的社会中做一群深厚的人——祝福他们，李镇西的学生们！

李镇西在私下里把应试教育比喻为“油锅”。他告诉人们，我这是从“油锅”里往外捞孩子，能捞一个算一个，却总也捞不完。好在，越来越多的老师加入到“捞孩子”的行列中来了。到了应试教育的“油锅”被打破的那一天，教育回归真教育的本来面目，孩子们就再也不用在“油锅”中挣扎，老师也不用劳神费力“捞”孩子了。

李镇西不无得意地宣称：“我可以自豪地说，凡是在我班度过中学时代的学生，除了学习《语文》教材上的课文外，几年之中，他们还通过我接触了大量中外文学名著或当代最鲜活的人文书籍。就这样，从课内到课外，我给学生打开了一扇又一扇文学的窗口、文明的窗口、文化的窗口，本来容量有限的语文课在他们眼前变成了一个辽阔而绚丽的世界！学生们在倾听和阅读的过程中鉴赏文化精品，提高审美情趣，充实精神营养，完善人格塑造，最终将这些文化精华转化为自己人生的火炬，使自己也成为人类文明之火的传薪者——这，正是充满人文精神的语文教育应该实现也一定能够实现的目标。”（《语文教育札记》）

第四节　民主的阅读教学课堂

为了表达自己的语文教育理念，向更多的语文教师传导语文教育的艺术，李镇西充分利用自己在语文教育界的“话语权”，不遗余力地为语文教改呐喊。

近年来，他先后出版了《从批判走向建设——语文教育手记》《李镇西与语文民主教育》《李镇西语文教育札记》《我的语文课堂》等专著，让越来越多的语文教师读后受益匪浅，站到了“油锅”旁，加入“捞孩子”的队伍

中来。

其中，38 万字、上、下两册的《我的语文课堂》，收录了李镇西 19 篇课文的课堂实录及其反思。他对课文的理解、阐释以及他的课堂教学艺术，他的作文课，确实能够给我们广大的中小学语文老师许多有益的启迪。

比如，他在广汉市参加的四川省初中语文教学赛课的课堂实录《孔乙己》，就是一个成功的案例。在这次公开课比赛中，他获得了一等奖。在课堂上，他把“民主、科学、个性”的民主教育理念贯穿始终，通过教师的主导作用，尽力调动学生积极思考，鼓励创新思维，让学生始终处于学习的主体地位。整个过程严密紧凑，课堂布局科学合理，课堂气氛生动活泼。李镇西本人丰富的文学知识，生动幽默的课堂语言，挥洒自如的教学艺术，尤其首尾照应的神来之笔，让我们耳目一新，所谓“听课要听李镇西”，确实不是浪得虚名。

但李镇西本人对这堂课还是有所遗憾。他当时就说：“遗憾的是，在这堂课上，学生之间乃至师生之间的思想交锋太少了。”在将其收录进《我的语文课堂》一书时，他在“反思”中写道：“尽管由于我富有经验的课堂调控能力，使得这堂课表面上很轻松自然，学生也很‘自由’，但这一切的背后都有我不动声色的把控，一切都在按我预先设计好的思路进行着，而表面上的‘和谐’不过是故作姿态而已。”

类似的公开课，李镇西参加了好多次，也作为评委听了好多堂别人的课，但是他对公开课是抱怀疑态度的。他说：

多年来的公开课（包括各级各类课堂教学比赛）已经在人们心目中形成了一个思维定式，那就是一堂优质的公开课必须是“完美”的。为了这个“完美”，公开课越来越失去了个性。对相当多的公开课承担者来说，备课是教研组的集体行为，大家提意见，人人当参谋，本来也是一件好事，为了“完美”，公婆的话都不得不听一点。但这样一来，公开课实际上已不是某一教师自己的了，而是体现了“集体智慧的结晶”，任课者个人的风格已几乎不存在了。相反，一些真正有个性的公开课，往往在赛课中榜上无名。”（《质疑公开课》，见《李镇西语文教育札记》）

我听过不少“完美无缺”的公开课，教师的每一句话都是印刷体，因为是事前背熟了的教案。学生的回答也滴水不漏，因为课前在老师的“指导”下“准备充分”。这样的课，从教学技术的角度看，无懈可击，但没有生命。说到底，这样的课，与其说源于错误的教学观，不如说源于错误的学生观。因为教师上课的时候，眼里没有学生，只有评委。他不是给孩子上的，是给

评委上的。不是着眼于孩子的发展，而是孜孜以求获得“一等奖”。（《对吴正宪老师一堂数学课的赏析》，见《老师教我当校长》）

为了追求“完美”，公开课渐渐演变成了舞台表演课，形式主义的倾向也越来越严重。这样的公开课，教师累，学生也累，师生合谋造假，离“真教育”越来越远。在心直口快的李镇西看来，这样的公开课，早就应该废止了。

因此，李镇西对于公开课的态度是，要么不上，要上就要上出教师自己的个性特色。他的公开课成功的秘密，恰恰在于保持个性，质朴自然，我行我素，因而达到行云流水的效果。他希望以自己质朴、真实、自然的公开课，呼唤语文教学的个性，更呼唤语文教育乃至整个教育的实事求是的精神。

第五章　让学生在作文中学会做人

作文教学是语文课堂的重头戏之一，同时也是语文教育成败的标志之一。教会学生得心应手地运用所学的语文知识，通过作文的手段表情达意、写景叙事，是语文教育的基本任务；学生通过作文培养思想品德和健全人格，是成长的重要途径。

通过作文培养学生学会做人，是李镇西几十年语文教育一直指向的目标。

第一节　面对“口是心非”的作文教学困境

当今社会，我们不得不面对一个严峻的现实，假话、大话、空话、套话甚至官话充斥公共空间，真话、实话越来越成为“稀缺资源”。这是浮躁的社会的通病。

改革开放第一个 10 年之后，邓小平在会见李政道教授的谈话中指出：“我们的最大失误在教育。”李镇西认为，邓小平这段话点到了教育的痛处，诊出了教育的病灶，语文教育和语文教育中的作文教学当然也在其中。但教育界没有对小平同志的话引起应有的重视，才发展到今天这样的地步：从小学作文就开始教娃娃说假话，长大后进入社会，说假话就会自然而然，说真话反而变得困难了。如此恶性循环，社会风气才变得越来越虚浮。

“言为心声”是人类写作的基本要求。看一个人的人品，先要看他的文品，同样，文品也是人品的真实表现，所谓“文如其人”是也。因此，“我手写我口，我口表我心”，是学生作文应该遵循的准则。但是，曾几何时，学生作文的味道慢慢变了，言不由衷、貌似“崇高”的作文，成了一种常态。

李镇西举了某杂志上发表的一位小学生的作文《绿叶赞》为例。这篇作文中心明确，语言优美，结构严谨，思想高尚。但恰恰就是这“高尚”的思想，带有浓厚的杨朔散文的痕迹，才更加使人警惕。李镇西说：“正因为其立意太‘庄严’、太‘伟大’，我有理由怀疑这不是一个小学生的思想，而是他老师的思想、家长的思想，他不过是不自觉地在表达着大人的思想；甚至作文的写法也不是他的，而是按照老师给的‘葫芦’画出的‘瓢’，只不过也许比班上其他同学画得更像一些。”他一针见血地指出，这样的作文，“思想是‘崇高’了，但童真却没有了!”他趁机幽了一默，说自己的女儿就是小学生，要是哪天她也像这个小作者一样神叨叨地“对着花坛沉思”，“望着绿叶”苦想，非把她送进精神病医院检查不可!

不仅写绿叶，也可以写梅花、菊花、荷花、小草、水牛、粉笔、蜡烛、铺路石，一般是先竭力赞美所描写的对象，然后在结尾来一段“画龙点睛”：“我爱××，我更爱具有××品格的人”，几乎已经成为中小学生作文的固定套路。这样的作文不仅远离学生的心灵和生活，而且让他们养成了写作文言不由衷的习惯，培养了说假话毫无愧色的德行。

“假话作文”从小学就形成了定势，大家都习以为常。李镇西说，他每接一个初中班，都要为纠正学生作文中的公式化、假话、空话、套话花费九牛二虎之力。有时候，全班交上来的作文，简直就像一个人写的!

叶圣陶对这种套路化的假话作文对人格的异化早有警觉：“文当然要作的，但是更要紧的在乎做人。”

陶行知更是一语点中教育的真谛：“千教万教，教人求真；千学万学，学做真人。”

苏霍姆林斯基对一切脱离实际的形式主义教育深恶痛绝。他说，在学校里不许说空话，不许搞空洞的思想教育，要珍惜每一句话！当儿童还不理解某些词句的含义时，就不要让这些词句从他们的嘴里说出来！请不要把那些崇高的、神圣的语言变成不值钱的破铜币！在帕夫雷什中学，苏霍姆林斯基坚决不搞这样的竞赛：看谁关于热爱祖国的演讲或作文做得最漂亮。他决不会教学生高谈阔论爱祖国，而是教学生以实际行动爱祖国。

李镇西调侃道，遗憾的是，在苏霍姆林斯基看来“不可思议的事”，却在我们身边每时每刻都“庄严地”发生着。学生作文如此“成功”，恰恰宣告了教育的真正失败!

这样的作文教学，早就该扔进历史的垃圾堆了!

第二节　作文教学的“四项基本原则”

要矫正中小学作文教学的弊端，必须从根本上着手。李镇西开出的药方只有四个字：“以人为本”，或者说“以生为本”。

“让学生成为写作的主人”，这是李镇西作文教学的根本原则。在这个根本原则之下，他还设定了“四项基本原则”：尊重学生的思想感情，激发学生的写作兴趣，培养学生的创新意识，教会学生自改的能力。

基本原则之一：尊重学生的思想感情。

让学生成为自己思想感情的主人，这是作文教学的出发点。离开了这个出发点，作文教学就可能“跑偏”，滑向“假话作文”的泥沼。

李镇西说：“如果我们对自己一手培养起来的少先队员、共青团员们都不信任，生怕他们在作文中思想‘越轨’，感情‘失控’，我们的教育就太虚弱太苍白了。”每教一个班，他都会向学生宣布：“作文无禁区！只要写的是真情实感，只要说的是真话，李老师都非常欢迎！”

“作文无禁区”——在李镇西的班上，举凡情感方面的欢乐、兴奋、感动、惆怅，思想方面的见解、质疑、忧虑、迷惑，校园里的老师、同学、班级、小组，家庭中的爸爸妈妈或其他亲属，生活方面的小事、友情、争论、矛盾，以及现实社会、国际国内的种种事情，都是源源不断的题材活水，都可以进入孩子们的写作视野。即使一些老掉牙的作文题目，也能写出新意来。

基本原则之二：激发学生的写作兴趣。

大多数学生的作文，都是被动写作的，因为语文课的组成之一就是作文。学生没有激情，没有兴趣，没有写作冲动，作文就会变成为作文而作文，被应试教育牵着鼻子走。

李镇西认为，要把被动写作文变为主动写作文，首先是让作文成为学生的一种生活需求。从热爱生活、观察生活、感受生活到情不自禁地表达生活，这就是写作兴趣的培养过程。只有当学生自觉意识到写作不是要求而是需求时，才会真正写出从心灵流淌出来的好文章。他的经验是：

训练记叙文，我请同学们把班上的某个有个性的同学或某次有趣的活动写成文章给爸爸妈妈看；训练说明文，我请同学们写《主题班会设计方案》，并进行征文比赛；训练议论文，我请同学们就语文教学的改革谈自己的看法，参加《语文报》的有关讨论……平时我结合一些特殊的日子或一些活动，尽可能让学生在实用中写作：新年到了，我请每一位同学互相写信，互致新年的祝贺；学生上街调查错别字，我请他们回校后写成调查报告给有关方面寄去；学生对我有什么建议，我请他写成一篇有说服力的文章在班上念，等等。

激励兴趣的另一个办法是尽可能为学生作文提供发表的机会。表现欲是人类的欲望之一。为了让学生热爱作文，那就尽力使他的作文让更多的人（而不是语文老师一个人）读到，让他的表现欲得到满足，他的写作积极性会更高，写作态度会更好。

从20世纪90年代开始，李镇西班上的课堂作文定稿就不是抄在作文本上，而是抄在稿笺纸上。每次作文，都由科代表装订成一本作文集，再请擅长绘画的同学设计一个漂亮的封面，挂在班上供大家阅读欣赏。几年时间，李镇西就积累了几十本学生作文集。

李镇西还注重“口头发表”。几乎每天语文课前，李镇西都要用几分钟时间，读1~3篇内容鲜活、感情真诚的学生课外随笔。作文评讲课专门设计了“佳作亮相”“片段欣赏”“妙语连珠”等几个环节。这样，一次作文评讲课，至少有20多位学生的作文或作文片段得以口头发表。

鼓励学生向报纸杂志投稿或参加征文活动，组织学生自己编书，都是李镇西培养写作兴趣的高招。他的每一届学生，都有为数不少的人公开发表过文章。他带的每个班都有自己的文学社，文学社学生自己选编作品集，是一个传统。

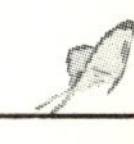

除课堂作文之外，李镇西还训练学生写作多种体裁的作文，日记、随笔、班级日报、读书笔记、书信、小论文、剧本、小说、诗歌等多种形式的写作练习，让学生的兴趣更浓。

培养了写作兴趣，作文就不再是胡编乱造，也不会苍白无物。当写作成了日常生活的内容之一，哪里还会是苦差事？

基本原则之三：培养学生的创新意识。

公式化作文已经成为学生作文的一种通病。在这样的作文中，学生的感情的个性、思想的个性、艺术的个性已经丧失了。

李镇西对付“公式化作文”的武器，就是提倡学生勇于并善于创造性地写作，写出与众不同的文章，写出自己的个性特色。他提出了“三新论”，即立意新、题材新、语言新。立意新，就是在忠于生活和自己心灵的基础上，勇于冲破陈旧的思维模式，写出对生活的独特感受。题材新，就是留心生活，善于捕捉生活中普通的但又反映社会本质或生活意义的一些素材。语言新，就是摒弃作文中公式化的描写、雷同的形容、陈旧的比喻等，而代之以朴实、新鲜而富有生活气息的语言。

基本原则之四：教会学生具备自改能力。

作文批改，应该是语文老师共同的烦恼。假如一个班 55 个人，每篇作文批改的时间是 7 分钟，那么这项工作花费的时间大约是 6.5 个小时。观察发现，学生对老师劳神费力精心批改过的作文，基本上没有过多注意。因此，作文批改是一项低效劳动甚至无效劳动。

李镇西采用培养学生自改能力的方法，不仅解脱了教师，还让学生在反复修改的过程中真正得到了提高。他说：

> 让学生自己改作文并不是把作文发给学生后，教师就撒手不管了。实际上，比起过去由我一个人批改作文，现在学生的作文批改分成三个步骤：第一步是学生互改，第二步是教师批阅，第三步是学生自改。当然，刚刚开始的时候，教师的工作量并不比过去低，但随着学生批改能力的提高，教师会越来越轻松。而且，随着学生能力的增强，作文批改程序就越来越简化……我的学生进入初二了，他们多数人已经逐步能够自己修改作文，所以有时候“学生互改”的环节就省略了。（《语文教育札记》）

随着学生作文自改能力的增强，李镇西又进一步要求学生，给自己已经修改好的作文写“批注”和“后记”，促使其在写作过程中精心构思、字斟句酌，使老师能够了解其写作心理，同时让学生养成对每一次写作进行总结、反思的习惯。

第三节　和学生一起写作文

三十多年的语文教师生涯，李镇西一直坚持和学生一起写作文。每布置一篇课堂作文，他都和学生一起写作，然后将师生的作文一起展示出来。

1997 年的暮春三月，草长莺飞的季节。李镇西先在课堂上从屠格涅夫的《春》和孟浩然的《过故人庄》，引导学生明白写作中的一个基本规律——描摹自然，朴素即美。然后带着他们走出校园，来到亲手栽下小树的府南河边，让大家感受春光，沐浴春风，描绘春色。他要求：不用空洞的想象和华丽的辞藻，只需细心的观察和真切的描摹。

他和孩子们在河两岸徜徉、嬉戏，观察、感受府南河春天的特点：天空、河水、银杏和女贞的树叶的颜色，河水和小草的气息，还有河岸护栏的造型和石柱上的图案、未完工的河畔石凳以及民工敲凿石头的声音……离开府南河的时候，他和学生们约定，师生同时写一篇作文，比赛谁写得更好。

回到学校，学生们立即投入了写作。一节课后，学生全部交上作文。他也认真地写了一篇《春天素描》。两天后，他看完了学生作文后在班上讲评时，把屠格涅夫的《春》和自己写的《春天素描》草稿和定稿同时印发学生。在评点学生作文的同时，着重向学生讲了写作、修改《春天素描》的全过程，提醒学生们在作文时，应追求真实、朴素、自然。然后，他布置学生根据评讲，重新修改自己的作文。

学生修改后交上的作文，大部分达到了李老师的要求，整体水平有了很大提高。他从中选了几篇佳作在班上念，学生们都认为达到甚至超过了李老师的文章。看到学生作文水平的提高，回顾这次作文训练活动的经历，他由衷地感到欣慰，并情不自禁地想到巴金老人关于写作的一句话："文学的最高技巧，就是不讲技巧。"语文教师的责任，正在于引导学生用忠于生活的"最高技巧"，然后"不讲技巧"地再现生活。

由于选取的场景很有美感，旖旎的春天、流动的河水、名目繁多的景观植物、在春光中或来去匆匆或恬静闲适或辛勤劳作的人们，以及栅栏、街灯、楼宇等等，有景有人，有静有动，有声有色，给了小作者们笔下纵横驰骋的空间，不是主观想象，不是凭空捏造，不是无病呻吟，因此就可以写出好文章。即使作文水平不高的学生，也会做到言之有物。

由于遵循了"真实、朴素、自然"的原则，观察细致入微，想象生动细致，描写有血有肉，这几篇描写府南河春天的作文都写得非常不错，艺术成就上难分高下。令人兴奋的是，身为声名卓著的散文家的李镇西，未必就比他的学生写得好多少，难怪班上的学生们都认为，学生的佳作"达到甚至超过了李老师的文章"！李镇西对此感到由衷的高兴，因为"弟子不必不如师，师不必贤于弟子"（韩愈《师说》）；更因为他的教育信念之一，"就是创造出自己崇拜的学生"（陶行知语）。

第四节　独具匠心的作文评讲课

在李镇西的《我的语文课堂》一书中，收录了他两次作文评讲课（《真

情浓墨写童心》和《温馨的记忆》）的实录。别的老师评讲作文只需要一节课，李镇西评讲作文却需要整整两节课。从整个课堂设计的环节来看，用“独具匠心”来形容他的作文评讲课，似乎不太过分。

他的作文评讲课的特点是，第一，课堂以学生为主，尽可能让更多的学生参与作文评讲；第二，不仅评讲学生的作文，还要评讲教师自己的作文，师生平等对话，可以争鸣；第三，分板块进行，一共有十多个板块，但常用的是以下板块：榜上有名、佳作亮相、片段欣赏、咬文嚼字、病文修改、昨夜星辰、出谋划策、恕我直言、老师试笔、名人忠告，每次一般 6 到 8 个板块。

“榜上有名”板块中，凡是达到老师的写作要求，感情真诚、描写真切的作文，都可以入选。

“佳作亮相”中，本次作文写得最好、堪称佳作的作品，是班上的“诺贝尔奖”。小作者被请上讲台，朗读自己的作文，并接受老师和同学的“采访”。这种“采访”，包括如何立意，如何遣词造句，还包括一些“吹毛求疵”式的“挑刺”。

“片段欣赏”中，教师通过电脑在投影上将本次作文选出来的精彩片段归类打出来，奇文共欣赏。李镇西的看法是，虽然不可能每篇作文都是佳作，但肯定会有不少作文有着精彩片段。作文获选“片段欣赏”的学生，也被逐一请上讲台，朗读自己的“得意之笔”。每次作文评讲，会有 20 名左右的学生“获此殊荣”。

“咬文嚼字”就是把本次作文中发现的错别字、病句，在投影屏幕上打出来，让学生们自己找出不对的地方，并提出修改意见，一一进行当堂改正。

“病文修改”每次列出两三篇作文，除了找出错别字、病句，大家还要进行热烈讨论，对文章的立意、谋篇布局、内容的真实性等进行“会诊”，各抒己见，互相砥砺，互相切磋。对挑出的毛病，本着“惩前毖后，治病救人”的原则，尊重孩子的感情，批评是和风细雨、与人为善。比如在《真情浓墨写童心》的评讲过程中，谈到某个学生的作文具有虚假描写的内容时，李镇西注意到该生有些尴尬的表情，马上把自己读初中时也有过弄虚作假作文的往事讲出来，然后告诉大家：这样的错误，每个人都可能犯，“所以，我原谅一些同学在作文中说假话的错误，因为你们毕竟还不成熟。但是，同学们应该明白，学作文的过程也是学做人的过程。希望同学们在以后的作文中彻底抛弃虚假”！

“出谋划策”跟“病文修改”有一些共通之处，就是拿出一两篇学生作文，让大家评论其成功之处，找出不足，提出修改意见。不同之处是，所选作文不是“病文”，而是中上水平的作文。

“恕我直言”则是对一种“似曾相识”的作文进行不客气的批评。李镇西在《温馨的记忆》一课中，对一位学生的作文《秋韵》这样评述道：“既然是‘恕我直言’，那我就直言了。我在这篇作文后面写了这样的评语：‘就文字而言，似乎不错，但文章总给人感觉似曾相识。’这是我的真实感受。我宁可读一篇有缺点但有个人独特体验的文字，也不愿意读一篇似曾相识的、平庸的文章。这次的作文是‘感悟与表达’，让我最遗憾的是一些同学用想象代替感受，一写春天或秋天就堆砌辞藻，闭门造车地用一些书上读到的句子编织成文，这是许多中学生写这类文章的通病！作者用简单的想象代替了对生活真实的感受，当然不会打动人。这篇文章文从字顺，但是缺乏自己对秋天真诚而独特的感受，因此不能打动读者。所以我说，写作从生活开始，生活从细处感悟。‘感’是感动，‘悟’是思考，好的文章总是从怦然心动到若有所思。当然不是不可以写秋天，关键是要写自己的感受——秋天的人、秋天的事。我的话说得比较重，‘恕我直言’嘛！”

“昨夜星辰”是把自己过去教过的学生的优秀作文“晒”出来。在条件允许的时候，李镇西还要把文章的作者请到课堂上，跟学弟学妹们交流写作心得。

“老师试笔”就是李镇西把自己的作文亮出来。《真情浓墨写童心》一课中，他朗读的是一篇旧文《无法回避的一双眼睛》，《温馨的记忆》一课，他朗诵的是自己跟学生的同题作文《温馨的记忆：一个阳光灿烂的日子》。读完以后，学生对他的作文展开热烈讨论，大家评头品足，有感动，有欣赏，也有诘疑问难。在孩子们的心目中，没有绝对的权威。

李镇西的作文评讲课，跟他的其他语文课堂一样，始终闪耀着民主教育的光辉，把作文与做人的教育悄无声息地有机贯穿其中，同时把作文的知识性、趣味性、艺术性熔于一炉，看似平常却颇具匠心。不仅他的学生会从课堂上学到作文与做人的真谛，有机会听课的其他老师，当然也会有所启发，受益匪浅。

听了《真情浓墨写童心》一课的上海市著名语文特级教师程红兵撰文评价说：“这是两节非常动人而成功的作文评讲课。”程老师认为：“整个过程有点有面，点面结合，从局部到整体，又从整体到局部，从今天学生作文到昨天学生作文，从学生作文到教师作文，非常周全，非常完善。”“这两节作文评讲课的师生关系是完全的合作伙伴关系，教师充分调动学生的积极性，学生几乎参与了所有环节，并始终以主体的身份评讲作文。”“李老师的作文评讲课的确充满了民主气息，面对作文，师生平等对话，积极主动。开放的课堂里常常会有教师始料不及的事情出现，这对教师的要求是非常高的，整堂课李老师灵活应变，潇洒得体。”“可以说李老师倾其所能把学生引向真实地书写真情，题目求真，内容求真，写法求真，赏析求真，改错求真，处处围绕真情。课的最后是李老师自己的文章，也是一篇以真情感人至深的美文，听来催人泪下。”（转引自《我的语文课堂》）

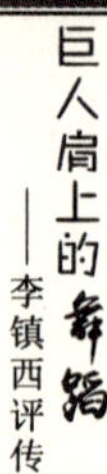

第六章　呼唤语文考试改革

第一节　现在的语文考试更像"整敌人"

李镇西在《从批判走向建设》一书中讲述了这样一件往事：

1998年1月23日，我应邀去成都教育学院为新上岗的语文教师讲课。

讲课前，我给这些青年语文教师出了一道题，让他们做——

请准确解释词语：安然无恙　不逊　勃然　游弋。

其实，这道题并不是我设计的，而是我随意从某本学生用的《语文基础训练与检测》中选出来的。

我的用意在于想试一试，对于考学生的题，我们教师能做起多少。

十分钟后，老师们交上了他们的答案。结果，对照标准答案一看，对这四个词语的解释，没有一个词语被哪怕50多位老师中的任何一位老师全部解释准确！

当时，年轻的老师们都红着脸，觉得太"丢脸"了。我却安慰他们说："没必要脸红。坦率地说，我也无法做到对这四个词语解释得十分准确。不过，我可以无愧地说，我会非常正确地使用它们。这就可以了嘛，谁能把词典背下来呢？"

听我这么一说，学员们如释重负地舒了一口气。

"但是，"我紧接着说，"类似于这样逼着学生背字词典的考试题，现在比比皆是。像这样连教师自己都不可能做对的题，却偏偏要去考学生，这是我们目前语文考试极为普遍的怪事！"

李镇西对这样的考试非常反感：

如此考试，造成了我们现在的语文教学中普遍存在的无效劳动。什么叫

语文教学中的“无效劳动”？就是让学生用大量的精力去“掌握”没多大实际意义的“知识”。比如，“选择下列音、形、义全都正确的一组词语”，这是现在各种语文考试中常见的题型，而要做对这样的题，就必须把课文注释中涉及的词语解释全部背下来！又如，讲《论雷峰塔的倒掉》，就叫学生背“选自《坟》（《鲁迅全集》）第1卷，人民文学出版社，1981年版）”！再如，讲到文言文，则要求学生背古代作家的字号、籍贯、生卒年月；等等！再如，为了让学生记住一些文言实词和虚词的意义，竟让学生一遍又一遍地抄课文注释！如此语文教学，不知浪费了师生们多少宝贵的时间！更可怕的是，如此语文训练，使不少学生对语文课的兴趣荡然无存！

他对语文标准化试题也颇有微词，认为它最大的弊端是将丰富多彩的语文教学变成了A、B、C、D“标准答案”的训练，严重扼杀了师生的思维个性，有时候还把明明很简单的问题人为地复杂化。他直斥其“莫名其妙，荒唐至极”！他对于漪老师关于标准化试题“把语文教学搞得碎尸万段，把一篇文章弄得支离破碎，把语文的天地搞得越来越窄，尤其是使得阅读教学一步步走入怪圈”和人民教育出版社周正逵先生关于“放弃自己的独立思考，既抹杀了个性，又抹杀了创造力”的尖锐批评拍手叫好。

他对非标准化试题中的一些题型也不以为然。比如1991年全国高考题第25题——

地方法院今天推翻了那条严禁警方执行市长关于不允许在学校附近修建任何等级的剧场的指示的禁令。

问：地方法院究竟允不允许在学校附近修建剧场？

答：____。

这样冗长艰涩、七拐八弯的绕口令式的长句，并不是日常阅读中能经常遇到的，用来考学生究竟有多大意义？

然后就是作文考试。李镇西说：“我觉得作文评分存在一个长期以来没有解决的问题，这就是不能允许考生写自己的真情实感，写出有个性、有创见的文章。于是，追求‘保险文’是教师和学生的共同心理。因此，尽管有的考试作文题出得不错，但真正优秀的文章却不多见。”

他引用毛泽东关于“现在的考试方法是对付敌人的办法”的话，来表达自己对现行考试方法的看法。他说：“我对这种‘非人道的’考试当然深恶痛绝，而当我在语文教学中，有时也不得不违心地采用这种‘非人道的’考试时，我的痛苦就很难用语言来表达了！”

第二节　改进语文考试方法的探索

身为普通语文教师，无力改变语文考试的现状，李镇西在经历心灵煎熬的同时，开始了自己的探索，对语文考试的方法进行改进，尽量让它符合语文教育的规律。

他对语文考试的改进，主要体现在两个方面，一是在平时的复习和考试中，尽可能让学生参与出题；二是在平时的单元测验题或期末考试题中尽可能体现出自己的教学思考。

学生出题一般是在两种情况下，一种是单元测验和半期考试，一种是考试复习阶段的模拟考试题。因为期末考试多半是全市或全区统考，而单元测验和半期考试则只是本班考或本校考，而且考试的内容也不多。他发动全班学生出题，然后根据学生交来的题进行选择拼装组成一套题。1985 年《读写园地》杂志还登出了李镇西班学生出的半期考试题。

他让学生出的第二种题，就是复习阶段的模拟考试题。学生要出好一套题，必须对有关语文知识进行全面而细致的复习，而且还要善于把握重点。学生出题的过程，就是一个系统复习的过程。模拟考试题出好后，李镇西利用语文课让学生互相考试，同桌同学互相交换各自出的考题，然后像正式考试一样做试题。试题做完后，把试卷交给出题人阅卷评分。

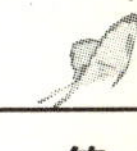

这样的考试，真正把学习的主动权交到了学生手上。

李镇西对语文考试第二个方面的改进，就是通过语文考试来引导学生尽可能灵活运用语文知识，尽可能把视野放开，而不是死记硬背教材上的东西。当然，为了应付中考或高考，他也会保留一些让学生死记硬背的内容。

因此，李镇西在改进语文考试方法的路上步履维艰：应试教育的大环境让他投鼠忌器，不敢大刀阔斧进行改革；来自学生家长的误解，也使他欲罢不能，欲改还休。他无奈地说："考试改革是一项极为复杂的系统工程，像我这样一个普通教师想在这方面作些探索，是极为艰难的；但我愿意继续探索下去。当然，和广大语文教师一样，我更寄希望于国家的考试制度改革。"

值得欣慰的是，无数"李镇西"对招生考试制度改革的呼声，已经得到了党中央国务院的高度重视。

2014 年 8 月 18 日，以习近平总书记为小组长的中央全面深化改革领导小组组长举行会议，敲定未来七年的改革"路线图"，并剑指国企薪酬、考试招生制度等民众反映强烈的问题。会议拿出了改革的初步方案：总的目标是形成分类考试、综合评价、多元录取的考试招生模式；构建衔接沟通各级各类教育、认可多种学习成果的终身学习立交桥。习近平指出，考试招生制度是国家基本教育制度。总体上看，我国考试招生制度符合国情，同时也存在一些问题。必须通过深化改革，促进教育公平、提高人才选拔水平，适应培养德智体美全面发展的社会主义建设者和接班人的要求。深化考试招生制度改革，总的目标是形成分类考试、综合评价、多元录取的考试招生模式，健全促进公平、科学选才、监督有力的体制机制，构建衔接沟通各级各类教育、认可多种学习成果的终身学习立交桥。

2014 年 9 月 5 日，国务院《关于深化考试招生制度改革的实施意见》正式出台。这个文件对社会反映强烈的唯分数论影响学生全面发展，一考定终身使学生学习负担过重，区域、城乡入学机会存在差距，中小学择校现象较为突出，加分造假、违规招生现象等问题给予了矫正。提出了“2014 年启动考试招生制度改革试点，2017 年全面推进，到 2020 年基本建立中国特色现代教育考试招生制度，形成分类考试、综合评价、多元录取的考试招生模式，健全促进公平、科学选才、监督有力的体制机制，构建衔接沟通各级各类教育、认可多种学习成果的终身学习‘立交桥’”。在考试方面：1. 完善高中学业水平考试；2. 规范高中学生综合素质评价；3. 加快推进高职院校分类考试；4. 深化高考考试内容改革。在录取方面；1. 减少和规范考试加分；2. 完善和规范自主招生；3. 完善高校招生选拔机制；4. 改进录取方式；5. 拓宽社会成员终身学习通道；等等。

对于艰难行进中的中国教育，考试招生制度的改革无疑是一个利好消息，值得期待。

第七章　李镇西语文课堂的魅力

"听课要听李镇西"——这是我国中学语文教育界广为流传的一种说法。

卓越的口才，自由的思想，深厚的学养，民主的作风，飞扬的文采，可爱的童心，加上颇具匠心的课堂设计，使他的课堂散发着引人入胜的魅力。我们在这里只说一点他的语言艺术。

第一节　风趣幽默的课堂语言

"听李镇西上课简直就是一种享受!"不少老师如是说。人们好奇地追问：李镇西的课堂为什么有这样神奇的魅力?

风趣幽默，妙语连珠，收放自如，纵横捭阖，潇洒从容，举重若轻，文采风流，高屋建瓴，行云流水——这些形容李镇西课堂风格的词汇，都非常到位。其中，"风趣幽默"更是他课堂语言的一大特色。

有一次，著名教育专家李希贵来到武侯实验中学。他看到一个有趣的现象：李镇西每到一个班上课，学生们都要欢呼雀跃，一个个非常兴奋。李希贵对孩子们说："请你们用三个词来描述一下你们的李老师。"孩子们异口同声回答：第一个词是幽默、搞笑；第二个词是渊博；第三个词是课上得好。

还有一次，某报一个记者来学校采访，离开之后给李镇西写信，说他在大门口问学生类似的问题，学生的回答也是幽默。因为李校长经常跟他们开玩笑，给他们唱歌，他们特别开心。这个细心的记者还发现，整个校园里只有李镇西一幅照片，画面居然是李校长和学生在公园里做怪相扮鬼脸!

语言风趣幽默，是所有听过李镇西的课，或者读过李镇西课堂实录的人们共同的看法。在李镇西的"课堂实录"中，不乏"众笑""众大笑""学生大笑"之类的表述。林语堂说："最上乘的幽默，自然是表示心灵的光辉与智慧的丰富……各种风调之中，幽默最富于感情。"

在《我教〈孔乙己〉》一文中有这样几处：

1. 教师：今天，我和同学们一起在这影剧院的舞台上上课，这“教室”真还有点特殊。我们真成了在演戏了。（众笑）

2. 教师：但我估计你们许多同学读小说多半是看情节，特别是喜欢看情节性强的小说，比如武侠小说等，哎呀，一捧起这样的小说，就沉醉在里面了：“啊，多么惊险曲折，多么动人啊！”

（学生大笑）

3. 男生D：老师，掌柜为什么要偷偷往酒里掺水呢？

教师：制造伪劣产品呗！看来，假冒伪劣产品本世纪初就有了！也许假酒的发源地就是鲁镇。

（众大笑）

4. 男生G：为什么作者在小说的结尾说“大约孔乙己的确是死了”？既是“大约”又是“的确”，这好像是矛盾的。该怎么理解呢？

教师：好，好，你这个问题有“科研价值”！（众大笑）好，还有哪些同学也对这个句子有疑问？请举手。（有不少学生举手）嗯，看来这个问题带有一定的普遍性。这个问题的确值得研究。因为这是一个牵涉到课文思想内容、人物形象等方面的问题。这个问题弄懂了，我们对这篇小说的其他问题也好理解了。好吧，我们这堂课，就来研究研究这个问题。

在研究之前，让我也向你们提出一个问题——既然是平等对话嘛，我当然也有权利向你们提问。我问的这个问题相当困难。这个问题是——孔乙己最后究竟死没死？

（学生大笑）

鲁迅先生的小说《孔乙己》整体氛围是比较压抑的，但在李镇西的课堂上至少有5次“笑”或“大笑”，课堂气氛非常活跃。第一次“众笑”，他巧妙借用在影剧院的舞台上课这一特殊场景，营造的笑声把素不相识的师生（他是在广汉市临时借班上公开课，师生之间并不认识）的心理距离一下子拉近了。第二次通过孩子们平时看小说的感受，以绘声绘色的表演导入正文，让孩子们跟老师的心理距离进一步贴近，并顺理成章进入课堂学习程序。第三次是顺带的幽默，既批评了伪劣产品，又让课堂气氛更加活跃。此时此刻，师生之间在心理上已经没有距离了。第四次用略带夸张的风趣，表扬“男生G”提出的问题。第五次有点像相声艺术的“抖包袱”，以引入下文“孔乙己是如何死的”。

李镇西“夫子自道”：“我给他们讲爱的最高境界是不动声色，不露痕迹，不事张扬。让人们因为我的存在而感到幸福，但别人又不知道是你给他的幸福。当然，这些道理我都不是空谈，而是通过一些生活中的例子，同时用孩子们能够理解的语言给他们说。有时候我的语言可能比较幽默，教室里常常爆发出哈哈大笑声。那氛围，特别好。同学们对我特别亲近，特别依恋。前来听课的作家童喜喜说：‘孩子们太喜欢你了，你太有亲和力了！’昨天，在初一（17）班讲了课之后，临走时，孩子们居然叫我‘帅哥’，他们一起喊：‘帅哥再见！’”

2011年11月5日，李镇西校长来到初一的某个班，给孩子们讲《一碗清汤荞麦面》。讲课结束的时候——

我对孩子们说：“这篇小说你们一定要记一辈子！等你们80岁的时候，再把这个故事讲给你们的孙子听。你们就说，”我开始模拟着说：“这故事呀，是爷爷小时候听李校长讲的，当然，这位李校长已经死了很多年啦……”

话还没说完，孩子们已经笑得前仰后合，甚至开心得拍桌子捶板凳了……（引自《老师教我当校长》）

李镇西是名副其实的“人来疯”。只要是有孩子的地方，他一出现就会笑声不断，孩子们会在不知不觉中喜欢上他，进而喜欢语文课。这是2014年12月8日他的博文《被欢乐湮没》的摘录——

成都市明天要举行名师论坛，要我上一节公开课。因为论坛设在成都十二中，自然对该校的学生上课。今天下午五点过，教研员唐旭华老师陪我去该校见学生。

到了教室门口，学生们刚好考试结束，正在收试卷。我便说我去一趟洗手间。等我回来走到教室门口，唐老师正在给坐得端端正正的孩子们介绍我，说我是著名的什么什么之类。她见我来了，便示意直接进去。学生们傻乎乎地看着我。

“怎么？不欢迎吗？”我板着脸问，一脸的“不高兴”。这是我说的第一句话。

孩子们说“欢迎”。我还是“不高兴”地说：“那怎么没掌声？”

“啪啪啪啪！……”热烈的掌声响了起来，孩子们都笑了。

我也笑了，说：“这还差不多。”孩子们笑声更大了。我继续说：“本来刚才我一直在外面站着。我想，既然是著名的什么什么，也算大腕了吧？那我得等有掌声才进去啊，是不是？结果等了半天没动静。我实在憋不住了，便自己进来了。”

话还没说完，同学们又哈哈大笑起来。

……我说：“大家有什么问题吗？”

一个男生举手了：“李老师，我们可以和你合影吗？”

我说：“当然可以！如果你们不和我照，我还会求你们和我照呢！现在你们要我和你们照，那我得矜持点，说我没时间，我忙，等你们反复求我，我再给你们一起照。”

同学们又笑了。

另一个男孩问：“李老师，你的名字叫李镇西，这个名字是不是表示吉祥的意思？”

我问：“哪个字表示吉祥？”

他说：“西。”

我说：“西表示吉祥吗？可我听人说谁谁死了，就说他‘上西天啦’！”

又是一阵爆笑。

他说：“那你爸爸妈妈为什么给你取这个名字？是什么意思呢？”

我大叫：“哎呀！我太愿意讲这个名字的来历了！谢谢你给了我这个机会！谢谢！”

孩子们哄堂大笑。

我说：“流沙河爷爷说他是1958年被打成右派的。如果将来写史书，可以这样写——‘1958年，流沙河被打成右派，李镇西诞生了！’”我一挥手，做了一个器宇轩昂的姿势。

“哈哈哈哈……”

我也忍不住笑了：“呵呵，我的确是1958年出生的。那一年，中国掀起了大跃进运动。当然了，你们不懂的。总之说是要十年超过英国，十五年赶上美国，超英赶美嘛！于是，我爸爸妈妈给我取名‘超美’，超过美国，所以我刚出生，叫‘李，超，美’！”

孩子们已经笑得拍桌子打板凳了。

“超美啊！现在的人会以为是‘超级美丽’，其实，是‘超过美国’的意思。但为什么后来又成了‘李镇西’呢？是这样，过了几年，中国不但没大跃进，反而造成经济极大的困难，毛泽东又提出阶级斗争，说‘不是东风压倒西风，就是西风压倒东风’，这本来是《红楼梦》上的一句话，毛泽东拿来说明当时的国际形势。我爸爸妈妈便将我的名字改为‘镇西’，就是‘镇压西方的帝国主义’，所以我便成了‘李镇西’！”

同学们又笑了。

我又问：“请问这位同学又叫什么名字呢？”

他说：“王棋，下棋的棋。”

“嗯，王棋。应该是‘棋王’吧？”

笑声。

我继续问：“爸爸妈妈为什么给你取这么个名字呢？”

他摇头：“不知道。”

“同学们，”我严肃地说，“每一个名字都寄托着爸爸妈妈对你的爱和期待。比如我以前有个同学名叫黄芪。当时我问他这个名字的来历，他说妈妈生他的时候出了许多血，医生便要他妈妈多吃黄芪，妈妈也希望他身体健康，于是便给他取名黄芪。黄芪同学当时说，一想到这个名字，便想到妈妈生自己的不容易，想到妈妈的爱。”

同学们静静地听着。

我说：“在座的同学中哪些知道自己名字含义的？”

部分同学举起了手。

我表扬道：“这些同学真好！还不知道自己名字来历的，请今天放学回家后问问自己爸爸妈妈，这样你对爸爸妈妈的爱会多一分理解。好吗？”

同学们都点头。

一个女同学问：“李老师，你是男老师，可为什么教语文呢？”

我一惊：“咦？这个问题倒很怪。男老师为什么不能教语文呢？”

她说：“我们的语文老师都是女老师呀！”

我笑了：“不是语文老是由女老师教，而是现在中国的中小学中女教师占了大多数了，因此教语文的女教师自然多，其实不只是语文，其他学科，比如数学、英语，不也是女教师多吗？”

同学们点头。

我继续说：“你这个问题让我想起了，曾经还有同学对我说，李老师，你小时候成绩不好吧？我问怎么这么说。他说，那你怎么教语文呢？我说，这是什么逻辑？他说，一般成绩不好才读文科，读文科成绩不好，就教语文。我一听，那个气啊！我说，告诉你，我们那时读中学根本没有文理科之说。而且我读中学时，各科成绩都很优秀，现在我还保存着中学的成绩单呢！我的数理化都不错。我读大学后回去看中学班主任，她还很惊讶我为什么会考中文系，她觉得我应该考物理系，因为我的物理成绩很棒。但我就是

喜欢文学，我的作文从小就写得很好，经常拿到外班去做范文。所以，我教语文不很自然吗?”

一个女生问：“请问，如何提高语文成绩呢?”

我说：“这个问题三言两语说不清楚，你最好问问你的语文老师，她会答得比我好。但我可以给你简单说说怎么学好语文。同学们，语文和数学等理科的区别在什么地方呢？比如数学，没学过的教材，你就读不懂，一个公式一个定理，你不懂就是不懂，不懂就不会做题。但语文呢，你们现在初一，可给你一本高中的课本，你打开也能看懂的，当然文言文除外。所以，数学要解决的问题是懂不懂的问题，而语文没有懂不懂的问题，语文要解决的是会不会的问题。比如，如果你们一进初中，老师给你出道作文题《怎样写作文》，你们都会这样写，中心要突出，结构要完整，详略要得当，前后要照应，过渡要自然，语言要生动，等等。但是，如果老师说，好，同学们，你们就按你们的作文上写的，来写一篇作文吧！结果好多同学照样写不会作文。这就是懂了，但不会。所以，语文老师讲了什么知识，问大家，懂不懂？大家都说，懂！老师又问，会不会？大家都说，不会!”

同学们爆笑。

“因此，学习语文，一定要解决会不会的问题。怎么才能会呢？我有一个观点，学好理科，要用题海战术，就是多做题。无论平庸的老师还是优秀的老师都会让学生多做题，区别仅仅在于这些题是不是选得好，是不是有价值。总之要学好数理化，肯定是要多做题，多多益善。而要学好文科，要用书海战术，就是多读书，读好书，越多越好。读多了，你的语文能力自然就提高了。”

有同学问：“请问我们读什么书好呢?”

我说：“先说同学们爱读书，这太好了！现在中国最大的问题就是读书的人越来越少。前次央视搞调查，问行人是否读书，多数人都说没时间读书。问一位大学生是否读书，当然，这里的书指的是教材以外的课外书，这个大学生也说没时间。记者追问他最后一次读书是什么时候？读的什么书？他想了想，说，半年前，读《驾照理论考试》!”

同学们大笑。

“是呀，这太可笑了！你们读什么书，这三言两语也说不清，但我建议大家读好书，人的一生的时间是一个定量，多用些时间在这方面，就少了一些时间用在那方面。因此一定要读精品。比如，你们这个年龄，我建议可以读曹文轩的书。”

同学们都说："我们读了的！""《青铜葵花》！""《草房子》！"……

我说："很好。还有，我建议在你们这个年龄段，多读唐宋诗词，多读古诗词。以前我教的学生，课间比赛谁背的古诗词最多。你们如果能够在初中阶段背两三百首或更多的古典诗词，就非常好！否则，你凭什么说你是中国人？李白出生于四川，杜甫在成都也住过几年，因此，从文化上讲，我们都是李白杜甫的子孙。可是，你连他们的作品都不知道，家里来了客人，你带他去杜甫草堂却不能给他讲解杜甫，你不惭愧吗？中华民族的优秀文化就是通过古典诗词进入我们的灵魂，并得以传承下去的。所以我希望同学们多读多背古典诗词。现在注重国学当然是应该的，但注意，并不是所有古代作品都是好东西，古代文化中也有许多糟粕，不能盲目地去读去背，比如《二十四孝》，糟粕就不少。"

同学们都很认真地听着。

一个同学问："李老师，您喜欢读什么书？"

我说："我嘛，现在读文史方面的书多一些。"

另一个同学问："您最喜欢小说是什么？"

我不假思索地回答："雨果小说。《巴黎圣母院》《悲惨世界》《笑面人》《九三年》《海上劳工》。希望你们以后也能喜欢。"

有同学问："李老师，怎么写好作文呢？"

我说："简单说吧，写作文有两个源泉，一个是书本，多读书，自然会学会很多写作方法技巧，你会情不自禁地模仿借鉴；二是生活，写自己最熟悉的人和事，写自己的真情实感，最容易写好。另外，要在写作中学会展开，就是详写。大家知道，作文要详略得当。可不少同学往往只会略写……"

同学们大笑。

我也笑了："这些同学写作文语言很精练，三言两语，一篇作文就完了。因为他总是略写呀！"

同学们继续笑。

我说："要学会详写。什么是略写呢？就是简单的交代，交代发生了什么，做了什么，而详写呢？就是形象的刻画，说明怎么发生的？怎么做的。比如'太阳升起了'，这是略写，而详写就是'一轮太阳从东方冉冉升起'；再如'他在吃饭'，这是略写，而详写就是'他狼吞虎咽地吃着饭，一边吃，一边还和周围的同学聊天'。详写就是展开，把一件事写得细致生动。关于作文，我就简单说这点吧！"

有同学问："李老师，您的爱好有哪些呢？"

我说："大家猜猜！猜中有奖！猜中者，我给他上衣一套！"

说着我把"上衣一套"写在黑板上。

同学们又笑了。

有同学猜："打篮球！"

"不不不，我的爱好不是打篮球。当然，我以前也打过篮球，但后来我想，总要给人家姚明一口饭吃呀！如果我去打篮球，那人家姚明怎么办？做人要厚道。所以我不打篮球，让姚明去打。"

同学们笑得前仰后合。

越来越多的同学猜："打乒乓球！""喝茶！""看电视！""看电影！""钓鱼！""开车！"……

都被我一一否定。

有两个同学说："读书！""教书！"

我说："是的，我的爱好是读书，还有教书。我的学生非常喜欢我的课，所以我非常喜欢给同学们上课！你们俩都猜对了，可我这上衣给谁呢？"

我脱下上衣，表现出很为难的样子。

女同学说："我不要，给他吧！"她指着那男生。

那男生说："我也不要，怕你着凉了。"

我说："那怎么行？我说话算数！"

他说："那你给我吧，然后我还你。"

我说："不行！上衣一套，说到做到。现在我们这个社会缺的就是诚信！我要用行动让你们见识一下，什么叫诚，信！"

同学们都半信半疑地看着我。

我对那男孩说："你上讲台来。"

他走上讲台，我把上衣往他身上一套，然后又把上衣取回来，说："好了，已经套过了，你下去吧！"

全班爆发出前所未有的笑声。

我说："笑什么笑？'上衣一套'，我不已经套了一次吗？"

大家继续笑。

我也笑了："呵呵，大家想想这问题出在什么地方？'上衣一套'，这个'套'，我理解的是动词，而你们理解的是量词。你们看，咱们中国的文字多么奇妙啊！"

又有一个男同学举手了："李老师，你像我姐姐的班主任。"

“你姐姐的班主任？男的，还是女的？”我问。

“女的。”

“嗯，你是说我像你姐姐的班主任一样漂亮？那就对了！”我说。

他说：“我说我姐姐是女的，她的班主任是男的。”

全班同学又笑了。

他继续说：“我姐姐的班主任也很爱学生。”

我问：“你姐姐读哪个学校？”

“武侯实验中学。”

“啊，原来你姐姐读我所在的学校呀！她读哪个班呢？”

“初一（10）班。”

“哎呀，真是巧啊！”

另一个女生说：“李老师，我爸爸妈妈也当老师，他们都读过你写的书，说写得很好，他们很感动。”

我一下子感动起来：“你爸爸妈妈在哪所学校呢？”

她说：“高新实验小学。”

“请代我谢谢你的爸爸妈妈！后天，我给你一本我的书，代我送给你爸爸妈妈，好吗？”

她说：“好。”

时间已经过去很久了，我说：“今天就交流到这里吧！”

可同学们不同意，还有很多同学举着手。

我只好再抽几位。

有同学问：“李老师，你为什么那么幽默？”

我问：“我幽默吗？我怎么不知道呢？哎呀，你们不知道，我这个人最大的缺点，就是不幽默啊！”

大家又笑了。

有一个男生问：“李老师，你以前去过簇桥小学吗？”

“去过呀！怎么了？”

他说：“我是簇桥小学毕业的。有一次我看到你来我们簇桥小学。”

我说：“哦，你还记得呀！”

他又问：“为什么有的校长很严肃呢？为什么好的校长都那么随和呢？”

我说：“不能说严肃的校长就不好，这可能和每个人的性格有关吧！我就是这性格，喜欢孩子。其实，严肃也好，随和也好，只要真诚就好。关键是，不要装！大家说，是不是？”

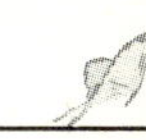

同学们都点头称是。

有一个同学说："李老师，我注意到一个细节，就是你和每一个同学说话时，都用'您'来称呼同学，你为什么叫每一位同学都用'您'呢？"

"啊？这我真还没想到，我都没意识到我叫同学时称呼'您'。"我真诚地说，"只能说是，习惯吧！"

有女同学问："李老师，你这么喜欢学生，喜欢教育，你的乐趣是什么呢？"

我说："我的学生爱我啊，我的学生喜欢我啊，我的学生对我好啊！上周在南京，我见到一位三十年前毕业的学生，我们三十年来一直没见过面，也没联系，但那天我在南京作报告，他走进了会场，听我讲他们那个班的故事，听着听着，他泪流满面。报告结束后，他走上来给我紧紧拥抱。他说，李老师，我第一眼见到你，就想哭，不知什么原因。那一刻，我很幸福！"

同学们被感动了。

举手的同学依然很多，但天色已黑。我不得不硬着心肠说："今天就到这里了。以后还有机会的。下来后，同学们可关注我的博客，用百度搜索李镇西新浪博客就可以了。"

同学们都希望我以后多给他们上课。我说如果时间允许，我非常乐意。

班主任说："大家不是想和李老师合影吗？快围着你们的李老师呀！"

孩子们呼啦啦地跑上来把我围得水泄不通。我立刻被快乐淹没了……

可以说，李镇西的课堂魅力，首先来自他课堂语言的魅力——幽默、睿智，教育的功能踏雪无痕，教育的效果潜移默化。可以想见，做他的学生，听他的语文课，想不喜欢语文课都不可能。

第二节　来自专家的评说

无论是在课堂上亲身感受李镇西的课堂教学，还是从书本上读到李镇西课堂实录的语文老师，或者教育界的专家们，对李镇西语文课堂的评价，简直就是"有口皆碑"。于是，才有"听课要听李镇西"的说法流传在语文教学界。

著名语文教育专家钱梦龙从李镇西的课堂实录中，读出了"清水出芙蓉，天然去雕饰"的感觉。他评价说：

镇西的课是没法按一般的“评课标准”分析评价的！它们上得太随意、有太多的“不期而遇”和“无法预约的精彩”；只觉得处处可圈可点，却又不知圈点哪一处才好。它们完全不像通常看到的“好课”那样，显示着设计的匠心，看得出刻意的雕琢。它们就像一道山间的泉水，从高处一路自由自在地流泻下来，曲曲折折，琮琮琤琤，随物赋形，无羁无碍。这样的课，实在说不上什么“法”、什么“式”，是“行到水穷处，坐看云起时”的悠然，是“此中有真意，欲辩已忘言”的潇洒。这大概就是《老子》所说的“大音希声，大象无形”的境界——至少是镇西正在追求着的一种空灵的境界吧？

钱先生特别赞赏李镇西上课的那些“出格”行为：

任何一本教学论的书都告诉我们：成功的教学必定是目中有“人”的教学。镇西的过人之处，也就是最值得我们学习之处，就在于此：“人”不仅在他的“目”中，而且进入了他的“心”里；不仅进入了“心”里，而且占据着“中心”的位置！他教学中的所谓“随意”，不是那种随心所欲的放任，而是对一切束缚学生个性、漠视学生权利、不利于学生发展的“规范”的藐视和反叛。他是“很功利”的，一切教学行为都是为了学生发展的“利益”，在他心灵的那杆秤上，无论怎样“高深”的理论、无论怎样“必要”的规范，都必须服从、服务于学生发展的利益；反之，便是无足轻重的伪理论、应该推倒的死规矩。在学生发展的利益普遍被漠视被剥夺的今天，镇西的教学中那些“出格”的行为，就显得格外可贵，也给予我们更多的启示。（钱梦龙《听李镇西老师讲课·序》）

上海市著名语文特级教师程红兵这样评价李镇西的课堂：

他的这种价值取向是有具体标准的，“对一篇课文，怎样才算读进去了呢？我认为，第一，读出自己；第二，读出问题。所谓‘读出自己’，就是从课文当中，读出自己所熟悉的生活或场景，读出和自己思想感情相通的某一个情节或人物形象，甚至读出触动自己心灵的一个时代或一段历史……我读出了自己——这就是所谓‘共鸣’！同学们，‘读出自己’就是欣赏。”“什么叫‘读出问题’呢？这就是研究。对于没有读进去的人，是提不出任何问题的。”（《冬天》）接下来的课就是按照这个“读出自己——读出问题”的程序来进行的。这样的教学化繁为简，返璞归真，折射了李镇西对语文课堂教学的基本观点，我赞同这样的观点，我欣赏这样的教法。当下，课程改革的宣传活动越来越多，理论家们的讲演越来越多，报纸杂志的观点越来越多，于是语文教学越来越复杂化，语文教学承载了越来越难以承载的任务，这样的结果是越来越“去语文化”了，于是善良的语文老师们越来越不知怎么教了。把简单的问题复杂化，把复杂的问题复杂化，把复杂的问题简单化，把简单的问题简单化，这是我们常常碰到的四种不同的做法，每个人都会做出自己的心理判断和选择取向。我赞同李镇西化繁为简，语文教学原本就应该是朴素的、单纯的，阅读教学到底教什么，实际上涉及阅读到底读什么的问题，李镇西的课体现了李镇西的看法，当然这不是唯一的，比如，我的看法就与之不尽相同，关于阅读，我是按照“你读懂了吗——你同意吗——你欣赏吗”这样的程序来进行的，观点不尽相同，但我以为价值取向还是一致的，那就是把语文课堂教学回归到朴素的原本状态。

李镇西老师的课堂教学的价值取向还体现在怎样教学上面，我体会李镇西的课一个明显的特征是：把倾听还给孩子，把阅读还给孩子，把研究还给孩子，把讨论还给孩子，把创造性的解答还给孩子，把问题还给孩子。《冬天》的教学魅力还体现在这里，李镇西老师在课堂上的表现就像一个节目主持人，穿针引线，煽风点火，挑动群众斗群众，让同学们相互质疑辩论，让同学们相互解答对方的问题，他这个主持人是出色的，他的出色体现在他的适切的话语，适当的时候说适当的话，其实很不容易，何况李镇西的话语是那么精当，幽默，宽容，真诚，自然。愉悦了孩子，孩子们有一种成功的喜悦，愉悦了李老师自己，李老师也有一种成功的喜悦，也愉悦了在场听课的许多老师，因为他们欣赏到了一堂真实而成功的课，李镇西老师这样教学的结果是师生同乐。（程红兵《听李镇西老师讲课·序》）

“美妙、和谐的语文交响乐”——这是上海市著名语文特级教师于漪老师的评价。于漪老师读完李镇西 2000 年 9 月在成都市石室中学讲授《荷塘月色》的课堂实录后这样写道：

这是两节内涵丰富、具有鲜明时代色彩的语文课。合上课堂实录，学生思维活跃、兴味盎然的情状历历如在眼前，教师切中肯綮、点拨精当的话语久久萦绕耳畔，教师引导学生步入语文求知的殿堂，品尝勇于追求、乐而忘返的欢乐。

教师视学生为一个个活泼泼的生命体，尊重学生，平等对话，探究气氛浓郁，学生个性获得发展，潜能得到开发。教育，说到底是培养人，学科教学是育人的重要组成部分。不具备现代教育观念，就会陷入重书轻人、机械操作的误区。这两节课的教学处处以学生为本，以促进学生个性的健康发展为本，学生的求知欲得到满足，对语言的揣摩，对文章思想感情的领悟，均能打开思想的闸门，知无不言，又言无不尽，再佐以教师的推敲，因而精彩纷呈，常闪发智慧的火花。教师始终与学生处于平等的地位，不以“权威”自居，而是作为学习语文的一员，积极参与讨论，谈自己的阅读感受。有时要言不烦，意在点睛，给学生以深深的启迪；有时明说“不过我也不知道，因为这可能永远是个谜”（绝非搪塞，而是列举种种研究成果），意在留给学生思考的空间，继续学习的空间；有时提出“现在，我能不能提几个问题啊”，意在深入开掘，弥补学生探究的不足。教师、教材、学生三维空间碰撞、交融，奏出了美妙、和谐的语文交响乐。

……

更为难能可贵的是教师不仅在各个教学环节中注意循循善诱、逐步深入，探求真知，更在于教师能把自身的文化积淀融合于教学之中，提高课的质量与品味，提升学生的思想情操。对课文作者的总体认识与评价，对课文意义的阐发，对通感收发的比拟，对重点词句推敲的延伸，对媒体相关报道的评论等，看似信手拈来，实则平日勤于阅读、积累文化的必然展现。而这些挥洒自如的讲解，对学生最有吸引力、感染力，最有启发性，也是课最能发光的亮点。学生以学为主，教师不学无以为师，教师学识丰厚，学生终身受益。

听李镇西老师的课，应该说是一种幸福。

成都市教育科学研究所语文高级教师吴玉明在《富于创造的教学设计》一文中写道：

1997 年 10 月，四川省青年语文教师课堂教学大赛，李镇西老师一堂《孔乙己》征服了所有听课老师，产生了轰动效应，理所当然地获得了第一名。不因为别的，就因为李老师的这堂课真正把学生激活了。课堂上，学生充满了求知的欲望，群情振奋，他们的思维在碰撞中产生道道火花，课堂气氛热烈而和谐。借班上课，能达到如此之境界，实属难得。课堂的生机勃勃，学生的积极投入，又取决于教师的创造性的教学设计。

浙江师范大学人文学院教授李海林这样评述李镇西的《我教〈致女儿的信〉》课堂实录：

李镇西老师的课就是有这么一种魔力，把学生深深吸引住，把“读”他课的人也深深吸引住。现在我要分析的是，李镇西的课里面有一种什么东西把人吸引住了呢？我们当然可以说是李镇西那诗人般的激情，也可以说是他平等待人（学生）的民主教学作风，以及他那得心应手、出神入化的课堂驾

驭艺术。(我个人的体会，还发现李镇西有一种孩子般的纯真，他和这些小孩子一样那么容易被感动，是不是这样性格的人更容易被学生所接受，所喜欢?)(转引自《李镇西与语文民主教育》)

第三节　来自学生的感言

“语文课应该飞扬着激情”“语文课应该燃烧着思想”“语文课应该闪烁着青春”——李镇西从事的是真语文教育和大语文教育。他站在中学语文教育的高峰之巅，俯瞰众山，激情似火，仿佛九百多年前站在长江之滨举杯酹江月的那位大胡子文豪，心中隐然涌出“大江东去，浪淘尽，千古风流人物”般的豪迈，李镇西自豪地宣布：

无论是对我还是对我的学生来说，语文课都是生命中最美好的一刻。

……当我的学生回忆起中学时代的语文课时，会觉得那是他们精神的聚会；而在我过去、现在和将来的人生旅途中，每一堂这样的语文课，都是我一次心灵的飞扬!

我可以自豪地说，凡是在我班度过中学时光的学生，除了学习《语文》教材上的课文外，几年之中，他们还通过我接触了大量的中外文学名著或当代最鲜活的人文书籍。就这样，从课内到课外，我给学生打开了一扇又一扇文学的窗口、文明的窗口、文化的窗口，本来容量有限的语文课在他们眼前变成了一片辽阔而绚丽的世界!学生们在倾听和阅读的过程中鉴赏文化精品，提高审美情趣，充实精神营养，完善人格塑造，最终将这些文化精华转化为自己人生的火炬，使自己也成为人类文明之火的传薪者——这，正是充满人文精神的语文教育应该达到也一定能够达到的目标。(《为学生打开一扇扇文化的窗口》，见《对批判走向建设》)

在李镇西的学生的回忆里，语文课岂止是“精神的聚会”，简直就是“精神的盛宴”!

曾经在李镇西班上度过了初中到高中六年时光、原乐山一中学生、现在成都市中级人民法院工作的沈建，回忆起当年在李老师带领下学语文的情景，还有点微醺的感觉：

大概是在1984年我刚进初一的那年，李老师曾专门利用一节语文课，给我们朗读了一篇关于一个身患绝症的中国留美女学生积极人生的报告文学。我至今还记得当时黑板上有一行李老师写的大大的美术字："一个普通的灵魂能走多远?"李老师充满激情地读，我们全神贯注地听。老师读完后又组织全班分小组讨论，并布置大家将讨论结果写成一篇读后感。15年过去了，李老师当时声情并茂的朗读以及那篇报告文学的篇首语——"只要勇于探索和奋斗，一个普通的灵魂也能走得很远很远。"——我至今记忆犹新。在李老师的语文课上，我和我的同学听过大量课本上没有的中短篇小说、报告文学以及散文随笔。就是在李老师极富感染力的朗读声中，我们学作文，也学做人。

李老师在对我六年的语文教学中有一个贯彻始终的宗旨，就是培养能力。"不做高分低能的学生"，这种提法或许现在看来并没什么新鲜的地方，甚至还有些陈旧了；但是，十多年前能这样明确提出来的老师却并不多，不但提出来而且又排除各种阻力致力于发展自己学生各方面能力的老师就更少了。李老师正是如此。刚进初中时，李老师要求每个同学准备一本日记本，每天写日记，把自己每天所见、所听、所感记下来。现在我以成人的眼光看这些日记，觉得当时很幼稚，但正是这些幼稚的日记，使每一个同学的写作能力逐步提高，也使每一个同学的思想不断地成熟起来。为了培养同学们的兴趣，提高同学们的阅读能力，李老师在教室的一角放了一个小书柜，把自己文学方面的藏书放在了里面，这便成了班上的"小小图书馆"。同学可以凭自己的爱好阅读这些书籍。在李老师的语文课上，同学们是否发言是李老师很注意的一个问题，他要求每个同学都能经常发言，不论发言质量和长短，首先要有发言的勇气。为了培养同学们的口头表达能力，每堂课李老师总要安排几分钟作为值日生的口头演讲时间。这些演讲内容不限。正是这短短的两三分钟，使我们每个同学受益匪浅。至于讲演比赛、辩论会，更是李老师语文课上频频出现的保留节目。另外，我印象很深的，是李老师很注意对学生想象力的培养，"发散性思维"、"逆向思维"，这些名词给同学们的想象力开了一扇天窗。李老师总是要求我们写作文要有自己的思想，不要盲从，要敢于挑战权威。他经常在讲完一篇课文后，要求我们发挥自己的想象力，将课文内容改编成小品，由每个学习小组在语文课上表演。记得在讲完契诃夫的《变色龙》后，李老师还要求每个学习小组设计这篇小说以后的故事，要求我们大胆想象，大胆地表演。(《我的语文教学给学生留下的印象》，见《从批判走向建设》)

后来就读于清华大学的原玉林中学学生陈峥写道：

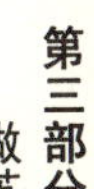

李老师的语文给我留下的最深印象是：松而有度。最有趣的是第一次在上语文课时听李老师读小说时的错愕与惊喜，还有我第一次对文言文感觉不那么面目可憎，语文课上少了枯燥单调的说教，多了一分讨论和自学，还有动脑思考的乐趣。应该说，启发学生思维，培养学生的语文或者说中文的感悟力是李老师一直坚持的原则。

……在大学中，我偶尔与同学谈及中学的作文教学，她说他们的老师给了他们十大作文框架，大家作文一概以此模式进行。我不禁为之叹惋，因而为我们的高中时代拥有许多本闪烁着中学生青春华彩的作文集而庆幸：在我们的笔下，我们会为街头的一点小事在作文中发发“牢骚”，我们会为申办奥运而呐喊助威，我们当然也会庄严但绝对真诚地论及人生与奋斗，我们还会充满深情地描绘我们温暖的班集体……一切的一切，都是发自内心的，都是自然而然的。这正是李老师给我们创造的良好的人文氛围和宽松的语文学习环境给予的。

……他不仅以其独到的见解、丰富的文学知识吸引了我们，更是以一种人文素养，一种人格魅力影响着我们、推动着我们，这也许就是李老师的语文教学取得成功的原因，也是给我的最深印象。(引文同上)

曾经在李镇西班上读到初中三年级的学生马宁写道：

早在读初一的时候，李老师就让我们进入了“素质语文”的殿堂。李老师提倡培养自学能力和提高语文综合素质。对待课本上的课文，我们自己写了自学笔记，提出了自己对课文的看法，这样我们学课文再也不是被动地接受，而是主动地去思考。一方面我们学好了课文，一方面又提高了自己的自学能力。由于我们自学节约了许多时间，所以李老师就利用课内时间给我们读小说，或开展各种语文活动，以提高我们的语文素质。我最感兴趣的是李老师朗读小说，只要一听说李老师读小说，我们就会欢呼起来。

但是到了初三，李老师离开了我们，我们换了语文老师，于是我们开始被迫接受“应试教育”的思想。新来的语文老师成天告诉我们“基本篇目”、“重点段落”，要求我们背整篇的例题和答案。除此之外，还有大量我们根本不知其意思的“名言警句”。这样一年下来，我们好像背了许多许多，但中考结束后我们却一无所知。这一年我们不但什么也没有学到，而且失去了一年宝贵的时间。(引文同上)

担任成都市武侯实验中学校长以后，李镇西说：“我有一个愿望，就是到每一个班去上课，让武侯实验中学的每一个学生都能听我上课；同时，让每一个孩子都能聆听《一碗清汤荞麦面》的小说——这是我特别喜欢的一篇小说。”他真的言出必行，“请”每一个年级的每一个班的每一个学生都“吃”了《一碗清汤荞麦面》。孩子们“吃”完面的感觉如下：

李校长很幽默，是我见到的最好的校长！希望李校长下次再来给我们讲课！（欧家豪）

我想对李校长说：“我觉得这碗清汤荞麦面非常好吃！你讲课时的那份幽默深得我们全班同学的喜爱。我希望您能把这《清汤荞麦面》带给所有人！”（李燕）

我想对您说：“您真的太幽默了！您有一颗使人快乐的心。我也会像您一样，把快乐带给别人，让他们快乐。希望您以后还能到我们班来上课！”（余艳秋）

“《一碗清汤荞麦面》这篇小说告诉我们，做人要善良，仁慈，保持一颗上进心，不仅要在熟人面前表现出善良，还要在陌生人面前微笑致意。”（文雯）

“听完课后我觉得在人生的道路上虽然有无数坎坷，但是要用行动克服困难，还应该要有一颗善良无私的爱心，给予他人帮助。爱，是高尚，是无私的！”（李英男）

“李校长，您讲的故事真好听！您是一位好校长，一位了不起的校长！我要向您学习！”（贺跃跃）

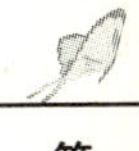

“李老师，您好！听了您给我们上课后，我懂得了很多。李老师，发现您在给我们讲课的时候，您并不像一位校长，而是像我们一样活泼可爱的孩子！我发现李老师您真的很适合教语文，您的朗读非常好，您的字也写得很好，而且最主要的是，您上课很幽默，让我们感觉很有趣。您讲的话让我们很想知道您想要讲的下一句是什么。我真的好希望您能常常到我们班上语文哦！李老师，请问我们能再有荣幸请您再给我们班上一堂课吗？希望您能够答应，谢谢！”（徐茂益）

“唉，李老师，我真的好想大声说出，您的大手真的好温暖！当大手包裹着小手，心里一股暖流在涌动！哦，还有，我还想多吃几碗面呢！您永远是我们的老师，我们最和蔼的老师！”（李雨）

“李老师，你给我们的第一印象是有一颗童心。虽然我们年龄相差很大，但你却能让我们感到你和我们同龄，有着一样的感受，一样的体会，一样的幽默……真很想让李老师给我们再上一节课！”（寇鑫灵）

“在这堂课中，我发现你的童真还未泯。您上我们的课并没有距离，我

离你很近。这碗面我吃得很香，很饱！”（李岚）

“李老师，你真是一个学生不害怕的校长！您走到同学们身边带来的不是一副臭脸，而是欢声笑语。我从来没听过这么精彩的语文课，要是李老师经常来给我们上课该多好！”（陈黎）（《老师教我当校长》）

第四部分 ◆◆◆

做苏霍姆林斯基式的校长

没有伊弗东学院就没有裴斯泰洛齐，没有芝加哥实验学校就没有杜威，没有帕夫雷什中学就没有苏霍姆林斯基，没有晓庄师范就没有陶行知，没有北京大学就没有蔡元培……完全可以这样说，几乎所有的教育家的名字都是与一所具体的著名学校连在一起的。幸运的是，李镇西也有了自己的学校。

第一章　做一个脚踏实地的校长

第一节　“蓝天下最美丽的学校”

蓝天为背景，操场上，一群天真活泼的孩子欢笑着向镜头飞奔而来——这是武侯实验中学教学楼墙上的一张巨幅照片，与对面的教师群像《经典的笑容》相映成趣。照片采用低机位广角拍摄，画面饱满，充满动感，如果参加摄影大赛，没准能拿大奖。照片上还配了一首诗——

像风一样迅猛
像火一样热烈
像鹿一样敏捷
像鹰一样飞翔
青春的翅膀
拍打着天空
成长的足音
震撼着大地
告诉未来我能行
告诉世界我来了
向着太阳
激情出发

不消说，这幅摄影作品和配诗的作者都是李镇西。照片的上方，铭刻着苏霍姆林斯基的名言——

教育——这首先是人学。
每个儿童就是一个完整的世界。

这张抓拍的照片，定格了武侯实验中学的孩子们健康、活泼、充满激情和理想的快乐童年，以及面向未来、积极向上的精神风貌。

2013 年 11 月 10 日，出席在成都市武侯区举行的第三届新教育国际高峰论坛的七百多名代表，参观了武侯实验中学。李镇西校长在校体育馆作了专题报告。

报告之前，他向与会代表和全校教师播放了一部片长十分钟的十年校庆宣传片。这部宣传片用微电影的方式讲述了一个新老师和转学生成长的故事：年轻的女大学生小王刚到这所学校，就遇上一位成绩较差的转学生。在转化孩子的过程中，女教师逐渐成长起来，孩子也有了进步，彼此都因对方的存在而感到了幸福。温馨的画面、感人的细节，赢得了热烈的掌声。

李镇西做报告的时候说，看了这个片子，我们不知道校长是谁，也不知道学校占地多少亩，不知道教师的学历构成、职称比例，没有领导关怀的镜头，没有奖状奖杯的罗列，但是体现了我们的办学精髓，那就是对人的关注。这个人，既指学生，也指老师。我们拍了一部不合常规但表现了我们的真实追求的宣传片：学校所做的一切都是为了人。

他还说，不仅如此，我们的校庆画册，在“办学理念”那里，草稿上写的办学目标是“建成全国一流西部领先的素质教育平民教育窗口学校”之类，我把它删除了，改为“让每一个学生获得他自己最好的发展”。这就是以人为本。

报告结束时，李镇西说：“我们学校的学生，大多是本地失地农民的孩子和进城务工人员的孩子，是一些学校不愿教的学生，但我们的老师却每天和这些孩子一起生活成长。60 年代有一首歌叫《我们走在大路上》，里面有一句歌词是：‘我们献身这壮丽的事业，无限幸福无上荣光!’我们的老师献身于平民教育事业，同样无限幸福无上荣光。我们的老师就坐在后边看台上，我提议，大家为我们学校的老师献上掌声，帮着我鼓励鼓励!”

掌声再次响起。

下来后，许多老师都涌上来，说太感人了，有的老师在看宣传片的时候流泪了。有一个老师说，以前觉得中国教育没希望，今天到我校，觉得中国教育还是有希望的。

彼得罗维奇教授走上台子，说太感动了。他很激动地和我拥抱。他送我礼物，是一套乌克兰民歌光盘。他特意说：“这是送给你的，不是送给学校的。”

……

散会后，我又被许多代表围住，签名，或合影。

乌克兰教育专家彼得罗维奇又激动地上来，对我说：“今天上午参观了你的学校，如果要用一个词来表达我的感受，那就是我很震撼！我到过世界许多国家的学校，到过墨西哥，到过加拿大等国家，从没有看到办学有这么独特的做法。我在这个学校看到了笑脸，老师的笑脸，孩子的笑脸，看笑脸说明他们在这里生活得很快乐！”

另一位乌克兰专家，她是幼儿教育专家，她说：“我们在学校发现到处都是散放的书，看到了很多孩子围坐在一起读书的情境，很感人。这就是蓝天下最美丽的学校！”（李镇西新浪博客博文《“蓝天下最美丽的学校”》）

第二节　奉邀出任校长

其实李镇西年轻时没有想过要当校长，很长时间里，他甚至连对当学校中层干部都没有兴趣，虽然他有多次“进入学校管理层”的机会。但连一天中层干部都没当过的他，居然“一步登天”，直接走上了校长岗位。

这和他读博士有直接的关系。读博期间，他和导师朱永新多次探讨中国教育的改革。朱老师对他说：“还是应该有一所自己的学校，按我们的教育理想进行一些探索。”当时朱永新任苏州市分管教育的副市长，很想把李镇西留在苏州，并打算修一所学校，交给李镇西，让他当校长搞一些教育实验。但李镇西没有忘记当初离开成都时对家乡的承诺，他谢绝了朱老师的挽留而回到了成都。

此刻的李镇西，已经不拒绝当校长了，他甚至也希望有一块自己的试验田，尽情挥洒自己的教育理想——

我们的教育体制不但应该宽容而且应该鼓励教育者的办学个性，即应该给教育者提供教育实验的条件，容许教育者有尝试自己教育思想的实验学校。没有伊弗东学院就没有裴斯泰洛齐，没有芝加哥实验学校就没有杜威，没有帕夫雷什中学就没有苏霍姆林斯基，没有晓庄师范就没有陶行知，没有北京大学就没有蔡元培……完全可以这样说，几乎所有的教育家的名字都是与一所具体的著名学校连在一起的。中国近几十年来之所以没有诞生教育家，重要的原因之一，正是教育者没有可能办自己的实验学校。我们的教育体制应该给教育者以实验的机会与办学的条件：允许实验者有自己的办学思想，允许实验者用自己的教材，允许实验者自己设置课程，允许实验者在办学模式、办学机制上有自己的特色，允许实验者有自己的教育评价体系和方式，等等。百花齐放、千帆竞发、万马奔腾的办学机制和教育生态，才是真正的民主的教育。(《民主与教育》)

有心人，天不负。他的这个“野心”，终于有了实现的机会，这就是成都市武侯实验中学。

2006年8月，李镇西奉邀出任成都市武侯实验中学校长，在一个全新的平台上，唱出了连台好戏。他的教育生涯，自此进入又一个华彩的阶段，生命因此更精彩。这一年，他48岁。

这里说的是“奉邀”而不是“奉调”，是因为虽然经过组织人事部门一系列的提拔、调动程序由“白丁”出任校长，但他确确实实是接受武侯区教育局的邀请去当校长的。

关于李镇西如何到武侯实验中学这一节，《成都商报》2007年的一篇报道写得比较详细——

2006年，李因学校（盐道街中学外语学校）要改制成私立学校而离开。这期间珠海有中学以年薪30万元聘李当校长，但李镇西还是想找杨伟（注：时任成都市教育局局长）要个乡村学校，做自己的“新教育”实验，甚至提出到甘孜州去当校长。这个凭一腔热情行事的人，不知道已经碰到了体制的南墙。

2003年以前，城乡分割的体制在教育领域体现为，“分级办学、分级管理”——村小由村办、乡中学由乡办，城区街道学校由区办，城区直属学校由市办。像李镇西这样的市管教师，若要到农村学校，就是一种“越界”。

从2003年成都推进城乡一体化大浪初起，城乡均衡教育被市委市政府作为各项事业的“基础”和“先导”，担当起成都统筹城乡实践的“马前卒”。从2004年6月起，成都投资14.5亿元，开始调整全市农村中小学的校点布局，并着手进行410所农村中小学的标准化建设。3年来，为农村中小学标准化建设项目学校所设的校长培训班已开办6期，已有323位校长“毕业”。另外，“农村教师素质提升工程”“城乡教师互动机制”业已完全成形。统筹城乡教育的大旗猎猎，终于吸引了擎着理想火炬的李镇西。

2006年8月10日，李镇西人生中“第三个影响命运”的人出现了。武侯区教育局局长雷福民约见李镇西。雷早就知道李的大名，也听过“李镇西是理想主义者，不好管理，工作不踏实，教学成绩一般，而且经常‘冒泡’

惹事”之类的传言。但雷福民相信李镇西。

两人从晏阳初和陶行知谈起，一番话下来，两人明确了一条理想与现实结合的路径，就是把新教育实验和乡村平民教育结合起来，与成都的城乡均衡教育实践结合起来。这个实验基地定在武侯区的一所涉农学校武侯实验中学。“在离市区十多公里的原簇桥乡”。李镇西去了一看，挺失望的，“校园太漂亮了”，不像想象中的农村学校。事实上，武侯实验中学的美丽校园，恰是成都近几年发展城乡均衡教育的成果。

“平民教育是一种大众教育、普惠式教育，而成都推行的城乡均衡教育，是实施平民教育的根本前提和重要途径。为城乡孩子创造均等、优质的学习条件是政府的责任。硬件建设只要政府舍得投入，学校修建起来是很快的。要让广大的农民子女和外地务工人员子女享受到优质的教育，更重要的是软件方面的政府投入。”武侯区教育局局长雷福民对记者说，“城乡接合部的初级中学是最薄弱的，需要更多的有识之士去投入教学。”

李镇西此去，确实胸怀壮志，包藏“野心”，他要践行苏霍姆林斯基的教育思想和自己的民主教育理念，做一个苏霍姆林斯基式的校长。他想尝试一下：一个有理想的教育人，究竟能够走多远？

第三节　一所特殊的学校

这是一场双向选择的教育实验。

武侯区教育局选择李镇西，实验的目的是：一所由教育家办的学校会是什么样子？李镇西选择接受邀请，他的实验目的是：在当今中国教育官本位意识浓厚和应试教育为主流的大环境下，如何在一所农村中学办适合每一个孩子的教育？

于是，跟绝大多数所谓“实验学校”的名不符实相比，成都市武侯实验中学才是如假包换的“实验学校”。

这是坐落在老川藏公路边上的一所初中学校，在李镇西来当校长之前三年的2003年，由一所厂办子弟校和一所农村小学合并组建而成。如今放眼望去，美丽整洁的校园，以淡蓝色、赭色和绿色为主要色调，跟周边灰扑扑脏乱的环境显得格格不入，有点鹤立鸡群的味道。

从“百度百科”了解到，这所学校占地87亩，建筑面积27000平方米，建筑教室50间，能容纳800名学生住宿的公寓1幢，有标准的塑胶运动场，

现代化图书馆1座，藏书4万余册。建设有闭路电视网、校园广播网、程控电话网和校园网等现代化信息系统。拥有计算机网络教室、远程教育功能室、多媒体语音室、音体美专用教室、形体室、武术大厅等数字化多功能教室43个。近年来，完善了以“陶园”“苏园”“新教育园”“文化长廊”“行知书吧”为载体的以“书香浓郁、大师精神、现代气息、人文关怀”为特色的校园文化，现正在拟建学校食堂和现代化的体育馆。她是四川省形象最美、规模最大、功能最全、现代化程度最高的初级中学之一。

学校所在的成都市南郊簇桥乡，距离市区约10公里。这里原属双流县，与成都市郊区接壤，1990年才划归武侯区，是典型的城乡接合部，在城市化进程中发展起来，说土不算土说洋不算洋，就是都市边缘区域。说它洋，却又基本上看不到现代化都市那种剑指霄汉的高楼大厦和宽阔明净的大街；说它土，又没有稻麦果蔬翻绿浪的田园风光，满眼都是些方方正正灰不溜秋的低矮楼房；空气中飞扬着看得见的灰尘；老旧的公路上东一个坑西一条缝，车辆走在上面像跳舞；人们的现代化都市意识还没有养成，行人随意横穿、汽车抢道加塞的情况比比皆是，与那些偏远山区的小县城没有多大区别。

学校的情况也很特殊。从教24年多来，李镇西先后在乐山一中、成都玉林中学、成都盐道街中学外语学校和成都石室中学任教，都是一些相当不错的学校。尤其石室中学，属于四川省中学教育的标杆级学校，校舍、设施、师资、生源和管理都是四川省第一流的。而眼前的学校，根本无法同日而语。

一方面，学生的组成非常特别：88%的学生来自失地农民家庭、单亲家庭、特困家庭、下岗职工家庭、外来务工人员家庭，学业处于中下游，厌学、怕学、不会学的学生比比皆是。每届毕业800多人，能够考上高中的只有200来人，还有一部分通过其他途径上了高中，有60%的毕业生选择就读职高，一些学生从此辍学，小小年纪就走上打工之路。

另一方面，教师队伍的组成也分为几个层次：一部分是原来工厂子弟校留下的“元老”，一部分是原农村小学过来的“元老”，另一部分是学校新建后陆续调进来的，还有一部分则是临时聘用的。也许，这样的学校急需的是一位说一不二、敢作敢为、善于快刀斩乱麻、“镇得住场子”的铁腕校长，而心慈面善的一介书生李镇西，能够治理好这样一所学校吗？

第四节　“像当班主任一样当校长”

从来没有在领导岗位上独当一面的李镇西，突然当上一所有着三千多名师生的学校的校长，要说心头一点都不虚是不现实的。他的老朋友同时也是老一辈校长的魏书生、冯恩洪鼓励他：“你能够当好班主任，就一定可以当好校长！”

有了当班主任的经验，李镇西有了底气。《老子》说，治大国若烹小鲜。那么，管理一所学校比治理一个国家轻松多了，还不是牛刀杀鸡，小菜一碟！李镇西果真把一所学校当成一个班来管理，头衔变了，实质没有变，他还是班主任！

当班主任二十多年的成功经验，一方面是靠民主选举的班干部当左膀右臂，另一方面靠民主制定的班规“依法治班”，让学生自我教育，自己管理自己。他这个班主任被解放出来，有了更多的精力抓德育，准确把握每一个学生的思想动态。他的班级，每一届都是优秀班集体。当校长，就照此办理，他真的以当班主任的心态，走上了校长岗位。

当班主任，不能事无巨细地盯着学生惦着琐事，要善于让学生自己管理自己，也就是说要放手让班干部去管理班级。那么，我的“班干部”是谁呢？当然是学校的其他干部。书记是“班长”（因为我不是党员，所以我校有一位专职书记），副校长是“班委”，中层干部就是“大组长”，教研组长就是“小组长”。我把这个“班”交给他们，充分发挥“班干部”的作用，我就轻松了。不只是轻松，也是扬长避短——扬副手之长，他们当校级干部的时间比我长，经验自然比我丰富；避我之短，我对学校管理是生手，那还是让他们去管吧！几年来的事实证明，我这样的选择是明智的。我借力，他们给力，多好！（《我不过是一个大班主任》，见《每个老师都是故事》）

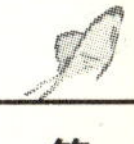

把烦琐的学校事务交给了“班干部”，“班主任”李镇西就专心一意做两件事。一件是把自己还原为普通教师，用更多的时间找学生谈心，走进学生心灵，研究学生思想，把德育工作做得更好。另一件是把更多的精力用于教师的思想引领，将工作的重点放在教师队伍建设上，把日光对准一个个寻常教师的心灵，尽可能让每一个老师的素质都得到提升。

来到武侯实验中学，李镇西并没有“新官上任三把火”，更没有像其他

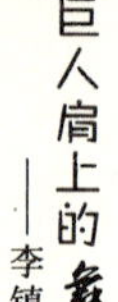

的"新官"一样，迫不及待改弦更张，提出与前任不同的所谓理念和思路，而是出奇地低调。他对前任校长赵复华尊敬有加，称"他是我们学校的创始人，为我们今天的发展奠定了坚实的基础"，提出的发展理念是"继承性发展"。他重温武侯祠"攻心联"，对学校现状作了全面而客观的分析。

武侯区以祀奉三国时期著名的蜀汉丞相、武乡侯诸葛亮的"武侯祠"而得名。武侯祠大门口悬挂着一副著名的楹联，是一百多年前宦游蜀中的云南剑川人赵藩撰书的：

能攻心则反侧自消，从古知兵非好战；

不审势即宽严皆误，后来治蜀要深思。

重温"攻心联"，结合学校实际，李镇西决定：通过"攻心"（跟老师们促膝谈心、以心换心、走进心灵）聚集人心，提升教师；通过"审势"（全面考察学校和学生实际情况）定位学校平民教育的发展方向。

他不止一次，也不止在一个场合公开表示，他不会当校长，但是老师们在教他当校长。正如他一直坚持的"学生教我当老师"的做法一样，他通过各种途径，包括电子信件和QQ聊天，随时听到来自老师们的建议和意见，不断汲取当校长的养料。他曾经要求每个老师就学校工作提建议和意见，然后让学校行政办公室将这些意见整理归类，他一一阅读并写下批示，然后分别转达给分管校长参考。他和班子成员研究：老师们的意见建议哪些可行？可行的马上落实。哪些不可行？暂时不可行的给老师们解释。无论可行与否，学校办公室对所有意见和建议都必须书面回复。在不断"纳谏"的过程中，不断修正工作思路。他理直气壮地宣称：老师教我当校长！

这可不是客气话。我到这个学校第一次面对全校老师发言，我就坦诚我对学校管理是外行："我虽然没当过校长，但有了在座各位老师，我就有信心，更有智慧了。因为你们随时都可以教我如何当校长。"

我没有当过校长，自然有许多不足，不过不要紧，我把自己交给老师们监督评判。2007年1月9日，我在我的博客上发了《老师教我当校长》一帖，帖中说："我从没有做过校长，因此没有经验。不过不要紧，每一位老师都可以教我做校长。我哪些地方做得好？哪些地方做得不好？还应该怎样改进？这里我公开征帖，请老师们写出帖子，帮助我。我愿意真诚地接受老师们的监督和批评，这样我会成为你们欢迎的校长。"

该文很快引来几十位教师的跟帖——

"希望李校长多听我们的课。""建议李校长关心老师们的身体！""看到这个帖就看到了一种力量，看到了可以预见的未来！看到了孩子们的希望！"

“你反复思考认为是对的，请一一坚定而执着地施行，比如制度、理念、人事。事实是你正在这样做。”“对自己事业的淡定，对我们老师的信任，足以让我们感慨万千。愿我们在这样的工作学习环境中，走得更远，飞得更高……”

……不仅仅是通过网络，平时在和老师们谈心或者随意聊天中，我也征求老师们对我的意见和对学校工作的建议，我往往从中获得不少智慧。

有老师给我建议：“能否在会议室和办公室添置一些绿色植物，以美化环境，净化空气?”这个建议当然非常好，于是，老师们的办公室和学校会议室便绿意盎然了。

有老师给我建议：“你一个人管这么大一个学校太累，也不容易管好，何不让三位副校长各包干一个年级呢?”经过论证，我采纳了这个建议。

有老师说：“评优选先，职称评定，纯粹看选票不公平，往往成了选人缘。”这个提醒让我思考如何才能真正做到公平公正，于是，我校的学术委员会成立了。

有老师对我说：“学校对老师们的考勤太死板，没有考虑一些特殊情况。”经过了解，确有这种情况，于是我和有关部门研究并改进学校考勤，既坚持学校制度和纪律，又充满人文关怀。

有老师在我面前抱怨：“学校的会太多，能否减少一些，以减轻老师们的负担?”于是，我们将教研组长会和班主任会错开，由过去的每周都开，到现在的间周一次。

学校体育馆建成了，有老师给我建议：“能否搞一个隆重的开馆仪式，请几位国家级羽毛球运动员为我们做表演?”非常好！我不但采纳这个建议，而且把这件事交给这位老师去操办。(《老师教我当校长》)

在李镇西这个校长的词典里，没有“一言九鼎”“独断专行”“我说了算”这样的词语。他不仅推行民主管理，依法治校，集思广益，广开言路，择善而从，从善如流，而且具有宽阔的胸襟和气度，即使面对一些在旁人看来无理的冒犯甚至挑衅，他都用理性和智慧一一化解。他说过：“我始终抱着不与任何老师为敌的心态，善待每一个老师，相信每一个老师都有上进心和成功的愿望，尽可能根据每个老师的特点来引导其进步。”

一位老师在大会上当着一百多个老师的面，言辞激烈地指责李镇西，滔滔不绝嚷了十几分钟。原因是，这个老师此前课上得不太好，行政会议决定不让他教初三。按照常规，副校长应该事前给他通气，但忽略了。当李镇西宣布决定的时候，这个老师的怒火突然爆发，“呼”地站起来就开骂。他骂

完了。李镇西没有半点怒容，耐心解释没有事先通知的原因，并表示了歉意，然后说："今天×老师这样做是不对的，但是大家可以见证我对×老师的宽容。"这位老师后来也很后悔，坚持在大会上给李校长道歉。此后，李镇西不仅没有给他"穿小鞋"，反而给他无私的帮助，使他在各方面有了较大进步，课也上得很棒。李镇西还带他到全国各地去讲学。

李镇西还记录了这样的故事——

2008年10月，在初三复习方式上，老师们对学校的某项规定不满意，并采取了比较极端的方式表达这种不满意。说实话，如果换了别的校长，很可能是通过"高压手段"予以"严惩"。但我想，老师们为什么不满意呢？这不满意里有什么合理的因素吗？于是，我分别找老师们谈心。从老师们的口中，我感到老师们的意见不无道理，学校对初三的管理的确有需要改进的地方。于是，我请分管副校长和老师们商量，最后找到了更加符合实际也更加有效的管理模式，这种模式后来给我校的中考带来了前所未有的佳绩，因此这种模式一直沿用到现在。我想，正是因为老师们当初的不满和因此引发的管理改进，才使我这个校长越来越成熟。这不是"老师教我做校长"吗？(《老师教我当校长》)

李镇西通过以心换心的"攻心"，让各种公开的"反侧"或潜在的"反侧"消弭于无形，人心得以凝聚，各项工作有序展开，他自己很快掌握了工作的主动权。

第五节　一个勇于道歉的校长

古圣先贤早有遗训：人非圣贤，孰能无过？过而能改，善莫大焉。

但是俗语却直截了当揭示了一个常见现象：官不认错。对现代官场有人调侃：领导永远都是正确的。各种会议的讲话中，总有千篇一律向上级献媚的语言（如果被歌颂的领导在场，发言者的声音和神态还会透出几许妩媚）："在××××的正确领导下……"这里的"××××"指的就是上级主要领导。如果领导始终正确，下级向上级"直言敢谏"的事情就不可能发生；如果领导永远正确，要求领导干部为自己的错误决策和不当言行公开道歉就无异于与虎谋皮。

眼前就有一个实例。在2014年7月的互联网和新闻媒体上，一件事情吸引了公众的眼球。事情就发生在承担着引领思想和精神发展任务的大学校园里。厦门大学副教授谢灵在网络上发表致校长朱崇实先生的公开信，批评该校食堂对校长搞“特殊化”，教授下课后就餐，要么冷饭冷菜，要么没有饭菜供应，而且工作人员态度恶劣；而校长去了就会受到特殊招待，预留的好菜好饭热气腾腾香气四溢，几名工作人员围着转云云。

本来，这样一件小事情，校长只需出面澄清，如果没有此事，用事实说话就行；如果情况属实，认个错道个歉，说一句“下不为例”，并承诺责成学校食堂整改工作作风，也许还会为自己赚来无数掌声和点赞。但是朱校长的表现委实让人失望，一边矢口否认，指责谢灵的批评失实，一边剑走偏锋，说谢灵涉嫌学术造假正在被调查等，就是不肯正面回应谢灵的批评，把一件本来可以轻易化解的小事，弄成了市井中的妇姑勃谿，整成了阿Q和小D的“龙虎斗”，让我们津津有味地看了一盘热闹。

道理很简单，领导的威权不容冒犯，大学领导也不例外，无孔不入的官本位意识早已让高等教育产生了异化。

李镇西这个校长却没有什么官场禁忌，他在武侯实验中学经常都会道歉，有时候为自己，有时候替别人，有时候是向学生道歉，有时候是向老师道歉，有时候是私下道歉，有时候又是在大庭广众之下公开道歉。

有一次，他经过初一年级教室的时候，初一（7）班的学生谢丹把他叫住了：“李校长，我想问您，为什么有时候我们表演的时候，您不看完中途就走了呢？比如，前次我们进行素质队列操总决赛的时候，您为什么提前走了呢？”

李镇西认真地想了想，想起那天学校体育馆举行素质队列操总决赛，他在开幕式上讲了话就离开了，因为急着去开会。面对孩子直言不讳的批评，他的第一反应就是道歉：“真的对不起，那天我忙着去开会，所以就没有看完。”小姑娘很体谅，说是“没关系”。李镇西却感到了内疚，摸摸她的小脑袋，似乎这样便可以减轻内疚，同时认真地说：“下次，我一定认真看完你们的表演，好吗？”

小姑娘还有点不依不饶：“以后同学们的节目你一定要看完，不然就是不礼貌。”

李镇西开始了认真的自责：“真没想到，孩子们那么在乎我是否在乎他们。当时，我讲完话匆匆离开赛场的时候，心里一点都没有想到在场的孩子会怎么想。平时我总是给老师们说，要‘尊重学生’，可我自己却也有不尊重孩子的时候，而且自己当时浑然不觉。当然，当校长总有一些突然通知的

会必须去开，但是，我走的时候，为什么不给全场孩子们做个说明并表示歉意呢？这说明在潜意识里，我对孩子的确尊重不够。现在，孩子给我提意见，让我感到歉疚。”

他更内疚的是，那天有一位教育局的副局长在现场观摩比赛，自己是专门去向副局长表示了歉意才离开的，可见骨子里面也有着等级意识和尊卑观念！自己不是经常说，平等只能在平等中培养——今天的教师如何对待学生，明天的学生就会如何去对待他人吗？

半个月后，学校举行一年一度的田径运动会。他在致辞的结尾特别提起这件事——

前不久，初一（7）班的谢丹同学给我提了一个意见，批评我在学校体操总决赛的时候，没看完同学们的比赛就中途离场了。在这里，我除了向谢丹同学表示感谢之外，还诚恳地向全校同学表示道歉！明天，我又不得不出差。但是，今天我全天都在学校，一定观看同学们的比赛！请同学们谅解！（《一件小事》，见《老师教我当校长》）

全校师生报以热烈的掌声。

在大会上向学生道歉，李镇西不止一次。

2011 年 9 月的一天，李镇西忙了整整一个上午，直到中午一点半才有点空闲时间，疲倦感袭来，正准备在办公室的沙发上躺一会儿，蓦然听到操场上的音乐声，赶紧一个鲤鱼打挺坐起来，拍拍脑门子——今天是初三年级素质操比赛的日子，自己是答应参加并发表讲话的！

他匆匆忙忙系上领带，套上西装，冲出办公室，一路向操场狂奔而去。等他气喘吁吁赶到操场，副校长的致辞刚刚结束，正待宣布素质操比赛开始，他喊一声“等一等”，跌跌撞撞冲到队列前面，拿过话筒上气不接下气地说——

“等我，等我苟延残喘一会儿……”师生们全被他的话逗笑了。喘息稍定，他开口说道：“对不起大家，对不起！本来昨天我收到邀请函时，答应了要来，可今天我太忙太忙，上午在市里开会，中午事情太多，刚刚准备休息，听到外面喧闹，才突然想到我们初三的素质操比赛，赶紧翻身跑出办公室，一路连滚带爬来到操场……”全场大笑。

他不仅自己勇于承认错误，向别人说“对不起”，而且还鼓励老师学会说“对不起”——

2012 年 3 月的一天傍晚，李镇西突然接到一个女孩子的电话，说在正在他的办公室门口，请他出来一下。李镇西遗憾地告诉她自己在外地出差，没在成都，请她在电话里说。这位初二（16）班的女生说："我让受害者给你说。"一听"受害者"三个字，李镇西心中一怔，不知道孩子受到了什么伤害。另一个女生在电话中告诉他，今天下午，自己和几个女同学经过体育场的时候，被教体育的熊老师踢了一脚，熊老师还打了宁小樱同学，请李老师转告熊老师，以后不要打学生。

李镇西很难过，他相信学生不会无中生有"诬告"一个老师，也相信老师不会平白无故踢打学生，但即使学生做了错事，老师也不应该打学生。这是底线。他当即表态："老师无论如何也不应该打学生。今天熊老师打了你，我作为校长很惭愧，我向你道歉！我出差回来后，一定找熊老师谈谈。不过，你也要宽容熊老师，老师也可能犯错误的。"

她表示能够宽容熊老师。李镇西跟她约定，回来再找她聊。放下电话，他马上给熊老师发了一个短信敲山震虎："小熊，我出差在外，周四晚上回来。回来后找你谈谈心，好吗？"

熊老师回了短信："好的，李老师！我在训练学生哈！不会又是我哪里犯错误了吧！李老师，对了，出门在外注意身体哦！"李镇西回道："哈哈，好好想想你犯了什么错误。放心，我会帮你的！"对于这个很有个性也很敬业的小伙子，李镇西决定回去后找他好好谈谈，了解事情的来龙去脉，一定要让他认错，最好能够让他向学生当面道歉。下面的情况是——

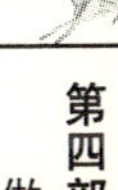

第二天我回到成都，下飞机已经是晚上七点半。但我还是约了熊老师在学校和他谈心。

熊老师比较单纯，也很信任我。所以我便单刀直入："小熊，知道我为什么找你谈心吗？"

"不知道。"他憨厚地笑了。

我问："昨天下午的事，忘记了？"

他认真想了想："想不起来。真的不知道。"

我继续问："昨天下午，你在教育学生的时候，是不是动了手？"

"没有！绝对没有！"他很肯定地说。

我说："昨天晚上我收到一个女生的电话……"然后我把那位女生给我说的话转述给他了，"当然，这个同学说的细节可能有出入，但你当时是不是比较急躁因而简单粗暴了一些？"

他又想了想，说："哦，你说的是这件事啊！是这样的，昨天我在训练篮球队，几个女生从我们的场地经过，我就叫她们走旁边，不要影响我们，但有两个女生不听话，于是我就用篮球网抽打了她们。”

我问：“还有一个女生也被你用脚踢了？”

他说：“是的，但我没踢着。”

“好，”我说，“基本事实比较清楚了，昨天你的确对学生动了粗，尽管你说没有踢着，但你的行为的确不对。”

他低下头，表示承认。

我说：“我知道你是因为急躁，我也不否认你这几年的进步和为学校所做出的贡献，但这件事，你错了。”

他点头。

我继续说：“现在学校在发展，越来越多的人关注我们学校，我们自身的素养如何与学校的发展相称？无论如何，你这样做是不对的。你就是太急躁，有时候对学生缺乏耐心和涵养。”

他表示自己是做错了。

我说：“这件事就到此为止，既然你认错了，我也不会再给你什么处罚。我相信你以后会改正的。但是，我建议你给这两个女生道个歉。我给你说啊，给学生道个歉，不丢脸的，只会提升老师的威信。”

其实，我在给他提出道歉要求之前，心里拿不准他是否答应。如果他不愿意我不会勉强，我会理解他要面子的想法。校长也应该照顾老师的面子。但是，我同样应该照顾孩子的面子。如果他不愿意道歉，我会让他授权于我代他向学生道歉的。

但是，小熊当即爽快地表示愿意向学生道歉：“没问题！”

真是个磊落坦荡的男子汉！

……

周五中午，我把周三被熊老师打的两个女孩——华梅梅、宁小樱请到了办公室，然后把熊老师也请来了。

熊老师对两个女孩说：“那天我很急躁，对你们有些粗暴，对不起！那天是怎么样的情况呢？我带着篮球队在训练，你们从训练场中间走，正在训练的男生非常勇猛，万一哪一个撞着你们，后果不堪设想。我当时是很着急，是担心你们的安全啊！所以要制止你们。当然，我制止方式不对，是错的，这点我理解，向你们表示歉意。希望你们能够谅解我。”

两个女孩说：“是的，那天我们也有不对的地方……”

我说：“老师也是人，是人都会犯错误。但能够给学生认错，这并不是每一个老师都做得到的。何况，你们现在一定也理解了当时熊老师为什么那么着急吧？真的还是为你们的安全担心呢！”

我又对两个女孩说：“很感谢你们对我的信任！以后有什么可以直接找我倾诉。我送你们一本书吧！”

我拿出两本崭新的《爱心与教育》给她们签上名，送给了她俩。（《道歉》，见《老师教我当校长》）

道歉是一种素质，是一种美德，更是人与人之间关系的缓冲剂、润滑剂、调和油，它能平息愤怒，化解矛盾纠纷。李镇西从当实习老师起，因为自己的“教育失误”而对学生说了无数声“对不起”，他的形象非但没有因此而矮化，反而因为勇于道歉为自己的人格魅力增色不少。

第六节　“武侯实验中学谢绝参观考察”

李镇西办学校与众不同，他花了很多工夫让教育擦去脂粉，洗尽铅华，回归本真，恢复朴素，走向纯净。

他经常给老师们说，如果现在的教育环境是非常纯净的，他心甘情愿当校长，但是现在校长做的很多事情都跟教育无关。比如上级部门下来检查、验收，其他地方“慕名而来”参观考察，除了汇报、谈心得体会，不断重复一些假话套话，末了还要招待，陪吃陪喝，逢年过节还要“团拜”——就是转着圈地拜年——因为哪一路的神仙都得罪不起。这些无聊的活动，对于他简直就是灾难。他直言不讳地说，我的特点就是两个字：朴素。教育的本来面目就应该是朴素，但现在的教育太花哨，油彩太重，口红太艳，脂粉太厚，早就应该归真返璞。

忍无可忍之下，他一再投书报社，不遗余力地呼吁为校长们“减负”，让学校成为真正的“静土”。2013 年 12 月 16 日，《中国教育报》刊登了他的一篇文章《成都市武侯实验中学谢绝参观》，摘要如下：

2011 年底，我应《中国教师报》写了一篇新年寄语《2012，我的心愿》。其中有这样的话——

我愿中国校园恢复宁静。校园本来应该是宁静的，但问问现在的校长和老师，是否真能如胡锦涛先生所说“静心教书，潜心育人”？无止无休的“验收”“迎检”，花样翻新的“特色”“模式”……耗费了多少人力、精力、财力？学校不断被折腾。喧哗嚣叫中，教育没有了。越是宁静的校园，才越

有真教育。愿2012年，每个校园都能成为教育的一方“静”土。

现在两年过去了，我们即将进入2014年，中国的校园是否“回复宁静”了呢？恐怕许多校长都会摇头。今天的校园，热闹依然热闹，折腾照样折腾。所谓“一方‘静’土”，仍然不过是一个美好的“中国梦”。

随便问一个校长，他每天有多少时间是真正花在教育本身上，而又有多少精力是耗在和教育没有直接关系甚至根本就没有关系的事情上？一会儿“维稳”，一会儿“疾控”，一会儿“防汛”，一会儿“创卫”……还有各项“初检”“复检”。什么都要“从娃娃抓起”，结果都来抓校长；什么都要“进校园”“进课堂”，结果首先是进校长（办公室）。而且，每一次布置，上级领导都要强调“这是政治任务”“要有政治意识”。好像校长不抓教学而疲于应付，才叫“讲政治”。

在各种负担中，我最怕的是接待各种参观访问。几年前，我校也曾对外开放，迎接全国各地的参观者。但无休无止的参观者，源源不断的考察团，让我感到难以承受。几乎所有参观者来了之后，都希望校长出面介绍学校的基本情况和发展，然后由德育教学各部门主任介绍学校的具体操作，还要听课，还要座谈………我多次谢绝，人家都说是“慕名而来”，可如此“慕名而来”，学校正常的教学秩序或多或少受到干扰，校园失去了应有的宁静。学校真是不堪其扰。于是我在博客上公开声明——成都市武侯实验中学谢绝参观考察！

……在我看来，所谓“开放”，并不只是对外参观，而首先是心灵的开放，思想的开放，视野的开放。心灵的开放，关键词是“自由”；思想的开放，关键词是“解放”；视野的开放，关键词是“天下”。做到了心灵的开放，思想的开放，视野的开放，哪怕就坚守在学校，一样能够胸襟开阔。而喧嚣不是开放，浮躁不是开放。但现在的学校就是太喧嚣，太浮躁。今天一拨参观，明天一拨考察，动不动就找媒体来宣传，来炒作，来“扩大知名度”，这不是“开放”，这是“折腾”。

我想到了苏霍姆林斯基。几年前，我曾和苏霍姆林斯基的一位学生交谈，了解到苏霍姆林斯基做校长时每一天的作息时间。每天早晨七点到七点半，苏霍姆林斯基在校门口迎接每一个学生，也迎接每一个老师。然后他开始转校园。八点钟开始，各班自己检查家庭作业，并把作业集中到苏霍姆林斯基那里去，苏霍姆林斯基便在办公室检查，看看哪些学生没有交作业。检查完作业后，他便去上课，一节或两节。然后听课，并和老师交换意见，直到中午。下午两点，学生们放学回家了。一直到五点，学校里都非常安静。

这段时间，是苏霍姆林斯基阅读和写作的时间。五点钟，学生们又回到学校，开展各种活动，苏霍姆林斯基又来到孩子中间和他们一起活动，一直到七点钟。七点到八点，是学校的晚会。学生回家后，晚上九点到凌晨一点，又是苏霍姆林斯基的写作时间。如此周而复始，日复一日。

苏霍姆林斯基如此充实而专一的日常工作，简直让今天的中国校长“羡慕嫉妒恨”……无论时代如何变化，校园的宁静这应该是起码的也是永恒的办学条件。

校长需要坚守，教师需要笃定。这个要求并不过分。学校不是公园，不是超市，不是农贸市场，不是旅游景点……学校就是学校。学校需要的是积淀，而不是浮躁；校园需要的是内敛，而不是吆喝。让校长回到课堂，让学校恢复朴素。

一番话，吐露了一个真诚的教育者的心声，说出了绝大多数校长的苦衷。但是，呼吁归呼吁，呐喊归呐喊，全国各地的校长们依然在没完没了的检查验收、参观考察和各项与教育无关的活动中疲于奔命，穷于应付，心力交瘁。李镇西的教育梦中，就有一个这样的梦：愿所有学校都回归苏霍姆林斯基的帕夫雷什中学和陶行知的晓庄师范学校，校长和老师们都能够安安静静地扑下身子教书育人。

李镇西说到做到。2012 年 9 月 1 日开学，他就在全校大会上宣布：“我校停止接待外校老师‘参观学习’!”此后，尽管不断有人给他打电话，说“想去贵校参观学习”，他都直言（非婉言）谢绝，理由很简单：学校需要宁静朴素。

第七节　“我想办一所没有‘特色’的学校”

2012 年春天，某领导来到武侯实验中学考察。他问李镇西：你这所学校的特色是什么？

李镇西心直口快：没有什么特色啊！特色需要时间和历史来积淀。我们学校办学历史不到 10 年，哪里敢侈谈什么“特色”！我们最多就是让老师们认真上好每一堂课，认真善待每一个学生，认真带好每一个班，我再认真提升每一个老师。只要做到了这“四个认真”，有没有“特色”还重要吗？我追求的教育，就是 8 个字：朴素最美，幸福至上。

领导听罢，颔首赞许。

正如绝大多数城市都在挖空心思发掘“城市精神”，并将其固化为四言八句的诗化语言一样，许许多多的学校也在绞尽脑汁提炼“办学特色”，并用三言两语的短句将其张扬开来。对于那些有着悠久历史和优秀传统的学校而言，办学特色确实值得提炼。但是对于绝大多数并没有积淀什么传统与特色的学校而言，一定要勉强拼凑出一个什么“特色”来，确实有点强人所难。

李镇西对教育界暗流涌动的“特色潮”嗤之以鼻，斥之为“教育浮躁”。他认为，真正的特色不能速成，它需要实践，更需要时间。所谓“三年打造名校”“让学生拥有诗意的人生”“培养走向世界的现代中国人”“312课堂模式”之类的东西，都是自欺欺人的“大跃进歌谣”式的狂想，根本不切实际。

面对许多学校花样翻新的“办学特色”，面对“办学特色”的功利化、速成化、机械化和泛化，李镇西再一次“逆历史潮流而动”，直言不讳地宣称：我想办一所没有“特色”的学校！

我的确想办一所没有“特色”的学校。我和我年轻的同事们，面对的是好多学校不喜欢的孩子——当地失地农民和进城务工人员的子弟。教育局划片分配生源，我们不可能将其中任何一个孩子排除在校门之外。面对这些孩子，我们没想那么多，就朴素地追求“适合每一个孩子的教育”。我们研究的，不是什么“特色”，而是一个一个具体的难题：有的孩子为什么上课心不在焉？他上课为什么听不懂？有的学生为什么要辍学打工？孩子的家长为什么不愿意到学校来开家长会？怎样才能让学生享受学习的快乐？如果考不上高中他将来能够做什么？……当然，我们学校也有相当部分的天资不错的孩子，所以我们同时也在思考：怎么让这些聪颖的孩子最大限度地获得知识，最大限度地提升能力，最大限度地得到发展乃至极致？正是为了每一个孩子——是的，毫无疑问是“每一个”，我们大胆地进行课程改革和课堂改革，同时相应地进行了考核评价改革。（李镇西新浪博客《我想办一所没有“特色”的学校》）

李镇西不愿意随波逐流搞“办学特色”，只希望老老实实地做好教育应该做的每一件事。他的话掷地有声：朴素比“特色”更美丽，良心比“品牌”更珍贵。孩子的心灵和他们的未来，才是我们真正应该关注的“市场”！

在武侯实验中学，全体老师、学生和家长耳熟能详的校训是：

让人们因我的存在而幸福。

李镇西还给学校拟了一副对联，表述他的“朴素”和“幸福”的教育理念：

朴素最美关注人性做真教育

幸福至上享受童心当好老师

近年来，他对教育的浮躁给予了不留情面的批判，发表了《遍地“教育家”》、《浮躁种种》、《我们只想遵守常识》、《我想办一所没有“特色”的学校》等麻辣味很浓的文章，直指教育浮躁的软肋。

《遍地“教育家”》在列举了“教育家”帽子满天飞、遍地都是“教育家”的现象之后，继续穷追不舍：“我说现在似乎‘遍地“教育家”’，还有一个有力的证据，就是有一个不知从何而来的机构，曾经连续搞了好几届‘中国教育家大会’，我曾收到邀请，但我不敢去，怕露馅。后来听说大会煞是隆重，几百上千的‘教育家’们济济一堂于人民大会堂。我的天！难道中国当今果真已经遍地‘教育家’？而且‘教育家’多得来居然可以每年开一次‘全国教育家大会’？当成百上千的‘教育家’在人民大会堂‘济济一堂’的时候，我分明感到——整个民族在丢脸！”在无法产生教育家的土壤上，居然像大跃进“放卫星”一样一下子涌现出成百上千的教育家，李镇西的感觉是芒刺在背，骨鲠在喉，又一次快人快语，得罪了多少人他根本不在乎！

《浮躁种种》在列举了教育的种种浮躁之后，提醒那些沉浸在意淫式的自我陶醉中的教育者们：“不是什么东西都能当作‘成果’的。不要动不动就归纳自己的‘××教学法’，不要过早地归纳自己的什么‘三个特点’、‘八个一’、‘两大贡献’。在中国近百年的语文教育史上，这些东西连昙花一现的资格也没有，绝大多数灰飞烟灭。”

李镇西的这些充满麻辣味的文章，委实得罪了不少人，青年教师、校长、局长中不少人对他口诛腹诽。他说：“其实，我完全可以很世故地装聋作哑，那样既显得有‘涵养’，又表现出‘宽厚’，而且还显得很‘深沉’。但那不是我。在这样一个充满虚假并且几乎人人（包括我有时候）都在自我欺骗的时代，一定要有人出来说话。我觉得自己就应该是这些应该站出来说话的人中的一个。”（李镇西新浪博客《我就这样，不想改啦》）

他就像《皇帝的新衣》中那个小男孩，心直口快，不平则鸣。为了卫护教育这块心灵的净土，他豁出去了。

第二章　学校民主管理的“第一个吃螃蟹者”

第一节　校长的承诺

我把做校长也作为实现自己社会理想的途径。那么，我的社会理想是什么？简单地说，就是通过教育实践，尝试民主生活，体验民主精神，实施民主启蒙，为共和国培养公民。（摘自李镇西《学校管理的民主追求》）

2014年6月19日，李镇西在成都市武侯实验中学双向选择动员大会上面对200多名教师，用标准的普通话一字一句念出了承诺：

一、以人为本：我一定把每一位老师放在心里，尊重人性，满足人的合理需要，维护人的尊严，尽可能为每一个老师专业成长提供条件和平台。

二、以人为善：我一定把每一位老师都视为善良的人，并与之和谐相处。最大程度地相信老师，以宽广的胸襟善待每一个老师。尊重老师，决不说损害老师尊严的话，决不在老师面前发火。

三、以身作则：我一定以自己的行动为全校师生做出表率，并树立标准。在敬业和常规方面，要求老师们做到的，我首先做到。做善良、宽容、勤奋、智慧、廉洁的管理者。决不利用职位牟利。

四、以规治校：我一定通过老师们的参与制定出相对公平的规范和制度，以形成大家都必须遵守的公共规则。严格常规管理，维护制度尊严。我个人绝不凌驾于制度之上。

五、关心老师：我一定创造条件开展不同层面的团队活动，以增进老师之间的情感交流。争取机会组织老师们外出参观、考察、学习，以拓展视野。尽量减少老师们的无效劳动，在细节处关心老师们，尽全力帮助老师解决各种个人困难。

六、民主决策：我一定加强和改善“教代会”和“学术委员会”的建设，尽可能使每一位老师都参与到学校的管理与决策过程中来。畅通建言渠道，让一切积极而富有建设性的建议能够成为学校发展的智慧资源，让每一个人都感到自己很重要。

如果我违背了以上承诺，愿意接受相关制度的处理；任何老师都可以向上级教育行政部门举报我的违规违纪行为，并在下一年双向选择时不再选择我。

在李镇西宣读承诺的时候，他身后的屏幕上同步出现投影仪打出的文字，现场气氛庄严隆重。

这个承诺，既是他对自己今后工作的承诺，同时也是对他在这所学校担任校长 9 年来的基本总结。

他当校长的“二十四字箴言”，就是：以人为本，以人为善，以身作则，以规治校，关心老师，民主决策。

第二节　以身作则，对潜规则说“不”

近些年，一个词语不胫而走，人人皆知。提到它，人们往往会心一笑，一切尽在不言中。这个词语叫作“潜规则”。

什么叫作“潜规则”？被誉为“潜规则概念之父”的《炎黄春秋》杂志总编辑吴思给出的解释是：潜规则是人们私下认可的行为约束。这种行为约束，依据当事各方的造福或损害能力，在社会行为主体的互动中自发生成，可以使互动各方的冲突减少，交易成本降低；这种在实际上得到遵从的规矩，背离了正义观念或正式制度的规定，侵犯了主流意识形态或正式制度所维护的利益，因此不得不以隐蔽的形式存在，当事人对隐蔽形式本身也有明确的认可；通过这种隐蔽，当事人将正式规则的代表屏蔽于局部互动之外，或者，将代表拉入私下交易之中，凭借这种私下的规则替换，获取正式规则所不能提供的利益等。

我们生活的这个时代，是一个潜规则盛行的时代。各行各业，几乎无处没有潜规则。用一句网络术语来表述：你懂的！

李镇西不信这个邪，他偏要藐视潜规则，坚决不肯妥协。比如说，班主任老师心安理得接受学生家长的吃请和送礼（现在更是发展到收受红包）就是“行业潜规则”。李镇西却是另类。刚到武侯实验中学走马上任，他就在

教职工大会上高调宣布：

我立志做一个不讲潜规则的校长！

在2015年7月4日的告别演说中，他讲了这样一段话：

前年我做甲状腺手术，没让老师们知道，但还是有少数老师知道了，纷纷给我“凑份子”。他们觉得我家境贫寒，生活困难……（老师们笑）哦，我这是开玩笑的，老师们是一片真诚，表达对我的关心，但我坚决不能收这笔钱。后来我一一退还给了这些老师。不是我不近人情，而是因为我是校长。对了，九年来，我家四位老人先后离世，我从来都不要老师们“凑份子”，我没有收过一分钱的奠仪。老师们遇到丧事是可以收的，但我不能，因为我是校长。但是，老师们对我的真诚，我一直很感动！这样的例子还很多很多。我会永远铭记的。

“因为我是校长”——李镇西随时警策自己。

2011年6月，初三学生毕业的日子。那天他经过学校门口，门卫师傅拎给他一床崭新的被子。他坚持追问谁送的。师傅告诉他说，是毕业班的学生送给母校老师的礼物。

李镇西拿着这礼物感到非常沉重，心里很不好受。他知道，这是毕业年级用学生的钱——倒不一定是临时收的学生的钱，可能是有剩余班费的毕业班，由班主任或年级组做主，给老师们买的礼物。他也知道，这种情况是许多学校的潜规则：学生毕业前，学校用学生的钱，以学生的名义给校领导和任课老师买礼物。这样做似乎不过分，引导学生感恩学校感恩老师嘛！

李镇西在后来的校务会上提起这件事，很有点生气。他“上纲上线”地说：“学校用学生的钱给老师买礼物，那是反德育。”他要求：“我们学校从明年起，坚决不要做这样的事了！我们老师难道缺被褥吗？其实，学生毕业前对母校对老师最好的礼物，是给母校给老师提出宝贵的建议或意见，帮助老师改进工作，帮助母校发展得更好。”

有一次，一个粉笔厂的推销员来到李镇西办公室，要求武侯实验中学长期购买使用某品牌的粉笔，并把一个厚厚的信封放在他面前。李镇西不动声色拿起信封一看，里面是整整齐齐的五千元现金。他马上沉下脸：“拿走！”推销员一边说：“一点小意思，小意思……”一边快速离去。李镇西火了，厉声说：“你如果不拿走，我马上打110！”那售货员只好尴尬地把那一叠现金拿走了。

又一次，某文化公司的老总来到李镇西办公室，送上一个红包，说：

"快过年了，没给李校长买礼物。这里一点小意思，请李校长自己买点喜欢的东西。"李镇西接过红包，拆开一看，是一万元现金。这里李镇西没有发火，而是淡定地给行政办打电话，请来了办公室的一位老师，说："这是某某公司的老总捐赠给我校的一笔钱，你起草一个捐赠书。"过了一会儿，一份捐赠书放在了老总的面前，上面写着"某某公司捐赠人民币一万元给成都市武侯实验中学"云云。那位老总在捐赠书上签字。

还有一次，学校做校服。分管副校长向他汇报说，厂家按惯例给校长们有一点"表示"。李镇西明白，所谓"表示"，就是"吃回扣"，这是潜规则。他把这件事拿到校长会上说："谁也不许拿这笔钱！否则，我们怎么面对老师?"他还说，其实，我们没拿这钱，可能也有老师会认为我们拿了，因为现在这个社会，群众对干部往往是有罪推理："当官的哪有不贪的?"但是，即使有老师误解我们，我们自己却问心无愧！别人怎么说我管不着，但我能够守住自己清白的良心！

作为校长，教育局为了工作方便打算给他配公车，可李镇西坚持开自己的"标致 307"上下班。

作为全校出差最多的一个人，他从来没有按规定拿过一分钱的出差补贴。他的精打细算，简直到了"抠门"的程度，跟吴敬梓笔下的严监生、巴尔扎克笔下的老葛朗台好有一比！每次要出差了，他就翻开记事本，看哪个地方曾经请他讲学，他虽然答应了但还没去，这次可以顺道去了。于是一个电话打过去，人家喜出望外，当然是往返机票、食宿全部承担。在他则是既卖了人情又办了公事，不仅还了人情债，还给学校节约了经费，"搂草捎带打兔子"，何乐而不为！

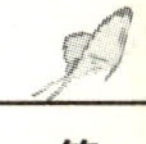

上任伊始，他向全校教师"约法三章"：第一，决不让老师们花版面费发表所谓"论文"；第二，决不用钱给老师们出书；第三，决不花钱买版面在新闻媒体做宣传。

此后几年，全校老师发表教育文章上百篇，不仅没花一分钱，还有稿费进账；他为老师们出版了《给新教师的建议》《把心灵献给孩子》、《每个孩子都是故事》《民主教育在课堂》等专著，同样得到了稿费；数不清的报纸杂志和电台、电视台为武侯实验中学做新闻宣传，李镇西从来没有花过"版面费"，也没有给记者塞过红包。

当然也有"马失前蹄"的时候。2012 年秋季开学，按照上级的要求，学校请了媒体来报道开学典礼。分管干部不知道李镇西当年定下的规矩，按照其他学校约定俗成的潜规则，给记者发了"红包"。李镇西知道后很恼火。

他说："其他学校是其他学校，我们是武侯实验中学！我校不是成都市唯一的综合改革试点学校吗？那么，不给记者红包，能否也成为我们的试点内容之一？"

理所当然地，那些打着中共中央宣传部，或《人民日报》，或全国人大，或教育部下属××部门旗号，声称最近正在编撰一本《中国当代名校风采巡礼》或《中国当代著名教育名家风采录》之类书籍，要求花钱做宣传的电话、信函或来人来访，无一例外遭到拒绝。

有关红包的事情还发生在教育系统内部。教育行政部门的教研员到学校指导工作，许多学校按惯例也要送红包。因为，教研员掌握着学校许多项目评估验收的大权。有人劝李镇西也"入乡随俗"，因为大家都是这样的。

他怒不可遏："'大家都是这样的'，这就是人人践行潜规则时安慰自己最好的理由！这些收红包的人，骂起当官的'搞腐败'，肯定是咬牙切齿，可自己收红包却无比坦然。这就是我多次说过的'全民腐败'！其实，我们给记者给教研员送红包，这种心理和家长给我们老师送礼的心理，不正是一样的吗？明明不想送，却又不得不送，或者不敢不送，送的时候，心里都在骂，但表面上却要装作心甘情愿的样子，生怕别人不收！但是，我还是那句话，我就不相信，所有记者所有教研员都是这样的！我坚信，有良知的记者和教研员还是大有人在的！"

每当学校有人考上干部岗位，李镇西都会找他们谈话，说的第一点就是"不要想在干部这个位置上谋取点职务以外的东西"，想"捞一把"就别当干部！有一句话他经常挂在嘴边上：

我们做君子，小人让别人去做！

第三节　互相制约，民主治校

有人说，让公众广泛参与决策社会事务的民主不符合中国国情，理由是，中国人需要管理！李镇西不信这个邪。他要试一试，让全体教职员工广泛参与决策学校日常事务的民主，会不会把一所学校搞得天下大乱。

这是一次教代会。

2012 年 5 月的一天晚上，李镇西在跟一位朋友闲聊时提到，明天学校要召开教代会。同样有着 30 多年学校工作经历的这位朋友不以为然地说了一句："教代会嘛，都是走过场。"

李镇西正色道："我知道，在有的学校，教代会形同虚设，就是走过场。但是我们学校的教代会千真万确是一个实权机构，根本不会走过场。我当校长，就是立志要在我的职权范围内，尽可能实施具有实质意义的民主管理！"

上周学校召开教代会，讨论一份关于学校管理的补充条例，内容涉及教师转岗、年度考核、常规管理等内容。但因为争议较大，最后表决没有能够通过。教代会表决通不过甚至否决校务会的方案，在这所学校是常态。通不过就再修改。这一次，学校听取了老师们的意见后，对原方案进行了大幅度修改，并将方案拆分为四：关于转岗，关于考核，关于管理，关于科研。这次开会前，他跟书记商量，感觉关于考核的内容还需要完善，决定只征求意见，暂不提交表决，只将其余三项提到教代会上表决。

表决之前，李镇西发表简短讲话：

上周教代会没有通过补充方案，我觉得这是很正常的。因为方案本来就是供代表们讨论的，并不是非要通过不可。通过，或者不通过，都是常态。民主就是妥协，就是扯皮，就是不同利益团体的博弈。在我们学校，不同教研组，不同年龄段，不同岗位，不同性别，甚至已婚教师和未婚教师，都有不同的利益重点，大家对一个方案有不同看法，很正常。通过讨论，甚至争论，能够找到最大公约数，通过一个大家都接受的方案，当然好；如果暂时没有找到这样的方案，也不要紧，继续讨论，继续修改。我们要习惯这种生活方式。

我为什么要搞"实质民主"？因为这是我的理想。我就是想试试，在中国有没有可能推行真正的民主管理？其实，本来有些东西是不必通过教代会的，比如如果有老师不批改作业怎么办，这些教学常规的处理完全不必通过教代会，因为本来就有劳动纪律约束；又比如转岗的问题，有老师想转岗，这本来也不必通过教代会，只要校长办公会研究，有岗位就同意转岗，没岗位就不同意转岗，很简单的事。根据上级的要求，只有重大问题才通过教代会，比如以前的津贴发放办法，比如绩效工资发放办法，等等。这些必须通过教代会。对一般小事的处理，校务委员会，也就是校长办公会就可以定了，甚至在一些学校，校长一个人就可以决定了。但我之所以想通过教代会制定制度，就是想尽可能让老师参与管理。

教代会代表是参与学校管理的，所以每次开会都应该积极发言，包括提意见。但是，这毕竟是在教代会上提意见，不同于饭桌上的牢骚，所以，我认为应该"正确地提意见，提正确的意见"。所谓"正确地提意见"指的是出发点和态度。出发点是为学校发展，态度是与人为善。所谓"提正确的意

见”，有人会说，我怎么能保证我的意见正确呢？这里的“正确”是指建设性意见，而且可操作。比如，你对某一条不满意，你说“这不好”，这不是建设性意见，这是简单地否定。如果你说“应该公正”，这是建设性意见，但不具备操作性。所以，应该提出你认为可以操作的意见。因为你不是普通老师，你是教代会代表，是在参与管理啊！要有这样的主人翁姿态。

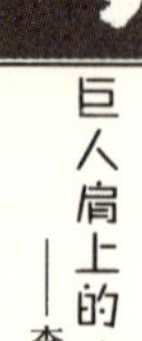

讲完后，何光友书记把四个方案发给各位代表，并提醒，考核补充方案不表决，只是征求意见，另外三个方案无记名投票表决，如果不同意，可以写出具体的修改意见。投票结果是，管理补充方案和科研补充方案通过，转岗方案没有通过。

“实质民主”的管理，不仅是理念，更重要的是制度设计必须符合民主的要求。

武侯实验中学有三个机构：校务委员会（即校长办公会）、教代会和学术委员会。这三个机构三权鼎立，各有侧重，互相制约，又互相配合。所有重大学校事务必须交由教代会表决，所有重大经济开支必须交由校务委员会表决，所有评先、评优、评职称必须交由学术委员会表决。

比如评优选先、职称评定，在一些学校都是校长办公会先征求群众意见，然后根据有关条例进行评定。但在这所学校，是通过学术委员会，严格按照规则评定。学术委员会成员由各年级、各学科民主选举的“土专家”组成，李镇西作为校长连委员都不是，当然也就无权过问，连手都插不上。

校务委员会（即校长办公会）由校长领衔，中层以上干部组成，是学校的“权力首脑机关”。但这个“首脑机关”的权力被“关”进了“笼子里”，“笼子”就是教代会。

教代会由全校教职员工民主选举的代表组成，代表来自各个学科、各个部门以及层面，其职权相当于“人大常委会”。李镇西同样连代表都不是。教代会是非常“强硬”的，不止一次否决校长办公会的提议，还直接否决过李镇西校长的提议。李镇西在提议被否决后不羞不恼，反而非常高兴：“李镇西失败了，但民主胜利了!”

民主不是招牌，不是口号，不是形式，不是走过场。民主是宽容，是妥协，是协商，是尊重，是尊严，是一种实实在在的生活方式。武侯实验中学的师生们已经品尝到民主的甘露，他们从中体会到了什么是尊严和幸福，找到了主人翁的感觉。李镇西希望，当他哪一天离开这所学校以后，民主管理和民主教育会作为优良传统保留下来，传承下去……

第三章　让每一个老师都得到提升

我是一名光荣的人民教师。我的肩上扛着民族的希望，我的心中装着祖国的未来，我的手中捧着孩子的明天。面对国旗，面对学生，我宣誓：我立志把整个心灵献给学生，用人格引领人格，让智慧点燃智慧；以民主、平等的态度对待每一位学生；呵护生命，尊重个性，激发创造；发展德智体，弘扬真善美；做学生爱戴的师长和真诚的朋友；为了中华民族的伟大复兴，我将通过每一天平凡的工作，培养具有世界胸襟的现代中国人，以行使一名知识分子推动中国文明进步的神圣使命！

——武侯实验中学教师誓词

每个学期的开学典礼，全体老师都要面向学生和家长，举起右手庄严宣誓。第一次宣誓由李镇西带领，以后的宣誓仪式就由普通老师带领。誓词是李镇西在广泛征求意见的基础上撰写并经由教代会表决通过的。

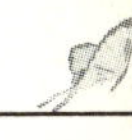

这个教师誓词宣示了理想、责任与担当。

一所学校，尤其是一所基础薄弱的学校如果要想有所作为，提升全体教师的职业道德和个人素质至关重要。2012 年 10 月 10 日，李镇西在学校青年教师沙龙活动上说："六年来，学校的各种事务都是书记和副校长们做的，我只做了一件事。什么事呢？就是帮助每一个老师成长。而且我这件事自认为做得不错，很有成就感，因为的确有一大批老师在我的帮助下成长起来了！"

两天后，他在接待武侯区继续教育中心考察的座谈会上，再一次重申："我做校长成功的唯一标志，也是我最大的愿望，就是让我们学校的普通老师成为学校的名片。以后别人一想到武侯实验中学，不会说，哦，那是李镇西的学校，而是说，那是潘玉婷的学校，邹显惠的学校，胡成的学校，冉光辉的学校……他们就是我最大的教育科研的成果。"

帮助每一个老师提升职业道德和职业素养，进而获得职业的尊严，体味职业的荣耀，享受职业的幸福，是李镇西校长在武侯实验中学取得的最大成功。

第一节　开学第一次教职工大会——放视频

不按约定俗成的规矩出牌，是李镇西的一大特色。

2013 年 2 月 23 日，寒假结束后的第一次教职工大会。作为校长的李镇西，本该滔滔不绝口若悬河地讲一大堆话，但他的话却很少，主要是放了两个视频。

第一个视频是 1998 年 10 月拍的，那是《爱心与教育》出版一个月后，中央电视台对他做的一个访谈节目。面对镜头，有点紧张的李镇西通过一个个生动鲜活的故事，阐述了“教育的第一个条件是爱心”、“如何对待后进生”、“如何引导‘优生’”等问题，穿插在讲述中的画面很感人：课堂上的笑声，竹林深处的摔跤，还有当年学生的回忆，等等。

第二个视频是网上下载的《静观英伦——访剑桥大学校长》。这段视频是柴静做的一个系列节目中的一段，展示了剑桥大学的自由与宽容：任何人都可以挑战校长的权威，而这正是校长所追求的；一辆小车居然被搬到了学校房顶，学生不但没有被罚，还被奖励了一瓶香槟；一座雕像的权杖被学生恶作剧地换成了桌腿，可几百年过去了，桌腿还在雕像上；剑桥大学的各个学院都可以不听校长的指令；学生的考试没有选择题，都是论述，答案可以不统一……一个又一个的细节震撼着每一位老师。

视频结束后，李镇西发表了一段感慨：

不知道老师们能不能理解我今天放这两段视频的用意。我想表达的意思是，用爱心培育善良，以自由引领创造，这都是我们这个学校所需要的。特别是柴静这个专访，让人感慨。当然，中国不是英国，欧洲的文化传统和中国显然也不一样，而且大学和中学也不一样，所以不能简单照搬，但是，对人的尊重，对自由精神的张扬，对学生的宽容，则是人类教育的灵魂！比如，那个小车居然出现在房顶，学校没有做出任何处分。我想到二十年前我写过一篇文章，将学生的错误分了类，善意的错误，智慧的错误，等等。小车上房顶就是属于智慧的错误。这件事当然做得不对，但这个犯错误的过程充满智慧，以当时的技术条件，是无法用机械把小车起吊上去的，那么学生是如何创造这个奇迹的？这不是智慧吗？这当然充满创造力！所以校长宽容了学生，也保护了创造力。还有剑桥大学对独立精神的尊重，也让我感动。我们中国，现在缺乏的正是自由精神和独立精神。长官意志盛行，大家习惯于看领导怎么说，官本位依然大有市场。真是可笑！美国飓风肆虐时，奥巴马去某个州视察，被州长婉拒，在中国人看来这不可思议；美国总统去某大学演讲也被拒绝，这简直就是匪夷所思，但这就是独立精神！说回我们的学校。我们不可能改变根本的教育制度，但是我们在课堂上，在批改作业的时候，在面对孩子的错误的时候，能不能尽可能多一些宽容，多一些理解，多一些尊重，给他们多一些自由？这是完全可以的，因为这是我们能够做主的。善良心与创造力，就是我们学校应该追求的。这也是我今天播放这两个视频的意义。(《善良心与创造力》，见《老师教我当校长》)

老师们对两段视频的反应非常热烈，灵魂受到的震撼难以言表。李镇西告诉大家，既然喜欢这样的开学大会的方式，以后我们每期开学的第一次大会，就给大家放电影或视频。

思想的引领，比苦口婆心的说教更有效果。

第二节　从细节做起

“少了一枚铁钉，掉了一只马掌。掉了一只马掌，失去一匹战马。失去一匹战马，败了一场战役。败了一场战役，毁了一个王朝。”这首在西方世界流传久远的歌谣，表述了一个简单的道理——细节决定成败。

李镇西提升教师队伍，也是从细节入手。他抓的第一个细节就是升旗仪式——

2006年9月，我来武侯实验中学做校长参加第一次升旗仪式时，看到孩子们队列整齐，表情庄严，可老师们却没有队列，东站一个西站一个，有的还在学生队列后面聊天。我没有当场批评，而是拍了几张照片——有精神抖擞的孩子，有随意散漫的老师。

第二天是星期二，下午有例行的教工大会。我将昨天拍的照片打到投影仪上。第一张照片就把老师们震撼了，穿着校服的孩子们，齐如刀割，昂首挺胸，望着冉冉升起的国旗。再打出第二张，老师们哄然大笑，三三两两正随意站着聊天的老师们，与第一张照片中孩子们的队列反差实在太大。第三张照片更具有意味——前面的同学们巍然屹立，宛如雕塑，后面的老师聊天的，说笑的，仿佛是农贸市场老友重逢。一张张的照片次第展示出来，慢慢的，老师们不笑了。

我说："老师们想想，难道参加升旗仪式可耻吗？如果不可耻，为什么我们不认真参加呢？如果可耻，为什么要我们让学生去做可耻的事呢？我们给学生进行过多少爱国主义教育啊！说过多少升旗仪式的意义啊！也告诫过学生要认真对待升旗仪式，要站端正，不要说话，要庄严肃穆，等等。可这些给学生说的话，我们为什么做不到呢？什么叫教育的良知？让学生做到的，教师也能够做得到，而且做得更好。如果说一套做一套，就毫无良知可言！"

会场一片安静。也许老师们都在思考我的话。

我决定"独裁"一次，宣布："从下周升旗仪式开始，除了班主任站在所在班级队列旁边之外，所有老师组成一个方队，站在全校学生的最中间，让我们成为学生的示范！"

果然，从那以后，每次升旗仪式前，老师们都自觉面对升旗台站在操场最中间，两旁是全校学生。每次体育老师整队时，首先对老师们发出口令："全体老师注意了，稍息，立正！向前看齐！"老师们都认真地听从口令，调整队列。然后，体育老师再对全校学生喊道："全体学生都有啊，立正，稍息，立正！两边的同学，向左向右转——向老师们看齐！"全校学生齐刷刷转过身，面向老师，对比老师队列，调整队形。

"向老师们看齐！"气势磅礴而又意味深长的一语双关。

于是，每次升旗仪式，我们老师的队列和孩子们一样的整齐壮观。

但我又发现，仰望国旗升起唱国歌时，有老师没出声。我又"多嘴"了："既然要求学生们唱国歌，我们有的老师为什么不唱呢？希望每一位老师也能面对国旗把国歌唱出来！"于是，当国歌奏响时，老师们的声音交织着孩子们的声音一起在操场升空回荡："起来，不愿做奴隶的人们！……"

有一次，武侯区教育局一位副局长悄悄到学校"微服私访"，看完升旗仪式后发出了这样的感叹：令人震撼！

2011 年 12 月 2 日，武侯实验中学正式取消了每天早晨站在校门口毕恭毕敬迎候老师的校园礼仪队——这是又一个细节的矫正。

校园礼仪队是许多学校的"一道风景"：每天早晨，男女生各一列的校园礼仪队笔直地站在校门两侧，每进来一个老师，孩子们就齐刷刷地喊一声："老师好！"同时微微鞠躬。

看着寒风中笔挺站立的孩子们，李镇西心里隐隐作痛：这样的天气，他们不冷吗？就算是培养学生对老师的礼貌，也用不着这样形式主义的东西吧？更何况，许多老师开车来上课，他们从后校门直接进了学校，真正从大校门进来的老师又有多少呢？是为了检查同学们是不是戴了校牌、衣着是不是整洁吗？值周老师就可以了嘛！他进一步联想到，近年来，媒体经常报道，一些学校为了迎接领导前来视察，让孩子们停课站在路旁，顶着骄阳，迎着寒风，冒着冷雨，挥汗如雨或瑟瑟发抖或落汤鸡般地“欢迎欢迎，热烈欢迎”的情景。虽然本校这一幕还没那么严重，不过是“五十步”和“一百步”的关系而已。

他记得，刚来这里当校长的时候，校门口依然是这样的学生礼仪队，用甜美的声音向每一位前来的老师问候，但相当一部分老师不理不睬，如入无人之境。这样的情况，在许多学校都存在。两排孩子给老师问好，还鞠躬致敬，老师理都不理，昂然而入——这叫什么礼貌？这叫什么教育？他当时非常难受，后来就在全校教工大会上提醒大家，学生向我们问好的时候，我们当老师的应该怎么办？他语重心长地说：“表面上看，这些老师不理睬给他问好的学生是因为忙，但真正的原因，是骨子里面的尊卑观念，是等级观念！请问，如果是胡锦涛给你问好，你也会以忙为理由而不理他吗？别说胡锦涛给你打招呼，就是你的校长或你的同事给你打招呼，你都不可能不理睬！但是，为什么对孩子居然就可以不理睬呢？”

自此，全校风气为之一变，不管是早晨进校门，还是平时在校园，只要学生问候，老师总会笑眯眯地回礼，很多时候许多老师还主动招呼学生。但是，这种形式主义的校园礼仪队，是不是该取消了呢？

他先后找到书记、德育主任和部分班主任征求意见，大家都赞成取消形式主义的校园礼仪队。李镇西提出，校园礼仪队要取消，但值周老师每天早晨还是必须站在校门口，用微笑迎接我们的每一个学生！

8点钟，校园礼仪队撤岗的时间到了。李镇西来到孩子们身边：“你们辛苦了！你们是最后一班礼仪队。我给你们照个相作纪念吧！”

还有一个细节，就是对校园内的称呼问题“小题大做”。

李镇西发现，许多学生习惯称呼有职务的老师为“某校长”“某书记”“某主任”“某校助”等，其实这在学校是很正常的事情，他却敏锐地感觉到这是官本位思想对学生的影响。在社会上，人们已经习惯了对官员以职务相称，而且还要把副职称为正职。他说，如果称呼职务是时尚，是不是学生中也可以有“某班长”“某班委”“某主席”“某书记”“某部长”呢？那学校岂不成了官场，学生干部之间则应该互称“同僚”，学生干部在老师同学面前

则应该自称“卑职”呢?

他在全校大会上发表演讲，针砭这一现象：

中国现在是共和国，每一个国民都应该是公民——注意，我这里说的是“应该”。公民，就意味着拥有民主情怀和平等思想。这种民主情怀和平等思想，可以体现在大的方面，也可以体现于生活细节，比如称呼。作为理应成为现代公民的每一个同学，都应该唾弃任何具有封建色彩的官本位思想。在校园，学生之间只应该有一种正式称呼，叫“同学”——一起学习；所有教育者——无论他是班主任还是任课教师，或者是主任、校长，在同学口中也只有一种称呼，叫“老师”。“同学”和“老师”是校园最美的称呼，既平等又尊重。(《称呼》，见《老师教我当校长》)

他提倡，所有老师和行政干部之间都互称“老师”，学生对学校行政干部也称老师，让“同学”“老师”的称呼成为学校永远的时尚。

尽管积习甚深，一时难以从根本上纠正，但他的这个努力，还是取得了一定的效果。

第三节　“我是来帮你的!”

我是来帮你的!——这是李镇西对老师们说得最多的一句话。他说他来这个学校，就是来帮助老师们成长并体验职业幸福的。老师们的成长，就是他的成功。

李镇西对老师们说：“我到这个学校来，就是来帮大家回到你参加工作的第一天，让你重新感受那份纯真，那份浪漫，那份憧憬，那份激情……我们是公办学校，我不可能给你们多发钱，我又没带印钞机。我能够做的，就是帮你体验到职业幸福。生命只有两种形态——腐烂，或者燃烧!”

他的“帮”，就是引领大家积极向上；他的“帮”，就是倡导阅读，让教师群体具有浓郁的书卷气；他的“帮”，就是鼓励写作教育随笔，并帮助修改后，推荐公开发表或结集出版；他的帮，就是让老师们感受到职业的荣耀、职业的尊严和职业的幸福。一句话，他的“帮”，就是要带出一支职业道德和职业素养都过硬的教师团队。

他给班主任搞培训，讲的是“一个‘日子’，一个‘孩子’，这就是教育。善待每一个日子，呵护每一个孩子，这就是教育的全部。三十年中的每一个日子，就是我的教育”。他提出了五个方面的要求：注重谈心，开展活动（跟每一个孩子谈心，倾听心声，走进心灵；开展活动，为未来留下温馨记忆）；创作传奇，导演大片（用无数细碎的教育故事，串联起来成为教育传奇，青春大片）；记录故事，积累资料（每一个用心做教育的人，都会有不少感人肺腑的故事，应该记录下来；这些故事中的相关资料也应保留下来）；收获快乐，享受教育（认真对待每一个孩子，就能收获快乐，享受教育带来的快乐）；为你服务，提供平台（我来帮助你提升自己，给你提供发表文章和外出讲学的机会，让你成长为一个成功的教师）。

他用了七个关键词，勉励全体老师自己培养自己。这七个关键词是：机遇、实践、阅读、写作、思考、个性、童心。

当着武侯区教育局长的面，李镇西向老师们表态，将一如既往用“宽容、信任、帮助、鼓励”的态度对待全体老师。他说，对任何一位老师我都会宽容，宽容你的个性，包括你的弱点；我会信任每一个老师的潜力，给你平台，给你机会；如果你在工作中遇到困难，我会帮助你；你有了成就，我会把你推向全国，帮你发表文章，给你讲学的机会。

李镇西提升教师的办法，首先是倡导阅读。他说：

都说现在的教育问题太多太多，而在我看来，最大的问题是教师普遍不读书。按理说，教书人不读书这简直不可思议，但如此不可思议的现象却几乎成了许多学校的常态。我是带着新教育实验的理想走上校长岗位的，新教育实验的六大行动之一，便是“营造书香校园”。我正是想以此改变那种“不可思议”的“常态”。

说实话，我并不擅长做校长，或者说行政管理并不是我的专长，因此我放手把学校的行政事务都交给副校长们去做。我集中精力引领老师们的专业提升。其中，最重要的“引领”就是倡导读书的风气。我经常对老师们说：“一个学校有没有文化气息，主要不是看墙上有没有标语口号，也不是看校园有没有小桥流水、台榭亭阁，或者题词绘画雕塑之类，而是看这个学校有没有可以流传下去的教育故事，和学校是否有书香气。”

随着新教育实验的开展，武侯实验中学在学生读书方面做了许多工作，开设了新教育实验的“晨诵午读暮省”课程，每天都有专门的阅读时间；在校园设置了开放式书吧，将几千册图书放在教学楼过道旁和休息区，孩子在课余只要想阅读，随手便可以拿到而不需任何借阅手续。但教师的阅读却不理想。他找老师们谈心，问及不愿读书的理由。回答是：“太忙，没时间”；

“感觉不到读书对教育教学的作用”；“不知道读什么”；“有的教育理论著作读不懂”；“年龄大了，读了记不住”；等等。

针对这些理由，李镇西通过教工大会讲话、各类座谈会、个别谈心、书信等方式，给老师们一一作了回答。他提出，首先是把阅读作为一种生活习惯来培养，无论多忙都会有时间阅读；其次是通过大量的阅读，让自己的精神充盈，厚积薄发，拥有一种源于知识的人格魅力；他给老师们推荐四类阅读：教育报刊、教育经典、儿童读物或校园文学、人文书籍。

初当校长的时候，李镇西曾经向老师们推荐书籍，要求大家写读书笔记，每月写一篇发到网上，每篇读书笔记奖励 50 元钱；他向老师们赠书，有时候还自掏腰包买书送给大家，有一次把当劳模的 4000 元奖金也全部用于买书送老师。但很快他就发现，这些做法并不好，一些老师为了完成任务，到网上抄袭一些东西来冒充读书笔记。老师们得到李校长的赠书后，许多人束之高阁。李镇西改变策略，不再硬性要求写读书笔记，即使写了也没有奖励，而是定期举行读书沙龙，大家在一起畅谈读书心得。赠书改为借书，约定一个星期内读完，必须在书上有批注和勾画，书末有读者签名和阅读时间。他希望在退休的时候，把这些充满了老师们阅读痕迹的书籍捐给学校，作为一种精神文化传递下去。

武侯实验中学还创办了教师“读书会”，老师自愿参加，发展了一百多个成员。读书会每个学期活动一次，大家聚在一起交流读书心得，推介自己读过的好书。平时分小组活动，李镇西经常把老师们带到野外去读书。

李镇西还专门成立了一个“青年教师沙龙”，成员五十多人，通常每月举行一次读书聚会。看到年轻人那种专注的眼神，李镇西感叹道：“在这么一个喧嚣的时代，这么一个浮躁的社会，还有多少双年轻的眼睛能够因读书而如此神采奕奕?”“那一刻，看到大家因为谈读书而滔滔不绝眉飞色舞，我感到了幸福。”

2013 年 11 月 10 日，新教育国际高峰论坛在武侯实验中学举行，李镇西在题为《用书香气熏陶书卷气》的报告中向与会代表介绍该校是如何推进阅读的——

一、思想引领

教师要有知识分子的思想与尊严。你有怎样的人文视野？对于国际国内富有影响的思想家的著述，包括人文知识分子的著作，你阅读了多少？对于中国二十世纪的历史，你凝望了多少？对于 20 世纪中国知识分子的命运，你思考了多少？对于当下中国社会和民众的生活，以及各种暗流汹涌的思潮，你关注了多少？

我给老师们推荐四类读物——读教育报刊：了解同行在思考什么；读人文书籍：拓展自己的人文视野；读有关中学生的书：走进学生的心灵；读教育经典：真正的经典永恒而平易。

二、以身作则

我喜欢的学者：龙应台、李慎之、邵燕祥、李辉、资中筠，刘瑜、高华、沈志华、杨奎松……

我长期订阅的杂志：《炎黄春秋》、《随笔》、《老照片》……

我反复研读的书：苏霍姆林斯基著作和陶行知著作。

我最近读过的著作：《南渡北归》、《北洋大时代》、《文武北洋》、《观念的水位》、《人间词话》、《蒋勋说宋词》、《中国当代八种社会思潮》、《教学机智——教育智慧的意蕴》、《封面中国》、《中国当代社会阶层分析》、《自由在高处》、《我与八十年代》……

去年国庆自驾游的路上，读《中国天机》。

这次去美国飞机上，读《通往奴役之路》、《唐宋诗十七讲》……

三、推荐书目

2011年推荐《陶行知教育文集》《育人三部曲》《学校无分数教育三部曲》《新教育》《教学机智——教育智慧的意蕴》《南渡北归》《思痛录》《我与八十年代》《当代中国八种社会思潮》陶行知的著作

我还隆重推荐过《民主的细节》

我校老师暑期阅读书目推荐：

人文阅读：《蒋勋说宋词》（蒋勋）、《观念的水位》（刘瑜）

专业阅读：《第56号教室的奇迹》、《给教师的建议》。

……对“读书会”老师的要求。我们学校的“读书会”，完全由老师们自愿加入，现在已经有一百多位成员了。我们定期（通常一学期一次）聚在一起交流读书心得，互相推荐最近读过的好书。有时候我还把老师组织到野外读书。或是在某个古镇的茶楼，或是在某个垂柳依依的湖边，我们分成几个小组，每人带着一本书彼此介绍推荐。一般都是上午分组交流，下午由各组推选出的老师发言，然后我给大家做一个读书讲座。

李镇西提升教师的另一个办法是鼓励写作。

他向老师们提倡每天做好“五个一工程”：上好一堂课，至少找一位学生谈心或书面交流，思考一个教育或社会问题，每天读书不少于一万字，写一篇教育日记。每天做到这五个一难不难，说实话很难，但李镇西也说了，

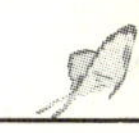

而且非常肯定地说："如果每天坚持做到这五个一，一个教师你想不成功都很困难!"

当然，这个"五个一工程"他只是倡导，而不是强求。比如写教育随笔，他也只是提倡，没有要求每一个老师非写不可。因为如果强迫，很可能出现敷衍塞责甚至弄虚作假。同时，全校两百多个老师，没有必要搞一刀切。有的老师因为种种原因，能够把课上好就很不错了。李镇西倡导写教育随笔，因为写作的过程就是思考的过程，反思的过程，有时候某个教育灵感电光石火般闪现，某个动人的教育故事，如果不即时记录下来，就可能稍纵即逝。同时，经常性的写作，可以提升写作能力和技巧。

他自己坚持每天写 3000 字的教育随笔。到武侯实验中学一年多，他写了 120 多万字。桃李不言，下自成蹊，榜样的力量是无穷的。一些老师追随着他们的校长，坚持写教育随笔，更多的老师也加入写作的队伍。到 2009 年，全校老师写的教育随笔达到了 13000 多篇。

李镇西通过点评、修改、推荐发表、结集出版等方式，鼓励老师们写作。许多老师的教育随笔在各级各类报刊频频发表，《中国教师报》专门为武侯实验中学附属小学的老师们开了专栏。老师们的随笔，由李镇西亲手编辑后陆续出版：《把心灵献给孩子》、《每个孩子都是故事》、《民主教育在课堂》，等等。从心灵深处流淌出来的文字，对民主课堂的真切感受，一个个鲜活动人的教育故事，在全国赢得了许许多多读者的青睐。

第四节　率先垂范，引领班主任队伍

建设一支强有力的班主任队伍，是学校管理取得成功的重要环节。有着二十几年班主任工作经验的李镇西，当上校长这个"大班主任"后，理所当然把班主任队伍建设当作大事来抓。

总结起来，李镇西抓班主任队伍建设有"九大秘诀"。

"秘诀"之一：思想引领

"对学校的领导首先是教育思想的领导，其次才是行政领导。"苏霍姆林斯基这句名言，同样适合于校长对班主任的引领。李镇西来到武侯实验中学，给全校老师送的"见面礼"，就是推荐自己的两本书：《爱心与教育》和《民主与教育》。前者给老师们展示充满人性的教育思想；后者给老师们传播充满民主的教育理念。

他希望，充满爱心，尊重个性，追求自由，体现平等，重视法治，倡导宽容，讲究妥协，激发创造……这些民主教育与教育民主的元素能够贯穿于学校今后的班主任工作中。

他特别提倡班级自主管理和学生的自我教育，给分管校长和所有班主任提出，在培养学生自我管理能力的同时，解放班主任。

“秘诀”之二：亲自示范

李镇西明白，最好的教育莫过于感染，最好的管理莫过于示范。身为校长，他给班主任和语文老师们所做的示范就是亲身担任班主任并上语文课。从2008年到2011年，他担任了一个班的班主任，并承担了五个班每周一节的阅读课教学。

他希望全校班主任“向我看齐”，一是在爱心与民主等教育思想上大家保持一致；二是“向我学习”，以科研的眼光对待每一天平凡的工作。

那段时间，他每天早晨都带着学生一起跑步，迎着朝阳的升起，心情特别愉快。而每天晚上——毫无例外地是“每天晚上”，他将当天的教育日记发到博客上，让老师们阅读。他的教育日记的总标题就是《向我看齐》。

有一次，李镇西班遇到失窃事件，虽然很快就“破案”了，但他觉得这件事本身就是一次教育契机，决定开一次主题班会，通知了没课的班主任和青年教师都来旁听，让老师们看他是如何处理突发事件并尽可能挖掘每一次突发事件的教育资源的。

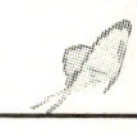

“秘诀”之三：培养徒弟

李镇西示范当班主任的过程，也是带徒弟的过程。现在学校里非常能干的刘朝升、胡鉴、龚林昀、范景文、徐全芬、李青青、蒋长玲等一大批年轻的班主任，都曾是他的高足。

李镇西常常给初当班主任的年轻老师做培训，不仅仅给他们讲情感讲思想，也讲班主任工作的具体做法，比如“班主任应该具备的一些基本技能”：如何给学生讲故事？如何说话才富有感染力？怎样让自己具有幽默感？如何从生活小事中寻找教育的切入口？怎样把班主任的意志转化为集体的健康舆论？班会的主题从何而来？走进学生的心灵有哪些途径？……他还常常到班上去给孩子们聊天或上班会课，给年轻老师做示范。

他建了一个名为“与镇西同行”的QQ群，常常在晚上和徒弟们就班主任工作进行研讨。每次研讨都围绕一个问题进行，大到班主任的素质提高，小到刚开学如何编桌位，人人都是提问者，人人都是答疑者。在一次次轻松的研讨中，年轻老师们的教育认识更加深刻，教育情感更加充沛，教育智慧更加丰富。

“秘诀”之四：倡导读书

他给老师们推荐过的书有：《给教师的建议》《要相信孩子》《第56号教室的奇迹》《发现班主任智慧》《教学机智——教育智慧的意蕴》《班主任兵法》《问题学生诊疗手册》《打造魅力班会课》……还有自己的《做最好的老师》《做最好的班主任》。当然，阅读的重点，无疑是苏霍姆林斯基。

潘玉婷、刘朝升、许忠应，蒋长玲、胡鉴等老师，都是班主任队伍中读书的积极分子。有一年春天，他和几个老师去北京出差，回成都的飞机上，三个小时里，刘朝升老师一直非常投入地捧读一本书，还一边拿笔勾画。飞机着陆后，李镇西发现，他读的是苏霍姆林斯基的《爱情的教育》。

“秘诀”之五：排忧解难

“有什么需要我帮助的，尽管找我。我就是你的110!”这是李镇西经常给年轻班主任谈心结束时说的话。

“我就是你的110!”让年轻的老师们吃了定心丸，有了主心骨，对他的信赖与亲近感油然而生。

李镇西言出必行。八年来，只要老师们呼叫，这个“110”果真随叫随到。他帮刚做班主任的唐真老师处理过棘手的学生“早恋”问题，帮参加工作才半年的屈敏老师唤醒过调皮男孩们心灵深处对老师的情感和对自己的责任，帮李娜老师修改过写给初一新生的一封信……

平时在学校，他随时都处于待命状态，“时刻准备着”为老师们排忧解难。在班主任的邀请下，他给全校每个班的孩子都上过课。每年九月开学第一天起，他都要到初一去给刚进入初中的孩子们上一节课——每个班都上，内容就是日本小说《一碗清汤荞麦面》，以此对学生进行爱的教育；每个初二年级，他都要去上一堂以青春期教育为主题的班会课；到了初三，还要去给孩子们上“战胜自己”的班会课。初一“善良”，初二“青春”，初三“励志”，这样构成一个完整的教育系列，以这种方式帮助年轻人，培训班主任。

“秘诀”之六：个别谈心

“用心灵赢得心灵，以人格塑造人格”，这是李镇西的座右铭。他认为，谈心是走进心灵进而引领思想最有效的方法。他的谈心大体可分为激励式谈心、帮助式谈心、批评式谈心、表扬式谈心，等等。

“秘诀”之七：调整心态

尽量帮助老师们收获更多的精神幸福，是李镇西的工作目标之一。幸福，源于心态；不幸福，也源于心态。他说：“不要老觉得自己最不幸，不要老觉得自己遇到的最不公平。放眼这个社会，这个国家，更多的人比我们更苦更累。”他经常对老师们说：“如果我们对自己的职业不满意，其实只有两种选择：要么改变职业，要么改变职业心态！”

他说：“让老师生活在爱中，因为来自学生的爱，能够使一个老师变得更加勤奋而富有智慧！这是我引导好多年轻老师的‘诀窍’。”

“秘诀”之八：推出榜样

善于发现、挖掘并最大限度地运用集体中本身就蕴含的积极因素，反过来感染和提升整个集体。这也是李镇西的经验之谈。学校里有一批非常优秀的老师，他这个校长就设法把他们的优秀变成学校的公共优质资源，让大家共享。

他用自己最擅长的文字把这些优秀老师的故事写下来，让他们的故事载入学校的史册，成为今天以及将来的老师和学生们温馨而不灭的记忆。他亲手给学校的十大“名片教师”一一拍摄肖像照，并根据他们的事迹提炼撰写出一个个小故事，然后将照片和小故事通过彩色喷绘展示在校园的立柱上。

“秘诀”之九：能说会写

创造条件让老师们通过“能说会写”而成为名师，也是李镇西的一大发明。

他在教工大会上给老师们讲过“从好老师到名师”的话题：课上得好，班带得好，分考得好，就是好老师。但好老师还不是名师，名师就是有影响，在“三好”的基础上，还要“能说会写”，把自己的“好”传播出去。

他利用自己得天独厚的条件，把学校的优秀班主任推向全市全省乃至全国的讲台。他常常带着学校的老师到全国各地去讲课，他讲半天，他带的老师讲半天。几年来，先后有潘玉婷、唐燕、杨翠容、刘朝升、范景文、张清珍、孙明槐、许忠应、郭继红、李青青等十多位老师利用周末外出讲学。

他“赶鸭子上架”，“逼”老师们写，自己再作修改。几年前《班主任之友》整整一年都有该校班主任老师的专栏，文章全是李镇西整理的“对话录”。从2014年开始，他又让班主任写成长经历，他负责修改、点评分析，以专栏形式发表在《班主任之友》杂志。

能在杂志发表文章的老师毕竟有限，不要紧，那就出书。他精心修改编

撰老师的文章，然后联系出版。几年来，学校先后正式出版了《给新教师的建议》《把心灵献给孩子》《每个孩子都是故事》《民主教育在课堂》等著作。每当老师们捧着有自己文章的著作，领到稿费时，都很开心，幸福感油然而生。

李镇西的付出，完全可以用“废寝忘食”、“呕心沥血”之类的词汇来形容。他记述编辑《把心灵献给孩子》一书过程中的那种辛苦、劳累和任劳任怨，确实令人动容——

> 因为时间很紧，一个月来，我不得不每天12点钟以后才停止劳作，而四个小时之后的凌晨四点便起来继续编辑。有一天醒得太早而不小心惊醒了身患晚期癌症同样睡眠不好的母亲，为了不影响母亲的休息，那以后我不得不很早就离开家门，然后把车停在学校外面的围墙边（不好意思惊动还在熟睡的门卫），坐在驾驶室里给每一篇随笔写点评。白天在学校，除了上课和完成非做不可的事，我都一个人躲在车里，关闭手机，以求不受打搅地编辑。好多点评甚至是周末出差途中，我在飞机上或在高速公路的小车里写成的。因为我希望出版社能在本期期末成书，所以我就不得不加快节奏。到了最后，因为临时又出了一点差错，需要修改一些稿件，我不得不连续熬了两个通宵。如此工作，要说不辛苦，那是假话。（《把心灵献给孩子·后记》）

对于一个年逾半百（注：这一年李镇西51岁），体力和精力都不如青壮年的中年人来说，每天超负荷长时间的工作，甚至连续熬两个通宵，是不是有点“玩命”？

值得欣慰的是，他的目的达到了：不仅自己优秀，让老师们也优秀起来！

第五节　用欣赏的目光关注每一个教师

武侯实验中学的校园里，有一幅老师们的巨幅集体照，一张张青春飞扬的脸上，绽放着灿烂的笑容，洋溢着职业的自豪，令人如沐春风。这张照片被李镇西命名为《经典的笑容》，又名《笑容是灵魂散发的芬芳》。

照片是2006年秋天，李镇西刚来当校长的时候拍摄的，它定格了每一个老师的笑容，但人们在照片上却找不到李镇西的影子。哦，他充当了摄影师兼总导演，躲在了镜头后面。也许是一个怪相，也许是一句俏皮话，逗得大家哈哈大笑。他适时按下快门，抓拍了这个快乐的瞬间。

李镇西喜欢用影像来记录他的发现和感悟。不知道什么时候，他竟然修炼成了摄影发烧友。在武侯实验中学，与其说他是校长，还不如说他是一名校园摄影师，稍有空闲的时候，他就挎着一部高大上的“佳能”相机，在校园里溜溜达达，寻寻觅觅，没完没了地“咔嚓”，拍摄他认为美的东西。

在一次初三年级的毕业典礼上，主持人就曾经这样描述他：“我们的校园里，总少不了他的身影。周一升旗的时候，他拿着相机微微笑着将台上诵读的笑脸装进自己的镜头；运动会的时候，他拿着相机奔波于拔河和接力赛的场地，将老师们奋力拼搏的身姿装进自己的镜头里。他明明是我们的校长，可他更喜欢我们叫他‘李老师’!”

李镇西不仅有一双善于发现美的眼睛，更有一支善于描写美的神来之笔，和一张善于用连珠妙语表述美的嘴。他喜欢用欣赏的目光注视着他的每一个教师，还包括学校的图书管理员、厨师、清洁工、门卫。日常生活中，他给了每一个人应有的尊重。比如，他如果早晨到学校的时间早了，为了不吵醒门卫师傅，他就独自在车里呆着，读书、思考、写作，直到学校规定的开门时间才进校门。在不动声色中，他把许多常人见惯不惊的生活细节、凡人琐事悄悄装进脑海里。

2010 年教师节前的几天，他把自己捕捉到的许多人和事，悄悄编织成了一幅《清明上河图》般的校园人文风景画。9 月 10 日这天，他在庆祝表彰大会上发表致辞《秋天的 99 个瞬间》，对这幅画卷作了详尽的展示和精彩的点评。为了这个致辞，他准备了很久，连续两天晚上熬到深夜。

大会上，他一边致辞，一边在大屏幕上打出相应的照片，把他悄悄捕捉到的老师们课内课外的付出与奉献、风采与神韵的 99 个镜头，一一展现出来，再辅以幽默诙谐的讲述，让欢乐的笑声淹没了整个会场——

我一边播放这些照片，一边评论：“你们看曾老师，她的眼神多么传神!”“付廷刚老师的右手还缠着绷带啊，可课堂上他照样有激情!”“张月老师，如一位母亲正满怀慈爱柔情地看着自己的孩子!”“向彬上课是非常投入的，你们看，他的表情多丰富！那天我没听见他说什么，但我想，他一定是在说‘哟西哟西’!”

全场的爆笑淹没了我的玩笑……

一幅幅照片打出来，我一一说明：“这是周先平老师，还在教导处忙碌着。”“龚林昀老师还在教室辅导学生。”“邹显慧老师守着孩子午休。”“郭艳梅老师也在教室巡视。”“大李兰英老师正在给学生讲题。”“王明飞老师也在辅导学生们。”“向彬这会儿文静了，不再哟西哟西了，孩子们在下面休息，他坐在讲台前给孩子们批改作业。”“杨艳老师也正守着教室里的孩子们备课。”“这个侧影是谁呀？嗯，对，是谢国强，他正深情地注视着自己的孩子！你们注意他的眼神，那是一位勤劳的农民凝望自己地上长势喜人的庄稼的眼神，是一位牧童在山坡上看着自己心爱的羊群吃草的眼神……”全场再次爆笑。

……

镜头转向了厨房：“学校的发展离不开学校里的每一个人，包括工人师傅们！你们看，这是今天上午十一点钟我在学校厨房看到这情景，师傅们正在热气腾腾的厨房里忙碌着。”“这是我在楼梯口遇到的两位师傅，我叫不出她俩的名字，但我知道她们同样为学校发展作出了贡献。”“你们看，这是一位师傅的背影，她正拖着餐车走向教室。我同样叫不出她的名字，但我同样知道，学校的发展也有她的功劳！”“这是我们学校的大门，保安师傅时刻都守护学校的安全。你们看，这位小伙子的笑容多么纯真多么阳光！”

我提高声音：“判断一个国家的文明，不是看这个国家的人如何对待总统，而是看他们如何对待普通的劳动者！同样，我们学校的文明程度，也不是看大家如何对待我这个校长，而是看大家如何对待学校的每一位普通的劳动者，包括食堂师傅、门卫保安！我提议，让我们用掌声为我校的工人师傅们表示敬意！”

全场响起了热烈的掌声……

我说：“今天的一切，我们不觉得有什么特别，更不觉得有什么了不起，但是不但我们的学生会记住我们，学校的历史也会记住我们，中国的教育会记住我们。我们今天平凡的行为，必将化作永恒的经典！历史将铭记今天每一个平凡的瞬间……

最后，我庄严地对老师们说：“我年轻时候，曾经写过一首自勉的诗，后来我曾把这首诗写给我的学生；今天，在这个教师节，我把这首诗献给大家，作为我和大家的共勉！”

我开始朗诵道——

名字也许太普通，
人格永远不会平凡；
生活也许较清贫，
事业永远不会黯淡；
歌声也许会暂停，

旋律永远不会中断；
理想也许还遥远，
追求永远不会遗憾！
老师们用掌声回应我的诗篇。

这篇文章比较长，这里只能断断续续地截取十分之一的篇幅，让更多的人一起来欣赏、感动。也许，尽管全国绝大多数学校在2010年9月10日这一天，都举行了教师节的庆祝表彰活动，但武侯实验中学的活动最有活力也最有魅力！校长声情并茂的一番话，没有官腔，没有套话，却让这里的老师们实实在在感受到了人民教师的平凡而光荣。更难能可贵的是，这个学校的炊事员、图书管理员、门卫保安都得到了特别的尊重。

看一个学校的文明程度，就要看校长对待每一个教职员工和每一个学生、学生家长的态度。

第六节　“祝你生日快乐！”

武侯实验中学有两百多位老师。李镇西当校长后，为每一位老师祝贺生日，成了他的日常功课之一，并成了学校的传统。

他每年变着花样给老师们祝贺生日。最早是他个人发手机短信祝贺，后来改为送蛋糕，再后来又是放半天假去参观考察，还有生日宴会，还有歌厅跳舞，再后来是送纪念品加全校集体祝福……

2012年秋季开学，李镇西跟副手们商量，从本月开始，新学年中每一个老师的生日，都在当天给他献一束花，加一个纪念品，校长再送上一张生日贺卡。

此间，《校长》杂志记者刘娜一行正在该校采访，就曾经“跟在李镇西背后，拿着花满校园去找过生日的老师”。记者感慨：道：“他可能是中国校长中唯一坚持每天写贺卡送鲜花，为每一个学校老师庆祝生日的校长；并且他的贺卡全部原创，力求真诚真实。”（《校长》杂志2012年第11期《李镇西的意义》）

不仅如此，他还尽量巧妙地把学生发动起来，为老师庆祝生日，让老师真正享受到职业的幸福。

2012年9月5日，他给袁红军老师写了一张生日贺卡：“红军不怕教育难，万千差生只等闲。披星簇桥飞电瓶，争分新苗走泥丸。尽享成功贴心暖，何惧困难扑面寒。更喜教改千重浪，三千师生尽开颜。你的朋友 李镇西 2012年9月5日”

写好后正值中午，他给袁老师打电话，准备请他到办公室来接受祝贺。当听说袁老师刚和学生一起吃完饭，正在教室的时候，灵机一动，连忙赶了过去。

进了教室，他在孩子们的掌声中故意卖了一个关子：“我要问大家一个很难很难的问题，大家可得好好想想哦！”“这个问题是，你们的袁老师——好不好呀?”

“好！”全班孩子的声音震耳欲聋。

在他的启发下，孩子们七嘴八舌地发言，列举了袁老师如何爱他们的种种“好”。

等到课堂气氛接近沸点，李镇西才抖出“包袱”：“今天是袁老师的生日！”孩子们失声惊叫，长时间鼓掌欢呼。

朗读完写给袁老师的贺卡，李镇西提议，大家一起为袁老师唱一支“生日快乐歌”。童音响起来：“祝你生日快乐，祝你生日快乐……”

袁老师被感动得一塌糊涂。他激动地发表“获奖感言”：“说实话，我真没有想到李校长还记得我的生日，谢谢李校长，谢谢同学们。作为班主任，我的愿望就是希望同学们在将来能够觉得这三年没白过，我希望今后三年我们一起快乐度过每一天。我把自己的本职工作做好，也算帮李校长。当然，也不能说是帮，这也是我自己的责任，我的幸福。再次谢谢大家！”

又过了几天，9月10日，教师节，天上下着雨。学校决定把升旗仪式和教师节的吟诵活动安排在校体育馆举行。活动即将结束的时候，李镇西冷不防向全体师生发起了“蓄谋已久”的“突然袭击”——

他把谢国强和孙明槐两位老师请上主席台。两个老师一头雾水地走上来。师生们莫名其妙但热烈鼓掌，不知道这李校长葫芦里卖的什么药。

他先是“考问”谢国强老师：“你知不知道今天是什么日子?”谢老师一脸茫然：“我真的不知道。”李镇西叹了口气：“我还以为你知道呢！唉，看来我是高估你的智商了！”师生们大笑起来。

李镇西撇下一脸茫然的谢国强老师，转向全体师生，煞有介事地宣布：“同学们，老师们，1985年在确定教师节的时候，选哪一天一直拿不定主意，后来我建议，将谢国强老师的生日作为教师节，于是，谢国强老师的生日便成了教师节！”

笑声中，大家热烈鼓掌。

李镇西送给谢老师一束鲜花，一张自己原创的生日贺卡，和一本魏书生的《班主任工作漫谈》说：“学生因你而快乐，学校因你而光荣，我们大家都因你的存在而感到幸福!”

紧接着，李镇西又转向一直傻呵呵地等着的孙明槐老师。孙老师正在纳闷：“今天可不是我的生日啊!”

李镇西对孙老师也对全场师生说：“昨晚 11 点过，我都准备关电脑睡觉了，突然发现我的微博上更新一条，一看内容，我无比感动。这条微博的作者是‘帅爷的萌’……”大家爆笑。

他拿出打印的微博内容念道：“李校长你好，我是贵校孙明槐老师在宜昌市九中 1996 年教过的学生，我叫赵帅，刚刚看了央视的最美乡村老师节目，就忍不住来找我的孙老师了，上网搜索才知道她已经不在宜昌工作，我想请你告知孙老师的联系方式，想明天教师节给她打个电话。如有怀疑，我愿答疑解惑。祝教师节快乐!”

全场都被感动了。孙老师的眼眶湿润了。

李镇西说：“这位学生看了中央电视台寻找最美乡村教师的节目，就想到‘我的孙老师’了，在他心目中，孙老师最美！真让我感动！让我们再次把掌声献给最美的孙老师！掌声持续一分钟!”全场响起长时间的热烈掌声……

李镇西送给她一束鲜花，和一本《班主任工作漫谈》。

每一个教师，无论他是优秀还是平庸，在生日这天都会享受到校长送鲜花和祝福的“殊荣”。

第七节 “名片教师”

徜徉在武侯实验中学的校园，文化长廊两侧墙上彩色喷绘的“名片教师”们的照片和他们的教育故事，让人感到特别亲切，也特别感动。

也许，“名片教师”这个提法，是李镇西的独创——

不少人现在一说起“武侯实验中学”，往往想到的是“李镇西”。曾经有校长对我说：“你就是武侯实验中学的名片!”如果暂时是这样，我觉得可以理解，但如果一直这样就不正常。我多次在学校大会上说：“我做校长成功的唯一标志，是教师的成长和成功。”我还说，我希望在不太久远的将来，人们想到“武侯实验中学”，会想到我们学校许多优秀的老师——他们才是

我们学校的“名片”。（《序·生活在感动中》，见《名片教师》）

在李镇西出任校长7年后的2013年，教育部门布置评选“影响学生心灵的教师”，武侯实验中学借机评选“名片教师”。先是在全校学生中进行海选，每个学生投票时还要写明理由，然后按教育组和年级组请全体老师提名推荐。经过筛选确定30名候选人，在教职工大会上海选，最后以得票最多的前10名正式入选“武侯实验中学名片教师”。

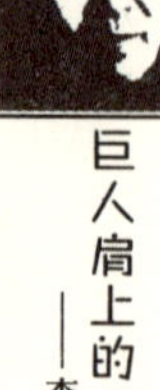

让李镇西感动的是，老师们民主选举产生的10名“名片教师”，与校方所掌握的综合情况完全吻合。他在大会上激动地说：“这个结果充分证明了我校的良好风气，说明我们的老师都是公平的！”

这10名被称为“武侯实验中学名片”的老师，名叫潘玉婷、郭继红、孙明槐、许忠应、邹显慧、张清珍、胡成、唐朝霞、王小刚、唐真。李镇西对他们各自的特点，分别用8个字来概括：潘玉婷爱心真诚，智慧丰富；郭继红大气优雅，豁达淡定；孙明槐朴实为人，踏实工作；许忠应细致入微，机智幽默；邹显慧以心换心，宽严相济；张清珍潜移默化，治班有方；胡成低调内敛，润物无声；唐朝霞爱生如子，殚精竭虑；王小刚满腔热忱，一身正气；唐真大智若愚，沉稳淡定。

李镇西认为，这10位“名片教师”完全有资格上中央电视台“最美教师”之类的节目，而且绝对会感人至深。

2013年11月，由李镇西主编的《名片教师》一书由文化艺术出版社正式出版发行。每个“名片教师”的内容由“人物档案”、“自己说”、“同事说”、“学生说”、“校长说”几个板块构成，全方位多角度解析人物的“名片”性质。李镇西在序言中写道：

> 我真诚希望，几年后，人们再提起“成都市武侯实验中学”的时候，会想到，那个学校不仅仅有李镇西，还有孙明槐、潘玉婷、张清珍、郭继红、胡成、许忠应等一大批名师！我知道，一个学校的名师毕竟是少数，但是，挑战自己，潜心课堂，不仅仅是少数名师脱颖而出，还有更多的年轻教师成长起来，成为孩子由衷爱戴的老师，成为我们学校的名片。
>
> 这正是我做校长的梦想与追求。

与此同时，“名片教师”们的“玉照”配以简洁动人的教育小故事，在校园内上墙。胡成转化后进生“小欢”；许忠应用“太极”巧妙安定因消毒水味而变得浮躁的课堂情绪；孙明槐“妙手回春”，让听不懂化学课的女孩婉琳跃升为化学科代表；张清珍成功转化刁蛮专横的问题女孩小静，并借此转化了班风；郭继红机智地以古代圣贤老子，成功教育动辄爆粗口的现代“老子”小伟；潘玉婷用“心药”治好了有自杀倾向的抑郁症女孩，女孩以优异成绩考上了高中；邹显慧的爱让一帮小调皮“改邪归正”，教师节那天，3 个男孩给邹老师专门做了一碗香喷喷的鱼汤，邹老师又把这碗珍贵的鱼汤让全班同学一起分享；王小刚以 3 年的辛苦付出，帮助体育“差生”小洁成长为体育优生；唐朝霞带领全班为父母离异的小松过生日；唐真运用自我教育的方法，巧妙化解两名学生干部的矛盾；等等。

李镇西说，这 10 名老师只是学校评选出来的第一批“名片”，是首届，以后还要一届接一届地评选下去。

第八节　“每个老师都是故事”

2013 年 9 月，《每个老师都是故事》第一、二册由电子工业出版社正式出版发行了。（注：第三册也在 2014 年的教师节前正式出版发行，并在教师节这天发放到全校老师手中。）

这两本书，讲述了武侯实验中学 105 名老师的故事。故事的主人公们，除了部分“名片教师”，绝大多数是普通老师。在李镇西的慧眼中，老师并不是完人——世间上本来就没有完人，但每个老师都有独特之处，都有自己的优点。平时，他就留心观察，并通过师生谈心、聊天，发现每一个老师寻常而感人的故事。一双眼睛不够用，他就广撒“英雄帖”，一篇《把你的眼睛借给我》的帖文，全校师生人人皆知。老师们纷纷用欣赏的目光关注身边的同事，再把自己的发现“无偿提供”给他们的李校长。于是，素材滚滚而来。

2010 年底，《中国教师报》希望李镇西在该报开设专栏，李镇西欣然应允。从 2011 年开始，该报几乎每期都有李镇西的专栏文章。李镇西文章的内容，就是讲述自己学校的老师。

李镇西认为：“一个学校不应该突出校长，而应该突出普通的老师和普通的学生，也包括普通的员工。因此，走进我校，你看不到我的大幅照片，或者我陪同什么什么领导参观校园的照片。相反，你可以看到许多普通老师和学生的照片。在我校教学楼上，挂着两张巨幅照片，两张照片的主角都是我校的老师和我校的孩子们。我一直有一个梦想，希望有一天能够在我校校园为我校的优秀老师建造塑像，或者浮雕什么的，我就是要为普通老师‘树

碑立传'。"(《后记·为普通老师树碑立传》,见《每个老师都是故事》)

接到《中国教师报》开设专栏的邀请,李镇西真有点"麻姑搔背"的感觉。这些文章,大部分是他在旅途中挤时间写出来的,一部手提电脑寸步不离,飞机上、汽车上、宾馆里,一有时间就在电脑上"嘀嘀嗒嗒"地码字。他才思泉涌,心无旁骛,十个指头在键盘上欢快舞蹈,一个个血肉丰满的教师形象跃然而出。一年多的时间,他在《中国教师报》推出了60多位老师。

他写自己学校的老师,遵循"抓住一点,不及其余,蜻蜓点水,浮光掠影"的原则,只写优点,而且限于篇幅只写某一方面的优点,但保证绝对真实,连细节的合理想象都不行。

他写邹显慧,除了写"一碗鱼汤"的故事,还写了自己跟校长助理满泽洪的一段对话:

"李校长,我有点想不通。这个班,过去有老师靠这个——"他一边说一边挥挥拳头——"都不能摆平学生。怎么短短几天,邹老师就把学生征服了呢?我承认她有智慧,有绝招,但毕竟才几天,再多的智慧也来不及施展啊!"

我说:"对于教育来说,首先不是智慧和绝招,而是爱和人格魅力。"(《邹显慧:化"腐朽"为神奇》)

2007年9月赵敏敏刚到武侯实验中学的时候,无论如何不肯服从学校的安排当班主任,工作态度也让李镇西担忧。有一次巡视早读课时,李镇西看到赵敏敏老师迟到了。李镇西批评了她,批评之后更多地关注她的成长。李镇西给她写了好多电子信件,鼓励她战胜自己。

新学年开始,赵敏敏被安排到初一当班主任,也许一个新起点更容易体验成就感。果然,她每天早早来到教室,精神抖擞组织早读。老师们反映,敏敏像变了一个人,工作特别投入,每天中午都不休息,在教室辅导学生。学校因为有老师生孩子,要求她临时多上一个班的课,她二话没说就答应下来。每天超负荷的工作,她任劳任怨。爱美的她,因为日复一日长久站立而脚痛,只好把高跟鞋换成平跟鞋……半期考试,她教的3个班语文成绩相当优秀,在全年级名列前茅,让大家刮目相看。孩子们对她也非常依恋,当初教过的初三学生经常跑到办公室找她玩,有时候她很忙,孩子们哪怕就看她一眼也很高兴……

这样的故事,鲜活,生动,经过李镇西传神文笔娓娓道来,更是别具魔力。原来,貌似平凡的老师们,竟然如此可爱!

第四章　平民教育之路

在校园里，有一段铭刻在艺术群雕基座上的《学生誓言》。每个学期的开学典礼，孩子们要面对老师庄严宣誓——

> 我是一个有良知的人，我将无愧于父母的养育之恩和老师的良苦用心。
> 我是一个坚强的人，我将勇敢面对生活中的一切困难和挫折。
> 我是一个有骨气的人，我将通过自己的努力去改变人生。
> 我是一个无私的人，我愿意与他人分享生活中的经验和快乐。
> 我是一个珍惜时间的人，我决不让时间从我的身边溜走。
> 我是一个热爱学习的人，我要时刻铭记理想，在奋斗中成长。
> 作为武侯实验中学的一员，让人们因我的存在而感到幸福。

没有口号式的假话、空话、套话，表达的是如何脚踏实地做人，宣示的是有理想的少年的责任、使命和愿景。

李镇西在武侯实验中学开展平民教育，让教育返璞归真，为未来中国培养公民。

第一节　培养“人中人”

通往教学大楼的阶梯旁，赭色大理石斜坡上镌刻着李镇西的短文《我也有一个梦想》。那不仅是李镇西数十年如一日坚守的教育之梦，我们不妨把它看作武侯实验中学开展平民教育的一个宣言——

> 我特别敬仰的陶行知先生说过一句话：“先生之最大的快乐，就是创造出自己崇拜的学生！”我把这句话作为我的教育信念。让学生成为自己崇拜的人，这是我的梦想！
>
> 所谓“值得我崇拜的出类拔萃的人”，并不一定是名声显赫的科学家、

企业家、文学家或其他什么名人——当然也包括这些，但更多的是默默无闻的普通劳动者，正像多年以前我教过的一个学生所说："任何一个有追求的劳动者，都可以成为普通岗位上的巨人!"

如果他们是科学家，他们会竭尽自己的才华，用科学技术为中华民族赢得世界声誉；如果他们是文学家，他们会以中国人民的欢欣和苦难作为他们创作的源泉；进而写出反映我们这个时代的真实的史诗；如果他们是国家公务员，他们决不会以权谋私和大搞腐败，而是时刻牵挂民间疾苦，把每一位劳动者都当作自己的亲人；如果他们是商店服务员，他们会以自己的真诚善良，让每一个顾客感到春风扑面……

我还要说，我崇拜的学生，无论从事什么职业，他们首先是共和国的现代公民，而不是现代顺民，更不是奴才。他们具有民主、自由、博爱、平等、宽容等现代意识，并把这些意识体现于生活的每一个细节。除了崇拜真理，他们不迷信任何权威；除了遵守法律和服从自己的良心，他们不屈从于任何强权的意志。作为普通公民，他们时刻关心着国家的命运，并用自己每一天的努力，推动着中国的进步。

由这样的公民构成的民族，必然迎来高度民主、高度文明和高度繁荣的现代中国!

校园里有三尊栩栩如生的雕塑：用4颗糖果奖励调皮孩子王友的陶行知；正在给孩子讲故事的苏霍姆林斯基；骑着毛驴下乡教农民识字的晏阳初。三尊雕塑的主人公，都是平民教育的先驱。

走马上任伊始，和老师们一起全面客观地分析生源情况以后，李镇西给武侯实验中学的定位就是：走平民教育之路，让每一个孩子都得到适合自己的教育——

办学理念：一所"把孩子放在心上"而不刻意追求"特色"的朴素的学校；

办学目标：培养好人——健康、善良、正直、睿智的现代公民；

办学思想：践行"平民教育"，培养"民主与爱心"。

平民教育最早是由陶行知提出来的。它担负着两大任务：第一，让每一个老百姓都能够读书写字；第二，让每一个老百姓都具有民主素养。它的育人目标有四个：首先要有改造中国的抱负；其次要学做"人中人"而不是"人上人"；第三要有科学之精神；第四要有创造之能力。

2007年8月，李镇西在接受"四川在线"记者专访的时候，专门谈到他对平民教育的理解：

——平民教育是我们教育的一个方向，通俗地说，平民教育就是对大众的教育，是面对大多数人的教育，是为普通老百姓服务的教育，一句话，就是让人人都得到受教育的权利。

——平民教育绝不是单纯的农民教育，或贫民教育，它不是专门针对贫穷老百姓的教育。不能把平民教育与希望工程混为一谈，平民教育不是帮困助学。当然，我们更应该关注那些生活较为贫穷的、那些不能享受优质教育资源的农村孩子，但平民教育本身并不是只是针对穷人或农村孩子的教育。城里面的教育也可以是平民教育，只要你是为大多数百姓服务的。平民教育是相对于精英教育而言的。

——平民教育不仅是为平民的教育，也应该是培养平民意识的教育。我们要培养孩子们热爱劳动人民，以劳动人民为自豪的平民情怀。当然，平民教育并不排斥精英教育，你是大树就顶天立地，是鲜花就尽情开放。平民教育的目的就是为了让每个孩子在不同程度上都得到发展。

——作为一种教育思想，平民教育不仅强调人人享有受教育的权利，同时也强调要让广大老百姓子弟有享受优质教育资源的均等机会。教育是个公共资源，像空气、阳光、水一样，不能被垄断，教育资源是公共资源，优质教育资源也是公共资源，资源应尽可能均衡，应该公共享受，要尽可能让农村孩子享受与城里孩子同样的优质教育。均衡教育是实施平民教育的一个举措，不搞教育均衡，平民教育就不能落到实处，平民教育就是低层次的。

——从某种程度上说，平民教育也就是培养“人中人”的素质教育。

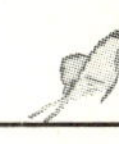

——作为学校，不仅要为学生高考的那两天服务，还应该为学生的一生服务。因为，教育的根本目的，是着眼于每一个“人”的发展，而不是培养“考试机器”。我们不仅要培养学生的智力水平，更重要的是对他们人格的培养，这对他们的影响将会更深远。平民教育的目的就是面对多数人，培养善良、正直、富有智慧、体格强健的公民。

武侯实验中学实施平民教育战略，具体做法就是开展“提升教师、关爱孩子、影响家长”的“新教育实验”。

新教育实验是由朱永新教授发起的一个民间教育改革行动，全国教育科学“十五”规划重点课题，其核心理念是：为了人的一切，为了一切的人；目标追求是：追求理想，超越自我；价值取向是：只要行动，就有收获。

从 2002 年 9 月第一所新教育实验学校试点开始，新教育实验在全国的影响越来越大，到目前已经有近 3000 所学校参与进来。

李镇西对老师们说：“对于一个学校来说，新教育该怎么做？我的想法

是，要尽可能点燃激情，唤醒理想，尊重自由，提供平台。新教育是为有激情有理想的人准备。”除了开展“教师专业化提升”，进而达到教育质量和学生精神境界的提升外，李镇西武侯实验中学借鉴新教育实验的六大行动以影响学生：营造书香校园，师生共写随笔，聆听窗外声音，培养卓越口才，建设数码社区，构建理想课堂。一大批教师满怀激情加入到新教育实验的队伍中来。

李镇西告诉老师们：“新教育实质上是给孩子一个充满诗意的童年，让学生懂得并学会‘抒情’……作为人的丰富多彩而且细腻柔软的心灵世界正在渐渐远离我们，我们正在向诗情画意告别。而新教育正是要给孩子一个饱满的充盈的情感世界，让他们的童年和诗相伴，让他们懂得并学会‘抒情’！……我们做新教育，无非就是培养具有书卷气的人。现在一年级的孩子，六年后上了中学，不管他是在武侯实验中学，还是棕北中学，或是其他什么中学，与他班上其他小学毕业的孩子比，他的视野要开阔一些，他就是比别人更敏锐，更容易感动，更容易心潮起伏，这就是我们所说具有丰富精神世界的完整的人。”（《把新教育实验当成自己的生活方式和成长方式》，见《老师教我当校长》）

校园里营建了开放式书吧，让学生时时有书看，处处可看书。建设书香校园是新教育实验的内容之一，目的是丰富学生的阅读。广泛的阅读不仅能够促进学生的成绩，还会给心灵世界注入许多的精神养料和缤纷色彩。李镇西说，对于有些成绩很差的学生，不让他们阅读课外书，他也考不上大学考不上重点高中的，那还不如让他阅读呢！

第二节　“办适合每一个孩子的教育”

因为李镇西主政，武侯实验中学很快成为教育界内外关注的焦点。人们议论纷纷：在“两极分化”的现行教育体制和“成王败寇”的教育评估体系下，一所薄弱学校究竟能够走多远？

李镇西胸有成竹：因材施教，办适合每一个孩子的教育。

但是现实毕竟是严峻的。每年，武侯实验中学的毕业生只有三分之一强的人能够升入普通高中，还有接近三分之二的孩子毕业后，要么随便选一所职业中学就读，要么干脆辍学，加入打工大军。李镇西对这些孩子怀着深深的歉疚，自责没有给他们最适合的教育，即帮助他们在今后的社会生活中安身立命的知识和技能。

2011 年 2 月的一天，李镇西风风火火闯进成都市分管教育的副市长傅勇林办公室，请求“帮助解决一个简单的问题”：“我想让武侯实验中学真正‘实验’起来，希望得到你的支持！”傅勇林也是个爽快人，马上接口说道：“名校长做真实验，当然要支持。你有什么想法，写个方案，我们看看，如果可行，就做！”

接下来的几个月，李镇西带领校务会一帮人，通过学习、调研、讨论，最后由他一字一字逐条逐款汇成洋洋万言的《成都市武侯实验中学教育改革方案纲要》，送呈至傅勇林和成都市教育局有关领导的案头。

这份情真意切、主旨鲜明、目标明确、操作性强的方案，很快得到市政府的批准。市教育局把武侯实验中学定为全市唯一“统筹城乡教育综合改革试点学校”。改革分评价、课程、课堂、人事等方面，比如实行毕业考试和升学考试分离，毕业考试由学校自己组织；允许学校推荐一部分学生直升高中；区政府在补足教师编制的前提下，增加 10%的自聘教师数量；等等。

《校长》杂志在 2011 年 11 月号的报道中写道：

毕业考试权放给了学校，李镇西动课程的胆量大了起来，他先压缩了一些课时，例如政治、历史，就压缩成了政史课，并用这个时间大量开设选修课，增加学生学习的选择性。学校实行学分制，他告诉学生们，把你最精彩的一面发挥出来，就可以毕业。数学不好语文好，没关系，你仍然是好学生。

学校规定，初一、初二每个学生必须至少选一门选修课。文化课比较好的，就选修文化课。而更多的学生则进了美术社、篮球队、健美操队、音乐班等。选修课采用走班上课制。

针对初三很多上不了普高的孩子，学校就联系成都一些艺术学校、职业高中、技术院校，给他们开设各类职业特色课，并进行未来职业生涯规划，最后有准备地进入相应职业教育体系。

……

一年之后，武侯实验中学考出了建校九年最好的中考成绩，上重点高中线的学生增长了 25%；未进普高的学生中，200 多人学了美术，50 人学了语言，50 人学了体育，80 人学了职业技能，如企业营销、礼仪、鸡尾酒调制等——相比以前，学生选取职高的准确度和层次明显有了提高。

同时因为有了相对灵活的人事制度，不到两年，武侯实验中学自聘了

40名老师，师资窘迫缓解，想象空间开启，学校活力大增。

李镇西校长渐入佳境。

其实也可以说，因为改革，武侯实验中学渐入佳境。

李镇西经常和老师们一起探讨：素质教育是不是可望而不可即的空中楼阁？“新教育实验”怎样才能成为真教育？如何真正将苏霍姆林斯基、陶行知的教育思想变成今天的教育行为？当我们个人纯真遭遇社会污浊的时候，我们该怎么办？面对权势，我们如何保持教育的气节？面对弱者，我们如何表达教育关怀？如何让教育过程充满本来就应该有的温馨的人情味？当我们个人无法改变体制的时候，我们如何通过自己的努力，让孩子少受一些伤害，多一些童年的欢乐与浪漫，而不要成为“应试教育”助纣为虐的帮凶？当教育充满应试教育的功利性和迷惘的时候，我们如何给学生一双清澈而睿智的眼睛和一颗纯真而坚韧的童心？他对教师的基本要求，就是“上好每一堂课”，让课堂成为民主教育和素质教育并重的课堂——

在我校，“素质教育”和“平民教育”是互相重叠的概念。前者是就培养目标而言，后者是就培养对象而言。我们的学生大多是平民子弟，当我们对平民子弟进行素质教育培养的时候，我们的教育也可以叫“平民教育”。我们通过什么方式来实施“平民教育”呢？那就是“新教育实验”。所以说，“新教育实验”是我们实施“素质教育”或是说“平民教育”的途径。

……在新教育实验六大行动中，我们着力探索“构筑理想课堂”，所以近几年来，我校开展了课堂改革。我们根据我们学生的特点，学习借鉴各兄弟学校的经验，再结合我们学校的实际情况，提出了以民主教育为核心理念，借鉴高效课堂“五步三查”模式，以“导学稿”和“小组合作”为载体的课堂改革。

……我和老师们所追求的“民主课堂”，不是固定的模式，不是具体的操作，而是贯穿于课堂的一种理念，一种氛围。通俗地说，充满民主教育理念的课堂，意味着教师对学生能力与潜力的无限信任，意味着教师必须尊重学生原有的基础与个性，意味着师生是在探求知识真理道路上志同道合的同志和朋友，意味着还学生自主学习的权利，意味着让学生成为课堂的主人……“民主课堂”是建立在师生人格平等基础上的课堂，是以师生积极交流对话生成为主的课堂，是学生真正成为学习主人的课堂，是充满生命幸福与人性光芒的课堂！（《让普通教师成为学校的名片》，见《老师教我当校长》）

李镇西真诚希望每一个孩子都成为学习的主人。有一天，他应邀来到年轻班主任龚林昀老师的初二（13）班，主持一堂班会课。接近尾声的时候，他针对孩子们提出的“考不好”、“记不住”、“平时管不住自己”的问题，提出了“战胜自己，不找借口”的要求。他这样给大家分析出现这些问题的原因，同时给出了解决问题的“妙招”——

在学习方面，我再给大家提三个建议。第一，我一边说，一边板书，“不要用粗心来原谅自己。”

我解释道：“经常有这种情况，拿着发下来的试卷，发现这道题其实能做的，但居然错了，于是你会顿脚，嗨！这道题怎么都错了呀！这样的题，我把它叫作顿脚题。”

同学们笑了。

“或者你不一定顿脚，但会捶胸，我的妈呀，我怎么搞的，这道题明明能做嘛，怎么会错呢？这叫捶胸题！”

同学大笑。

我说：“然后同学们会这样安慰自己，说不要紧，我就是粗心，下次注意。但下次依然会做错。什么原因呢？那是因为根本就不是所谓‘粗心’，或者说，所谓‘粗心’是一个伪命题，真正的原因不是所谓‘粗心’，而是知识没有真正牢固地掌握，你懂了，但不熟练，所以出错。相反，如果你对知识真正掌握得很熟练，即使你粗心大意地做也不会错。”

同学们表情有些惊异，好像不相信，或者不理解。

这时候，李镇西请一位女生起来背九九表。在她背的过程中，他不断“讨厌地”用一些无聊的问题来扰乱她，让她的背诵时断时续，但她最终还是全部正确地背完了——

我说：“你们看，她在背的时候，我不断打搅她，干扰她，也就是说，她是在不断被干扰的情况下背诵的，却没有背错，为什么？因为她对九九表太熟练了。所以，我说从来没有粗心一说，只有知识不熟练。知识必须熟练到成为一种本能，瞬间就能做出正确的抉择。这就是我对大家的忠告，千万不要用粗心原谅自己。明明是没有熟练掌握的知识，你却认为掌握了，而不去认真思考牢记联系，‘粗心’二字，掩盖了你的知识缺陷，下次还要犯同样的错误。”

同学们都很认真地听着。

“第二个建议，最好的学习是给别人讲。”我依然将这几个字板书在黑板

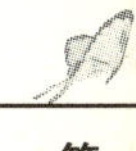

上，“以前有个学生中学时数学并不太好，但有一次他做对一道题，同学们都很惊叹，以为他数学很好，便纷纷请教他。他不得不给同学们讲题。因为要讲题，他听课特别认真，复习特别认真，给同学讲题，又是一次清理思路的过程，这样慢慢地，他的数学越来越好，最后竟然成了一名数学家。他的秘诀就是，不断给别人讲题。我女儿也是这样，小学数学并不好，但后来高中和大学，数学成了她的优势学科。在法国留学的时候，学的是金融学，经常在课堂上被老师请到台上给同学们讲数学题。原因何在？就是她读初中开始，我就不断给她说，最好的学习是给别人讲，既帮助了同学，自己也巩固了知识。不但数学如此，所有学科都如此。因此，同学们一定要多多和别人讨论难题，要乐于帮助别人。”

有同学们一边听一边记。

我继续说：“最后一条建议，把练习当考试，把考试当练习。这是什么意思呢？为什么经常有这样的情况，明明平时作业时能做对的题，考试时却做不起呢？这是因为练习和考试不一样。什么不一样？第一，作业练习时没有时间限制，而考试有时间限制；第二，作业练习时做不起可以翻书或问别人，而考试不行。所以你们做练习的时候当然能做起，反正磨磨蹭蹭慢慢想，再不行就翻书。可考试不行，所以就做不起。但如果我们每天晚上在家都把作业练习当作考试——做题前先认真复习，就像考试前的复习一样，而不是做不起才翻书，然后定时而且独立完成决不翻书，每次如此，长期训练，你就有了时间观念，速度提高了，独立思考能力提高了，到了考试的时候，自然就轻松了，不就是几道练习题嘛！有什么了不起的。你的心态放松了，更加从容自信了，自然就会做得好。”

教室里鸦雀无声，同学们都在认真听着。（《今天的班会实录》，见《老师教我当样长》）

因材施教初见成效。2013 年 5 月，武侯实验中学编印了一本美术画册，画册的小作者们，就是学校美术社的孩子们。李镇西在《唤醒沉睡的天赋》一文中写道：

“每个孩子都是天才！”这是我看完这本美术画册后不由自主发出的惊叹。

这些画儿的作者，不就是平时在校园热情招呼我“李校长好”“李老师好”的那些普普通通的孩子吗？但我以前真没想到，他们身上竟然蕴藏着绘画天赋。

而这样沉睡的天才，在我们身边还有多少呢？

作为践行平民教育的成都市武侯实验中学，有88%以上的学生为当地失地农民和进城务工人员的孩子。比起市中心那些知识分子家庭的孩子，他们显然没有良好的家庭文化背景，更没有这样那样的早期“智力开发”或“艺术启蒙”。如果真有所谓“输在起跑线上”一说的话，那这些孩子早就“输在起跑线上”了。但这本画册中的每一幅作品，都是对所谓“不要让孩子输在起跑线上”观念的批判。

在文章中，他对学校的教改实验做了一番小结——

基于“把每个孩子放在心上”的良知和“办适合于每一个孩子的教育”的理念，我校开始了课程改革。其中最重要的举措，便是开设了满足孩子兴趣和需要的各类选修课程，有美术的，有音乐的，有体育的，还有各类生活技能的。我们给孩子提供了各种选择，通过选择进而体验，通过体验进而重新发现自己。短短的时间里，已经有不少孩子在某些方面显露了天赋，并取得了连本人以前都无法相信的成绩。比如，在我们学校的舞蹈《家乡的味道》中，孩子们以其出色的表演才能，从区到市再到省，一路过关斩将取得佳绩，进而代表四川省参加全国比赛再次获得一等奖；最近，该节目又收到国际邀请，即将赴澳大利亚演出！过去，谁能想到进城务工人员的孩子居然能把舞跳到悉尼歌剧院？又比如这本画册中，点线面、吉祥图案、戏剧脸谱艺术、鱼的纹样、粮食画、钟表造型设计、漫画……一幅幅构思独特、线条奇妙、充满魔幻般想象力的作品，竟然出自学画时间并不长的平民子弟，过去谁又能想象得到呢？

……从某种意义上说，教育，就是为每一个孩子提供其发展的多种可能性。孩子们抓住了某种可能性，便可能改变其一生。而人生发展的“门票”是不会过期的。只要开始，便永远不晚。我期待着我校的课程改革，为孩子们提供更多的发展可能性；更期待着越来越多的孩子成为真正的“自己”！

帮助孩子选择适合自己的教育，教给孩子简便实用的学习方法，让每一个孩子都享受到学习的快乐，找到做人的尊严，平民教育就是培养“人中人”的教育。

在李镇西平民教育的理念中，还有一条：幸福比优秀更重要。对此，他跟初三的女孩子小珂有一段感人的对话。

2012年12月6日，小珂来到李镇西办公室，说她感到学习压力太大，有点承受不了，希望李老师帮帮她。李镇西施展他那神奇的谈心技巧，一席话让师生间没有了心理距离，大家像朋友一样开始了闲聊式的谈话。

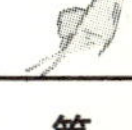

小珂说，她的英语和数学压力比较大。李镇西想了想说："具体的学科学习，你的任课老师比我更有能力给你指导，我不教英语也不教数学，不敢乱说。不过，根据我女儿以前学习的经验，英语就是多读呗，多记单词，熟能生巧。数学除了多练，就是要多琢磨典型的例题。我女儿以前就是这样的。她小学数学并不好，但进中学后数学成了她的优势学科，方法之一就是没事爱研究例题。当然，还是刚才的那句话，具体的学科，你还是要多问你的任课老师。"

李镇西问起小珂的志向。小珂说她高中想考武侯区高级中学，长大后想搞心理咨询，但武侯区高中是重点中学，能否考上她没有信心。李镇西开始开导她："你说你压力很大，我谈谈我的看法，供你参考。第一，从横的看，压力人人都有，全中国的初三孩子，全省的初三孩子，全市的初三孩子，都有压力，不是你一个人才有压力。想到这一点，你会感到不那么可怕，因为人人都有呀！从纵的看，现在、将来，直至终生，压力永远有。连我现在也有压力。想到这一点，你会感到压力是人生的常态。人在不同的阶段总有不同主题的压力。有压力是正常的，没压力才不正常。所以，你一定要沉得住气。大家都一样的，所有初三学生都和你一样有压力的。"

接下来，李镇西话锋一转："你觉得初三最坏的结果是什么？我们做一件事，如果把最坏的结果想到了，而这个结果又能接受，我们就无所谓了。"

小珂说，最坏的结果就是考不上普通中学，而去读职高。对这个结果她是能够接受的。

李镇西一拍大腿："这就对了嘛！你还怕啥呢？大不了读职高！你这不就一下轻松了吗？把最坏的结果想到，然后朝最好的方向努力，豁出去了，拼了！即使没能如愿，这最坏的结果也不错，还有什么能够难住你的呢？"

小珂笑了，不住点头：表情越来越开朗。

她说："职高没有心理咨询专业吧！"

我说："嗯，好像没有。不过，你先选一个你能够接受的专业，然后可以自学心理学呀，以后可以去考心理咨询师的证书呀！以后的发展谁能说得定呢！其实，退后一步想，即使你没能考上大学，甚至也没能从事你喜欢的心理咨询工作，只要你善良而勤劳，这一生你完全可以过得很幸福的！"

他给小珂讲了宁玮的故事。她听得很认真。李镇西说："宁玮是我一个普通的学生，现在也是一个普通的人，但她幸福。虽然按世俗的眼光，她并不出类拔萃，但是——幸福比优秀更重要！我想你，你以后不管做什么，也能因自己的善良获得幸福的！"

他又接着刚才的话说："包括你现在的每一天学习，同样要善于享受快乐。你的性格比较内向，应该多和同学交往，在交往中获得快乐；面对难题不退缩，最后攻克了难题，这也是一种快乐。每天早晨起来，想想开心的事，让自己心胸充满阳光，让自己的每一天都开开心心，多好！你想，假如——我说的是假如，你明年中考后的结局就是读职高，那么，你开开心心也是读职高，哭哭啼啼也是读职高，那还不如开开心心呢！还是那句话，幸福比优秀更重要。"

她又笑了。

不知不觉一个小时过去了。临别时，他再次感谢她对他的信任："握个手！"一只大手和一只小手握在了一起。

第三节　人格教育——以人格塑造人格

在苏霍姆林斯基的教育生涯中，他与"调皮大王"高里亚的故事可圈可点。在陶行知的教育故事中，他用四颗糖果教育调皮男孩王友的故事耐人寻味。在李镇西的教育故事中，也有一个类似的故事。真正的教育者，心灵是相通的。

故事发生在 2011 年 12 月上旬的一天。李镇西在跟附属小学毕业班的年轻班主任郑燕老师谈心的时候，小郑提到班上一个男生让她十分头疼：这个孩子家庭特殊，爸爸游手好闲，妈妈因此而出走，至今下落不明；因为没人管，成绩差，习惯也不好，怎么教育也收效不大。一次批评他的时候，他居然说："你把李镇西叫来，我给他说！"李镇西一听，乐了。他对小郑说："没关系，我找他谈谈。"于是，一场谈话就这样展开了——

郑老师走了。不一会儿，一个男孩被一个女孩推了进来——那男孩显然很紧张，不愿意来我办公室，所以郑老师专门请了一个女孩"押送"他。

女孩将男孩推进来之后，便走了。看着神色慌张的男孩，我指着我办公桌对面的椅子温和地说："请坐。"

他不坐，说"我就站着"。我再次说："请坐，还是坐下吧！好吗？"

他依然不坐。我笑了："既然进来了，那就是我的朋友。哪有不让朋友坐的？如果你不坐，那我也不坐，我们都站着，这样才平等。"

听我这么一说，他慢慢坐下了。

我问："是不是很紧张啊？"

他点头，说：“非常紧张。”

我又笑了：“紧张什么呀？是不是因为被叫到校长办公室，你就紧张？”

他说：“是的。”

“咦？不是你要和我谈吗？”我依然笑眯眯地说。

他的表情有点诧异。

“我听说，你说让李镇西来跟我说。所以我就请你来了。”我说。

他说他记不得这句话了。我说：“不要紧，反正你又没犯错误，怕什么？校长有什么可怕的？我又不会批评你。再说了，我找你本身就是随便聊聊。这学期我来这里做校长，找了好些同学了，问他们的学习，问他们对学校的建议，今天找你也是谈这个的。”

他的表情显然放松多了。

我问：“给我说说，你觉得你们六（3）班怎么样？”

他说：“有几个同学老欺负我，打我。”

我说：“谁呀？告诉我，我帮你忙。竟然欺负我的朋友！”

他说了几个名字。我说：“好，一会下课我就去警告他们！”

我又问：“班上有没有你佩服的同学呢？或者说，你追赶的目标呢？”

“没有。”他说，“我就把自己作为目标。”

我说：“超越自己当然好，但也要看到别人的长处，向别人学习，把别人当作追赶目标，这样你的进步会更大。”

他说：“因为我自己不好，所以我想超过自己。”

这话显然没逻辑，但我还是说：“超过自己，和向别人学习不矛盾的。”

我又问：“你有什么优点吗？”

他说：“没有优点，缺点倒是不少。”

我又笑了：“不可能没有优点！哪有没有优点的人呢？”

他说：“我真的没有优点。”

我问：“你喜欢你的老师吗？”

“喜欢。”

“最喜欢哪位老师？”

“我最喜欢郑老师。”

我问：“为什么？”

“郑老师对我们很好，很爱我们，而且对同学很公平。”

我说：“这不是优点吗？你很尊敬老师，很爱老师，这就是你的优点！”

他说：“这怎么叫优点呢？”

我说："怎么不叫优点呢？的确有学生不尊敬老师呢！你这么爱你的郑老师，我都很感动呢！"

他已经完全没有了紧张，和我侃侃而谈起来。他主动给我说起了他的家庭，说妈妈嫌爸爸不会挣钱，便出走了，到现在也还没有音讯，不知道哪里去了。

我问："那你平时在家就你和爸爸？"

他说："还有奶奶。我们三个人一起住。"

我问他爸爸做什么的，他说："开野猪儿，就是野的。"

"野猪儿"是成都方言，就是黑出租车。

我问："你想不想妈妈？"

他说："不想，她都不管我了。"但说的时候，他的眼圈还是红了。

我一时不知说什么好。我让他坐在长沙发上，我也离开办公桌，和他一起坐在长沙发上，我拉着他的小手，沉默了一会儿。

我换了一个话题，说："你刚才说你有很多缺点，都有哪些缺点呀？可以给我说说吗？"

他说："我不爱学习，就想玩。玩的时候，就不想作业。"

我问："你的成绩怎么样？"

他说："以前还行，现在不行。我的语文和数学还将就，但英语不好，我听不懂。"

我对他说："和别人比，你的家庭有些特殊。这对你既不好，但也有好的一面。说不好，是因为你妈妈出走了，你没有妈妈关心，但我说也有好的一面，是因为这能磨砺你。"我一下觉得这话很空洞，他也不一定能听懂，于是，我举了一个例子说，"告诉你，我有一个妹妹，在 17 年前就失踪了，也是不辞而别，留下一个儿子，当时才五岁。后来我也是经常这样对他说，你没法靠别人了，只能靠自己。现在，他已有了工作，算是有了出息。我想说的是，如果你家里条件很好，也许你会依赖，反正有爸爸妈妈，现在你无法依赖任何人，只能靠自己。如果你现在学习不好，以后你工作都没有，怎么养活自己？"

他听得很认真，我继续说："我送你四个字，四个字是我经常给我学生说的，那就是'战胜自己'。你的内心深处有两个我，一直在打架。一个是勤奋的我，一个是懒惰的我。每次面对作业，这两个我都在打架，只是对你来说，经常是懒惰的我占了上风，所以你就没完成作业。现在你就要尽量让勤奋的我占上风。你说你喜欢玩，玩什么呢？"

“也没玩什么，反正不想做作业。”他说。

“打电子游戏吗？”

“有时候也打，但我也不是特别喜欢打。”

我说：“适当打打也可以的，但千万不要迷恋电子游戏，一旦痴迷，那等于是吸毒。”

我又说：“你现在可能学习上有些知识欠缺，但小学的知识有什么难的，只要加油，只要多花工夫，完全可以补起来的。英语嘛，无非就是多读多记，关键是你要下功夫。”

他不住地点头。

我接着说：“你那么喜欢郑老师，那就一定要听郑老师的话。不要再缺作业了，好吗？”

他说：“好。”

尽管我不敢保证他从此不再缺作业，但我绝对相信他此时是真诚的。

他完全放松了，话也多了起来，给我谈他的苦恼，谈他的爸爸、妈妈和奶奶（涉及隐私，这里不便公开），我呢又给他谈了学习方法，谈善良，谈童心，谈关心集体……

最后我说：“我们是朋友了，以后你有任何困难，可以直接找我！对了，欺负你的那几个同学，一会下课我就去找他们。”

他说：“不用了，他们这几天也没有打我了。”

我说：“你看，你这么宽容，又是一条优点！”

他又笑了。

我掏出一个棒棒糖，递给他：“你今天这么信任李老师，什么都给我说，我送你一个棒棒糖表示感谢！”

他不好意思，说不用不用。

我把糖按在他手心：“还给我客气，呵呵！”

接过棒棒糖，他说声“谢谢”，然后我送他出门：“再见！”

“李老师再见！”

我没指望他从此就“改邪归正”——顽皮学生的转化哪有那么简单？但是，能够给他心灵一点温馨，此刻我也很温馨。（《老师教我当校长·谈心》）

李镇西就像一个神奇的魔法师，短短几分钟的谈话，把一个爹不疼、妈不爱、老师头疼、同学也不待见，甚至敢跟校长公开叫板的刺儿头小家伙，驯服得百炼钢成绕指柔。原因很简单，他对每一个孩子都倾注了全部的爱和真情，这就是平民教育！整个谈话过程没有半句批评的话，只是循循善诱的温言；没有居高临下的教育，只有朋友般真诚的闲聊；没有隔靴搔痒的说教，只有设身处地的体贴。他营造了一种温馨的气氛，帮孩子看到自己的优点和缺点，鼓励他战胜自己。点睛之笔就是那颗棒棒糖。可以设想，从校长那里得到一颗棒棒糖的孩子，此刻一定是甜到心里，感受到无与伦比的幸福！

第四节　给共和国总理写封信

在开展平民教育一年后的2007年6月28日，针对当前教育领域的一些势利现象（善待优生，歧视差生；重视城市教育，轻视农村教育；善待官员或“土豪”的子女，漠视平民百姓的孩子以及城乡教师待遇不同，等等），希望让更多的人关注平民教育，李镇西提笔给时任国务院总理的温家宝先生写了一封信，谈了自己从事平民教育一年来的思考、做法、成效和感受。本来，这封信他是打算写给成都市教育局局长杨伟，以祝贺他获得“建设成都杰出贡献奖”的名义汇报工作的，突然灵机一动就写给总理了，因为温总理在关注平民教育。这封信摘要如下——

2006年对我的事业来说，是一个转折点。因为这一年，我带着我的新教育之梦，把我的事业从城市转向了乡村。

敬爱的温总理，是您的一次讲话坚定了我的信念，并促使我真的走上了乡村平民教育之路。2006年3月14日上午，我观看了十届全国人大四次会议闭幕之后，您在人民大会堂三楼大厅会见中外记者的实况转播。您说，在这里我特别想强调一下“平民教育”问题。因为世界上绝大多数人都是平民。平民的素质关系到一个国家整体国民的素质。您还说，中国有13亿人口，9亿农民，平民的比重更高。我们之所以把义务教育和职业教育放在重要的位置，就是要使教育成为面向平民的教育，从而使人人能得到教育。

我现在所任校长的武侯实验中学，位于成都郊外。我校现在有三千余名学生，百分之八十以上的学生是当地失地农民和外来进城务工人员的孩子，目前我和我们学校老师所付出的所有努力，就是要通过“新教育实验”，让这些孩子和城里孩子一样享受同样优质的教育。来到这个学校做校长一年来，我主要做了三件事：提升教师，关爱孩子，影响家长。

我校老师非常年轻，平均年龄三十二岁。比起城里学校的老师，他们待遇并不很高，但他们热爱孩子，热爱教育，纯朴善良，吃苦耐劳，因为生源

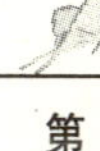

差（大多是农民的孩子，父母文化水平不高，家庭文化背景也不理想），所以他们承担着远比城里教师更为艰巨的教育重任，但他们无怨无悔，以自己一颗真诚无私的爱心对待每一位孩子，让孩子感到真正的爱。但是，要教育好孩子，爱心是非常重要的，但仅仅有爱心却远远不够，还要有先进的教育理念，有平等与民主的教育情怀，有丰富的教育智慧和高水平的专业技能。因此，我在学校教师中倡导每天做“五个一工程”来打造优秀的教师团队。所谓每天的“五个一工程”就是，上好一堂课，至少找一个学生谈心或书面交流，思考研究一个教育问题，读书不少于一万字，写一篇教育随笔。一年来，我校绝大多数老师都能每天坚持做好这“五个一”，每个老师平均读书10本以上，共写下教育随笔3000多篇！他们精神面貌都发生了很大的变化，教育智慧也获得了极大的丰富。他们现在看孩子的眼光充满了爱和欣赏；他们现在的工作依然辛苦，却体验到了越来越多的成功感，有了越来越多的职业幸福感。

我们的学生虽然纯朴，但由于毕竟是农村孩子，因此在文化素质、文明修养等方面存在很多问题，我校生源比较差，后进生比较多，这无疑增加了我们的教育难度。我们首先从引导孩子读健康有益的课外书开始，培养孩子追求真善美的志趣。我无限地相信书籍的力量，坚信一本好书能够提升人的精神境界和人生追求。每天中午，老师们都和孩子读20分钟的课外书，开阔孩子们的视野，让《爱的教育》《做人的故事》等人类文化的精神养料滋润孩子们的心灵。与此同时，我和我们的老师从基本的做人规范开始，引导学生追求真善美。“让人们因我的存在而感到幸福”，这句话是我送给全校孩子的见面礼。老师们通过各种方式，教育并训练学生如何举止文雅，语言文明，如何做到尊重他人。在教学上，我们摈弃了一刀切的教学方式，而是孩子不同的学习基础和学习能力有针对性的教学，尽可能让每个孩子每天都有收获和进步。应该说，一年过去了，孩子们的精神面貌也发生很大的变化，越来越多的学生感到了学校生活的快乐和成长的快乐。

我在担任校长的同时，还兼任了三个班的副班主任，还要经常给孩子们上课。我立志做一个让孩子们不怕的校长，做一个每天都能够享受孩子们的信任和爱戴的老师。因此，我直接和孩子交朋友，孩子们也很信任我，几乎每天都有孩子来我办公室找我聊天，向我说他们的心里话。现在，只要我走进学校，孩子们总会从四面八方向我问好：“李老师好！李校长好！”孩子们稚嫩纯真的问候声，如阳光一样包围了我，让我也感到幸福！

“我们每个老师都要想一个朴素的问题，我给学生的将来留下怎样三年温馨的记忆?”这是我常常对老师们的提醒。现在,“让学生因我的存在而感到幸福”已经为我校老师每一天的行动。

和城里学校不同,我们学校的家长文化水平很低,平均文化水平是小学毕业,相当一部分家长连小学都没有毕业。他们很爱孩子,却不懂得怎样教育孩子;平时不与孩子沟通交流,而孩子一旦犯了错误或成绩不好便打骂孩子,这对许多家长来说是家常便饭。因此,影响和改造学生家长,也是我和我的老师们一年来着力做的一件事。我通过给家长写信、参加家长座谈会、家访等方式,给家长提出四个要求:“第一,成为孩子人格的榜样;第二,成为孩子知心的朋友;第三,和孩子一起阅读;第四,和孩子一起写作。”我给家长们推荐《做最好的家长》一书,让他们和孩子一起阅读,一起交流,然后家长反思自己的家庭教育并写下读后感。我还要求家长每天都给孩子写一段话,和孩子交心,勉励孩子。虽然我们家长的文化水平不高,但在我的引导下,他们硬是坚持和孩子一起读一起写,有的家长甚至是一边查字典一边写教育心得,让我特别感动。一年过去了,许多家长的观念和家庭教育方式都发生了积极的变化。不止一个孩子对我说:“谢谢李校长,您改变了我的爸爸妈妈!”

一年来,尽管我和我同事的艰苦努力取得了看得见摸得着的成果,但我们的事业才刚刚开始,我们还有许多事要做。作为校长,下一步,我将继续在提升教师、关爱孩子、影响家长三个方面做这样几件事:第一,进一步改造并优化我们的校园环境,建设一些文化景观,增强校园的文化氛围,让校园的每一个角落都发挥教育感染的作用;第二,继续指导老师们的教育阅读和教育写作,并建设好学校网站,引导老师通过网络展示阅读和写作的成果,交流教育教学的经验;第三,改造学校的图书馆,充实学校藏书(现在我们学校的藏书不多),同时,在每一个教室设置一个图书柜,在教学楼的过道上设置开放的读书空间,让老师们和孩子们在校园的每一个地方都能很方便地读书;第四,挖掘本地的文化资源,编写乡土教材,开设校本课程,让孩子们热爱家乡的文化,进而热爱我们的民族文化;第五,成立符合孩子兴趣的各种校园文体科技社团,让孩子们在活动中在实践中扩展视野增强能力;第六,编写家长培训教材,开设家庭教育系列讲座。前面还有无数困难等待着我们,但是,有温总理您平民教育思想的鼓舞,有成都市武侯区教育局的全力支持,我们完全有信心执着地追求我们的教育理想,把我们的有限的生命奉献给我们所热爱的孩子,奉献给我们所钟情的事业。

……我和我的同事们都是普通人,我们的生命都是短暂的,但我们的事

业可以不朽！我经常用少年马克思的一段话和我的同事们共勉：“我们的事业并不显赫一时，但将永远存在。面对我们的骨灰，后世的人们将洒下高尚的热泪。”

信写好后，直到7月23日才寄出。他在信封上写上“北京 国务院办公厅温家宝总理收”，贴上平信邮票，扔进邮筒，就忙自己的事情去了。至于温总理能否收到这封信，即使收到会如何处理，他根本不抱希望。一般说来，这样一封平信，被温总理收到的几率并不大，即使万一收到，日理万机的共和国总理能够给以关注也不大可能。没想到竟然发生了奇迹，温家宝在7月30日就收到了信并作了批示。旋即这封信被转到了四川省委书记杜青林、省长蒋巨峰的案头——

青林、巨峰同志：此信请一阅。并请转告李镇西校长，来信收到，甚为高兴。他走的乡村平民教育之路是正确的，他和同事们通过“提升教师、关爱孩子和影响家长”三件事，让孩子们享受优质教育，富有创意，符合实际，抓住了素质教育的关键问题。他们所从事的事业是高尚的，我向他们表示敬意。

一时间，全国各大媒体争相报道，李镇西和成都市武侯实验中学的名字几乎家喻户晓。“平民教育”作为热词，引起了教育界内外的广泛关注和肯定。此时此刻，作为公众关注的焦点人物，李镇西却非常平静。他在接受某报记者采访的时候坦言，如果硬要挖掘我的潜意识，我是一个具有民主意识的人，从不把领导看得高人一等。这封信就是一个公民写给另一个公民的信，谈的话题是共同关心的平民教育，如此而已。

他确实没有把领导看得高人一等过。这年的8月9日，省委书记杜青林在办公室接见他，李镇西见面的第一句话就是开玩笑：“我今天遇到高人了!”——因为杜青林是个高个子。

这封信收到的效果也令李镇西始料不及。不仅平民教育受到全社会的重视，而且农村教育的办学环境也得到了改善，四川省在这一年追加了几个亿用于改善农村教师的待遇。他感到欣慰，当初给学生朗读小说《凤凰琴》的时候，他就给学生们说过，一有机会就要为农村教育和乡村教师呼吁呐喊，这次他做到了。

李镇西半开玩笑地说：“早知道总理会看到这封信，我就会把困难写得多一些。”比如，他在信中只是提了一句“学校图书馆的藏书不够多”，很快他的学校就得到20万元拨款用来买书。

当然这封信也让一些人对李镇西产生了误解，认为他“媚上”。对此，李镇西在一篇文章中曾这样写道——

我并不认为我给总理写信有多么值得宣传。我作为中华人民共和国的一个公民，给中华人民共和国另一个公民写信，有什么值得炫耀呢？就像我曾给许多素不相识的老师写信一样自然。同样，我也不认为总理给我写了批示就多么“了不起”，我们觉得惊天动地因而媒体炒作一时的批示，在总理看来不过是他很自然的一次工作行为，他不是看中了“李镇西”（他知道我是谁呀），而是信中“平民教育”四个字拨动了他那颗柔软的平民心。什么时候，这一切不需要总理批示也能够正常推进了，中国教育乃至中国就真正进步了。

第五节　做一个孩子不怕的校长

在许多学校，校长就是绝对的“老大”，孩子们见到校长都会敬而远之。但武侯实验中学是一所孩子们非但不怕校长，反而喜欢跟校长亲近的学校。

李镇西走在校园里，初中一年级的小姑娘可以喊住他，直截了当地提意见，质问他“为什么不看完我们的比赛就离开”。

平时，孩子们有什么高兴事、烦心事，都喜欢跟他讲。许多人加了他的QQ、微信，只要是来自孩子的声音，李镇西都喜欢倾听，乐于交流。他的QQ名颇有味道，叫作“不告诉你”。索要他QQ号的孩子，几乎每个都要闹出一场笑话。每当看到孩子们窘急而后释然的样子，李镇西就开心得手舞足蹈，脸上流动着顽童般调皮的笑。

李镇西校长走在校园中，孩子们争着跟他打招呼：“李校长好！”“李老师好！”更有个别顽皮的小家伙，居然喊的是“西哥好！”李镇西忙不迭微笑着跟学生们打招呼。

李镇西自己讲述的故事更精彩——

有一次，一位电视台记者扛着摄像机来办公室采访我，课间几个学生走了进来，和我很随意地打了招呼后，便在我办公室的书橱里面选了几本书，看我正忙着，便笑嘻嘻地走了。记者大为惊讶：“我记得我读中学的时候，看见校长都要躲的。你的学生怎么对你这么亲热这么随便！”我当时没说什么，因为我不知道怎么给他解释，只是很得意地笑笑。

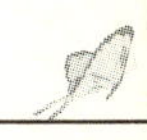

可以说，当校长四年多来，这已经是我生活的常态了——早晨来到办公室，常常会在门缝下面发现塞的一些信，这是孩子们给我倾诉烦恼或提出各种疑问希望我解答；中午，我在办公室，有时候会有几个同学来找我“玩儿”——其实就是随便聊聊天；平时，有时候还有同学来到我办公室向我借书看；平时我在校园里，总会有我叫不出名字的孩子给我笑眯眯地问好；有一次，我从初一年级教学楼层走过，刚好是下课，于是无数笑脸迎着我喊着：“李老师好!”“李校长好!”那是我最幸福的时候。

通过和孩子们直接交往，我了解到许多孩子在家里和爸爸妈妈发生冲突，其原因往往是家长教育方法不当，引起孩子的逆反。刚当校长第一个月的时候，一天中午，三个女孩子来我办公室找我，向我诉说爸爸妈妈对她们简单粗暴的教育，其中一个女孩子说着说着便泪流满面。后来我根据这几个女孩子所反映的父母教育问题，写了一封给全校学生家长的公开信，给家长们讲科学有效的家庭教育。后来这个女孩告诉我，她的爸爸妈妈转变了很多。还有一次，我在校园里碰到一个男孩子，他突然上来和我拥抱，说：“李老师，您是我崇拜的偶像!”我问为什么，他说：“因为我读过您的书，《做最好的家长》。”我忙接着问：“你爸爸妈妈读了吗?”他说：“没有。”我又问为什么，他回答：“爸爸妈妈说他们很忙，没时间读。”我马上严肃地说：“请转告你的爸爸妈妈，就说李校长建议他们认真读这本书，好吗?”过了大概一个月，我又在校园里碰见了这个男孩，他特别对我说：“李老师，我爸爸妈妈读过《最好的家长》了!”我很高兴，问：“爸爸妈妈读了以后对你的教育有什么变化吗?”他说：“有的。以前我考不好，他们要骂我，甚至有时候还打我，现在不骂我更不打我啦！而是帮我分析原因。”那一刻，我真是特别特别开心！

有时候，有的孩子因为遇到困难而找我。不止一次，学生向我借钱。曾有一个男生找到我，直接说：“李校长，你能借 20 元钱给我吗?”看着他信任而迫切的眼光，我问都没问原因便立刻给了他 20 元钱。我是这样想的，如果他不是遇到特别大的困难，是不会找校长借钱的。还有一次，我的办公桌上放了一封信，是一个女生写的，她说最近生活困难，无法交伙食费，想给我借 200 元钱。这可不是个小数，我打算先找这个学生聊聊，了解一下情况。没想到我还没来得及找她，第二天她又在我办公桌上放了一张纸条：“李校长，我中午来拿钱，好吗?”呵呵，我乐了！这孩子这么不客气，还真把我当朋友了！后来我当然还是借给她了。也有个别学生借了钱而不还我，但我不后悔借钱给学生，因为我不能因为个别学生没还钱给我（何况可能还有特殊原因呢）而辜负大多数孩子对我的信任。而这份朋友般的信任，是再多的钱也买不来的。

上面说的这些孩子，都不是我直接教的学生。在我当班主任和任课的班上，学生对我更加亲热，我和学生的交往更加亲密。给他们上课，我感到非常开心，这也是他们最快乐的时光。有一次我出差几天没上课，回到学校走进教室，全班同学以热烈的掌声欢迎我！这场面让临时来听课的一位河南校长大为感动。其实，这样的场面对我来说已经不稀奇了，不止一次，因为临时换课上语文，孩子们总是惊喜地鼓掌。我当校长很忙，但我一有时间便往教室里面去，和孩子们聊天。有一年放寒假，我带着一群孩子来到公园，和他们一起做游戏，打扑克。后来他们滑旱冰，我不会，但站在一旁看孩子们轻盈地飞来飞去，也是一种享受。有一年冬天，我和孩子们在学校后面的小树林里玩：捉迷藏、丢手绢……回去的时候，全班同学一起喊："李老师，我们爱您！"上学期，因为搞绩效工资要均衡老师们的工作量，当然也因为我太忙，我终于没有再当班主任，但是，我依然常常找学生谈心，或去班上和他们聊天。有时候课间路过教室，我也走进去绕一圈，心里很舒服。上次，一个记者来采访我班的学生，一个女生说："我没有把李老师当成老师，更没当成校长，他就是我的朋友！"

李镇西坦言，他这样做，是继承了苏霍姆林斯基的教育遗产：做一个孩子不怕的校长。

2013年6月9日，2013届学生毕业的日子，初三（1）班的王瑞同学给李镇西写了一封信——

在毕业之际很高兴为你写这封信，感谢你对我们无私的关怀，记得第一次踏进武侯实验中学时，我还是一名刚毕业的小学生，心中充满了紧张和忐忑，但你幽默风趣的发言，给我们营造了一个轻松的氛围，让我们的严肃在你的幽默中被消除。

除此之外，你还给了我们很多有益的教导，让我们明白很多做人的道理，令我印象最深刻的是在初一时你给我们讲的那一节课《一碗清汤荞麦面》，至今都还让我记忆清晰。你告诉我们做人就要像他们一样善良、充满爱心。作为一个懵懂的孩子，你的话给了我启迪，在我人生的道路上给了我一个很好的开端。

虽然你不是我们的任课老师，没有时时刻刻在我们身旁，但我们依然能够感受到你的关怀，有时升旗仪式上你会有感而发为我们发言，给我们你的感触，你有时给我的感觉是你不是一位校长而是一位慈祥和蔼的长者，你给我们的关心让我们一直都铭记在心。

今天，毕业了，我们不再是刚入学的孩童，已不再稚嫩，经过三年的学习我们已经长大，思想也有了新的认识，有了不一样的感觉，在这三年期间有太多的人和事值得怀念，有太多的美好留下：队列素质操留给了我们坚持不懈的毅力，运动会上留下了我们展示青春活力的身影，合唱比赛上留下了我们心的声音……现在即将毕业，即将告别这里，心中充满了不舍，我们永远会记住这里，记住曾经在一个美丽的校园里，有一群活泼天真的孩子逐渐成长为坚强、勇敢的青少年，有一位慈祥可爱的校长留给了这群孩子人生的启迪，让他们沿着正直、善良的道路前行！

谢谢您，尊敬的李校长！谢谢您，尊敬的李老师！谢谢我最亲爱的母校，我们将永远不会忘记，不会忘记这里，我们一定会让人们因我的存在而感到幸福！

李镇西说：读着这样的信，我没法不感动！

第六节　“领导不重要，孩子才重要”

2011 年 9 月 1 日，武侯实验中学附属小学使用新校园的第一天，也是李镇西作为附小校长走马上任的第一天，他早早来到学校。他先是帮两个孩子顺利解决了他们遇到的麻烦事，然后就在校园里拍照，拍那些可爱的孩子，拍孩子们在新校园第一天灿烂的笑脸。

这时候，市教育局吕局长在区教育局长的陪同下已经来到学校，他赶紧迎上去。市教育局领导要到学校来的消息，他是事前就知道的。按照规矩，他应该跟书记一起提前到校门口迎候才对，但他认为给孩子拍照比恭候局长更重要。事后有人告诉他，某领导当时有点不高兴：“现在拍什么照？还不过来迎接吕局长！”

李镇西说，我的确有些失礼。但其实在我心目中，那些孩子确实比局长重要！一年后的 2012 年 8 月 31 日，还是附小，开学典礼，不仅来了很多家长，还有上级领导“莅临”。在丰富多彩的各项活动以后，李镇西校长发表新学期的“重要讲话”。他中气十足的开场白吸引了大家：“亲爱的同学们，亲爱的老师们，尊敬的各位年轻的爸爸妈妈，尊敬的各位领导：大家早晨好！”

居然没有把“尊敬的领导”放在最前面！也许，这是当今中国的学校最有个性也最独特的开场白了，不知道“屈居”孩子、老师和家长们之后被“尊敬”的领导当时作何感想，反正老师和家长是第一次听到这样的开场白，感到分外新鲜。李镇西认为这才应该是常态——

升旗仪式结束后，我专门给有关老师说：“今天的升旗仪式不错，但也有一点点让我不舒服。就是主持的同学开头的称呼是：‘尊敬的各位领导，各位老师，各位家长，各位同学……’这个不怪孩子，因为他们是照着主持稿读的，而主持的话都是老师写好的。今天我们操场上，站着的绝大多数都是我们的孩子，为什么要先说什么‘尊敬的各位领导’，这领导不就是我和几位副校长吗？如此官本位，给孩子的影响太不好了！所以我上去讲话，是先称呼孩子。这不是故作姿态，而是我真的认为，在学校，孩子最重要！”（《你很重要》，见《老师教我当校长》）

他向老师们反复讲述一个道理：党中央不是在讲“以人为本”吗？学校里的“人”，首先是孩子，当然应该以孩子为本。因此，只有孩子最重要，领导的重要性远远比不上孩子。李镇西的这种思想不是离经叛道，而是来源于优秀文化传统。两千多年前，孟子就讲过这样浅显的道理：“民为贵，社稷次之，君为轻。”只不过在今天，我们已经离传统越来越远……

李镇西试图用他的“螳臂”，把官本位的意识阻击在校园之外，普及公民意识，为未来培养尽可能多的公民。

不仅如此，他的公民意识教育还体现在一些具体的教育行为上，春风化雨，润物无声。

这是有来自全国的700多位语文老师观摩的公开课，这堂课的主要内容是作文评讲——

快下课的时候，我讲到了最近发生在河南的“红薯爷爷”的遭遇。一边是丧尽天良的无耻，一边是感天动地的善良！我给孩子们展示一张张图片，第一张是威风凛凛的城管队伍正昂然走在大街上，我对孩子们说：“城管代表国家管理市容，是应该的，大多数城管人员也发挥了积极的作用，但的确有少数人伤害了老百姓。”

字幕上显示出这样的文字——

11月9日，河南中牟76岁的老汉张全会赶着毛驴车拉了一车红薯和萝卜，走了8个小时赶到郑州贩卖，只为给瘫痪两年的儿子赚点钱买药，却遭遇一40岁左右的城管掌掴。一时间，网上反响强烈，纷纷谴责打人者，被打的老人被网友称为“红薯爷爷”。

有人在大河网提议：我们都去买红薯爷爷的红薯吧！结果得到很多人响应，大家相约一起骑车去红薯爷爷的家买红薯……

我展示了十几张图片，都是好心的年轻人去看望“红薯爷爷”的情景，特别感人。孩子们和台下的老师都被感动了。

我说：“对政府应该感恩吗？当然不应该。人民政府是人民用纳税的钱养着的，就是要政府为百姓做事。你做好了，是应该的，用不着百姓感恩戴德；相反，你没做好，人民应该批评你，甚至罢免你！这是起码的公民意识！因此，我们现在进行感恩教育，感恩的对象是父母，是老师，是同学，是一切给我们以帮助的人，但唯独不应该是政府！我们应该摆正公民和政府的关系。”（《无法预约的精彩》，见《老师教我当校长》）

为了开阔师生的视野，学校经常要请人来演讲。当然，他请过一些名人，比如教育名人朱永新、钱梦龙、魏书生、程红兵，文化名人流沙河等。后来，李镇西“发明了”在开学典礼上请普通劳动者来演讲的方法，并将这个演讲叫作“百姓讲坛”：请在《非诚勿扰》相亲一炮走红的成都“卖菜哥”张兆珅讲豁达开朗的生活态度；请大学毕业后自主创业、热心公益事业的青年刘刚讲责任；请一位学生家长讲当年的求学艰难；等等。为什么要请普通劳动者——

是因为我感到现在的中国，普遍看不起普通的劳动者。中国教育，很久不给学生讲要热爱劳动人民了。相反，我们的教育总是给学生一种暗示甚至明示：劳动是可耻的！“你不好好学习，以后只有去蹬三轮扫马路！”还有所谓“吃得苦中苦，方为人上人”，现在被相当多的校长和老师堂而皇之地用来作为课堂上给学生进行教育的话。这句话，早在八十多年前，就被陶行知批得体无完肤了。陶行知说，我们绝不能培养“人上人”，而要培养“人中人”！我们现在的教育，其实还不仅仅是教育，整个中国都是这样的，人们太势利，眼睛直盯着那些所谓“成功人士”“大款”“明星”，而看不起千千万万普通的善良的劳动者。而我认为，善良恰恰更多地存在于普通劳动者中。善良，是一切美德的源泉。正义、责任等等美德都是从善良派生出来的。因为要捍卫善良，所以有了正义；因为想到要让别人因我的存在而感到幸福，所以有了责任；等等。所以，我请普通劳动者到我校来开设百姓讲坛。当然，等以后有那么一天，我们的社会都非常热衷于追捧普通劳动者，而冷落甚至看不起名人大家，那时我会强调，也要尊重名人尊重名家啊！呵

呵！（《善良是一切美德的源泉》，见《老师教我当校长》）

武侯实验中学附属小学搬迁到新校园后，一直没有校牌。有人提议，这个牌子上的字请名人来题写，还有人提议就由李镇西本人题写，但李镇西都没有采纳。他说，如果请名人，他可以请流沙河，但他觉得由学生自己来题写更好些。2011 年 9 月 1 日的开学典礼上，他号召附小全体师生都来写这么一行字：成都市武侯实验中学附属小学。谁写得好，就选出来镌刻在学校大门的墙上，让普通人的字载入史册。这个决定得到了热烈响应。

一年后的 2012 年 8 月 31 日，新学期开始，大家赫然发现，校门口墙上的校名果然是学生题写的。开学典礼上，李镇西揭开了谜底：她就是六年级三班的许晴航同学。

不仅校名，学校图书馆的“图书馆”三个大字，也是由图书管理员题写的！

他对前来采访的记者说，许多学校打着“办人民满意的教育”的幌子，其实是办“领导满意”的教育，办“教育局长满意”的教育，因此才会出现灾难面前“让领导先走”的反人类的声音。在我们学校，孩子最重要，领导不重要。不是吗——“我们的学校是给孩子办的，领导什么时候才来一次啊？”

孩子们要毕业离校了，照毕业照是惯常的校园风景。队伍的前面整整齐齐放着一排椅子——当然是供校长和老师们坐的。这似乎是天经地义的——全中国哪个学校照毕业照不是让领导和老师坐前排呢？但李镇西偏偏不习惯，每次坐到第一排中间，就感到很别扭。终于在 2011 年 6 月 10 日照毕业照的时候，这个规矩被打破了。李镇西说：

“把前排的凳子撤走，老师们全部站到孩子们中间去，爱站哪里站哪里。”

于是，他和老师们见缝插针，站在孩子们中间。孩子们笑着，用手指在老师头顶竖起“兔耳朵”，一张张充满人情味的毕业照诞生了。没有了那份严肃、呆板与尊卑分明，有的是活泼、和谐与师生平等。李镇西说：“这才是真正的师生情！以前，总是领导老师坐着，领导还坐中间，而孩子们站着。一坐一站，显示着等级。官本位的气息居然弥漫在校园，我们却浑然不觉。千千万万所学校的毕业照都是这样照的，大家都不觉得有什么不妥。而封建等级观念就这样不知不觉渗透进了孩子的心灵中。我们这样的毕业照，师生平等，相亲相爱，亲密无间，心灵相融！”

……

李镇西通过这些小环节，传递了一个全新的价值观：在武侯实验中学，每一个人都很重要，孩子最重要！

第七节　为百年名校奠基

2013年，武侯实验中学创办10周年。学校搞了一个朴素的没有庆典的校庆，书画、征文、手印墙、“岁月记忆”埋藏等系列活动，一切都在有条不紊地低调进行。就连最后一天的演出活动，也是以迎新演出的名义举行的。值得记叙的，是12月31日下午3点举行的“岁月记忆”埋藏仪式。

经过李镇西提议、教代会批准，将最能反映学校发展情况的资料埋在地下，校庆50周年和100周年的时候再分两次挖掘出来，让那时候的师生们看看几十年前的学校。埋藏物有学校的宣传片、全面展示学校情况的画册、老师的故事、学生写给未来同学的一封信、李镇西写给百年校庆的一封信、李镇西的一套著作，等等。李镇西的信用钢笔写在优质A4白纸上，全文如下：

二一〇三年的孩子们，老师们：

今天，是二〇一三年十二月三十一日，我提前九十年给你们写信，祝贺成都市武侯实验中学建校一百周年。

隔着遥远的时光给你们写信，我庄严而激动。

你们是九十年后的学生和老师，我是现在的校长。因为“武侯实验中学”，我们便穿越时间隧道而心灵相通。

在成都市武侯实验中学百年校庆的日子里，你们手捧我们今天留给你们的“文物”，会看到学校曾经的足迹，会闻到今天我们青春的气息，会听到我们对你们真诚的祝福！你们或许会怦然心动，并发出种种感慨……

我相信，未来九十年，世界会有许多我不可思议的变化，中国会有许多我无法预料的进步，学校也会有许多我难以想象的发展。但武侯实验中学的精神——“让人们因我的存在而感到幸福”依然会温暖着我们的校园，并照亮每一个人的心房。

茫茫人海，悠悠岁月。我们偶然来到这个世界，偶然来到这个学校，延续着前人的历史创造着历史，几十年后我们又走进历史。前人会怎样期待我们？——就像现在的我期待未来的你们一样。后人会怎样审视我们？——就像未来的你们审视今天的我一样。天地之间，我们每一个人都是匆匆过客，但当我们的生命流淌进武侯实验中学的时候，我们给学校留下了什么？这是世世代代武侯实验中学的师生永恒的思考。

我的回答是，给学校的未来留下充满人性的温馨记忆。不必用堆叠的荣誉来证明教师的成功，教师的光荣就印在历届学生的记忆里。

我在岁月深处注视着你们。

李镇西
二〇一三年十二月三十一日
于十年校庆之际

下午 3 点，“岁月记忆”物品埋藏仪式在校园晏阳初塑像后面的草坪上举行。部分学生和教师参加了埋藏仪式。埋藏之前，李镇西做了简短讲话：“今天，现在，的确是一个历史性的时刻，我们埋下这些物件，埋下今天学校的发展，埋下了给未来的记忆。时间会继续流逝，学校也不会停止发展。无论岁月如何向前推进，我们的校训必将穿越时空，同学们，我们把校训再朗读一遍!”

“让人们因我的存在而感到幸福!”嘹亮的校训响彻上空。

李镇西和学生们一起，把装有物品的三个透明罐子——其中，两个罐子是 50 周年校庆的时候开启，一个罐子是 100 周年校庆时开启——放进了挖好的坑里。

李镇西说，还要在埋藏“岁月记忆”的地方，修建一个亭子，让 40 年后、90 年后的人们，能够准确找到“岁月记忆”的埋藏点，让亭子见证武侯实验中学建设百年名校的足迹……

2014 年暑期，一个小巧美丽的八角亭在“岁月记忆”上面悄然矗立起来。李镇西专门为这个特殊的亭子写了一段铭文——

校龄十年，历史一瞬。
日月同行，风雨兼程。
践行常识，恪守良知。
师生互爱，亦亲亦敬。
教学相长，如切如磋。
朴素最美，幸福至上。
图文并茂，深埋在此。
影像俱佳，珍藏于斯。
教书育人，记载今日。
传薪续火，勖勉来者。

李镇西说，这个亭子暂时还没有命名。他代表学校向全校师生征集亭名和题匾。谁取的名字好，谁题写的匾额好，我们就用谁的。他说，面对这个亭子，我们每天都应该问自己，究竟应该怎样书写这历史？

这样的独特的校庆活动内容，也许只有李镇西这样既有浪漫情怀又有远大理想的教育者才想得出来！武侯实验中学没有说出来，但她在一步一个脚印地行走，她的发展方向是百年名校。

第八节　告别武侯实验中学

2015 年 7 月，李镇西正式卸任武侯实验中学校长职务。至此，他在这所学校担任校长职务九年。九年来，他写了近六百万字的工作日记，动人而翔实的文字，详细记录了这所城乡接合部的平民教育学校走过的路程，记录了老师们成长的点点滴滴，记录了孩子们快乐成长的美好时光，记录了无数春雨润物的动人场景，记录了花开的声音、抽穗的声音、芦苇在风中思索的声音……那是一所充满朝气的年轻学校浪漫的成长史。

事业正处在如日中天的时候，李镇西却突然选择离开，许多人百思不得其解。他是执意要卸任的。他说，他一直在倡导民主教育，民主的一个重要内容就是规则意识和契约精神，按照规定校长最多任期九年，尽管教育局局长希望他继续当校长，但他决定不搞特殊，到点便卸任，以践行民主精神。

7 月 4 日，他在全校教职工大会上作了声情并茂的告别演说，向九年来朝夕相处、情同手足的战友们依依惜别。他说——

最近许多朋友对我不当校长有许多议论，也关心我未来的去向。这里我先简洁回答几句——我工作顺利，身体倍儿棒；第二，我即将年满 57，已经做了三届校长，按规定应该卸任；第三，武侯区教育局领导对我特别好，没有要求我退下来，反而希望我“继续干十年”，但我不愿特殊，执意要退，学习胡锦涛同志裸退，以表现出“高风亮节”……

在告别演说中，他回顾了跟大家朝夕相处的九年历程，因为有“老师教我当校长”，自己“最重要的收获，简单说，是我通过一个学校，透彻地了解了一个国家，也深刻地认识了自己。一个国家有的，一个学校全有。光明的，阴暗的，积极的，消极的，人性的优点与弱点，方方面面，一应俱全”。

他给大家提了几条建议：第一，要多读书；第二，要彼此信任；第三，要理解大局，个人和学校面对整个国家的大趋势，是无法抗拒的，只有顺应，在顺应中找到自己的位置；第四，要善待学生。第五，要珍惜继任校长的衡智蓉老师。

当李镇西在上面真情告白时，每一个老师都心潮起伏，不少老师的眼里早已蓄满泪水。

当天晚上，他参加了七八月份过生日老师的生日晚宴，跟老师们一起做游戏，吃蛋糕，生日宣誓……老师们纷纷过来向他表示敬意，表示不舍。有老师说："今天下午，你在讲话的时候，我一直在流泪。"许多老师都说："以后你常回来看我们呀!""我们会想你的!""以后我们去教科院搞教研活动，就看你去!"

七点过，他收获着满满的感动告别了老师们，走出饭厅。他来到厨房，向师傅们告别："我不当校长了！感谢师傅们几年来辛勤的劳动!"然后，他走到学校大门，向门卫保安师傅道别："谢谢你们了！你们为我付出了太多的辛劳，谢谢你们！我不做校长了，这就离开学校了，再见!"

"标致 508"缓缓驶出学校大门，李镇西的校长生涯正式结束。他没有带走学校任何东西，连自己的两个大书柜的书籍，都已经全部送给了老师们。还真如徐志摩之言：

悄悄的我走了，
正如我悄悄的来；
我挥一挥衣袖，
不带走一片云彩。

告别武侯实验中学，李镇西的下一站是武侯区教科院。他将在一个新的人生舞台上继续上演连台好戏——

第一，全区新教育推动。我会全力帮助各学校推进新教育实验。在我们学校，我希望至少在两件事上可以坚持做，一是书香校园的营造，这里要注意，要通过教学改革给师生以读书的时间；二是完美教室的缔造。第二，自己搞专题研究。找自己感兴趣的教育问题，或者有价值的教育问题进行研究。第三，工作室培养徒弟。初步考虑在全区招收徒弟，两年一期。只是我现在还没想清楚，是以班主任为招收对象呢，还是以语文教师为招收对象。第四，全区的教师培训。教育局也希望我能引进全国的优秀专家资源，帮我们培训教师。

他的教育人生，正在酝酿新一轮的精彩。

李镇西以宗教般虔诚的态度办教育，把教育当作宗教来信仰、膜拜、修炼，将一个理想主义的教育者的生命张扬到了极致。几十年筚路蓝缕，像鲁迅笔下的“过客”踏着荆棘奋然前行。

谨以李镇西的两段文字，作为这本小书的结尾——

把教育当“宗教”，必然视学生为“上帝”。注意，这里所说的“视学生为‘上帝’”不是迁就学生，而是从教育服务的终极目标来说的：教育的最终目的，是为学生的一生负责，因此教育的一切行为，都必须服从于这一点。把教育当宗教，意味着教师不会让教育带上庸俗的功利色彩，更不会把学生当作牟利的工具。

我想到几年前我去参观青海塔尔寺的时候看到酥油花的情景。寺庙的一个僧人告诉我，酥油花塑造工艺复杂，要进行大量的选料、配制、做模等前期工作。由于酥油易融化，艺僧们徒手捏塑酥油花时只能在零下十几摄氏度的阴冷房间里封闭工作。在制作过程中，艺僧手指被冻疼痛难忍，失去触觉，但他们依然将酥油做成一朵朵精美的花朵。这些酥油花只能“存活”几个月，因为天气转暖便要融化，于是每年都要重做酥油花。因此，最后艺僧们的手指都会溃烂，且终身残疾。这些艺僧都是自愿做酥油花的，没有谁强迫他们，哪怕手指溃烂，他们也无怨无悔。这些美丽的酥油花都不是为“市场”而制作，唯一的用途就是放在寺庙里供奉神灵。没有半点功利色彩，不是因为物质生活的需要，不是迫于别人的指令，而完全是出于心灵深处的信仰，而自觉自愿地奉献出自己的智慧和健康，在世俗的人看来，他们很苦，但他们自己却觉得很幸福——这就是宗教的力量！

……我们不可能要求每一个教师都把教育当宗教，但如果教育者具备一些宗教情怀，会享受更多的教育幸福。《创作教育的“酥油花”》

按某些世俗的观点，我至今书生气十足，不能算一个“成熟”的教育者。但有一点我很自豪，那就是我至今还真诚地怀揣着我心中的教育理想，而且“居然”还想一点一滴把这理想付诸现实。有人说我的理想不过是“梦想”，但我要说，对于教育者来说，有梦想和没梦想是不一样的，精神状态不一样，行动方式也不一样。我当然知道，我的理想（梦想）也许只能有百分之一成为现实，即使如此，我也愿意倾尽全力付出百分之百的努力！我力图通过我的探索，给人们一个真实的展示：一个真诚的教育理想主义者，在现行教育体制下，究竟能够走多远？

在这个物欲横流的时代，我愿意守住自己的灵魂。这个“灵魂”其实就是一颗朴素而真实的心。

一言难尽李镇西

——写作缘起

中国教育走到今天，得失掺半。在普罗大众接受到很多文化知识的同时，却因教育产业化、应试教育，以及由此带来的种种问题，让当代中国教育距离小平同志提出的“三个面向”差距尚大。

所幸，在教育界有一班有识之士，没有怨天尤人，没有得过且过，而是像鲁迅笔下“真的猛士”，逆着应试教育的潮流奋然而前行，让雾霾深锁的天空依旧群星闪烁，使我们看到中国教育的希望。他们是——钱梦龙、魏书生、程红兵、李希贵、窦桂梅、支玉恒、霍懋征、高万祥……以及千千万万有责任有担当的基础教育工作者们。

当代中国基础教育的天空最耀眼的星星之一，就是李镇西。

一

我跟镇西缘分不浅，是乐山同乡，几乎同时就读于四川师范学院（今四川师范大学）中文系，还曾是乐山一中语文组的同事。此后不久，我读研离开乐山一中，跟他“分道扬镳”，但一直是彼此牵挂的朋友。几十年来，君子之交淡如水。

三十多年来，他在教育的大海里搏击风浪，风生水起，为未来民主更加健全的中国培养无数合格公民的同时，著作等身，天下谁人不识君。我是他的铁杆粉丝，读他的书，浏览他的新浪博客，偶尔也听他讲学，有空时就聚在一起听他指点江山……

2013 年草长莺飞季节中的一天，我正在乐山街头享受明媚的春光，突然接到他打来的电话。在电话中，他邀我担任大型教育丛书《苏霍姆林斯基在中国》人物卷的李镇西卷的写作。

镇西说，中国苏霍姆林斯基研究会（以下简称苏研会）与南方某传媒集团旗下一家出版社联手策划出版这部丛书。苏研会要求他本人指定写作人选。他考虑再三，尽管朋友圈中写作高手如云，但他不好意思叨扰名家们，只好“欺负”我这个无名小卒。

多年前，他的《爱心与教育》出版后，一时洛阳纸贵。我在李镇西家乡的报纸上发表了一篇万字通讯，简单介绍了李镇西的教育之路，在当地读者群中和教育界内外引起一定程度的反响。李镇西发现我居然还能够写点让人有兴趣阅读的东西，从此对我青眼相看。

在地方媒体生存，我专注于民生关注和舆论监督方面的新闻调查，风雨几十年，“不如意事常八九，可与人言无二三”。接近退休居编委闲职，此时正饶有兴致地盘算即将到来的退休生活，读书、思考、旅游、写作——好好享受林下风致。没想到他又给我找了这样一个活儿。我没有勇气拒绝，非常侠肝义胆地接受了他的请托。哪知道，他给了我一颗烧红的炭圆儿。

二

接下来的大半年，我安安静静坐下来，如饥似渴地系统阅读李镇西。他出版的几十本专著，他讲学的视频，他的散文、杂文、随笔、博客，以及各种媒体关于他的报道、评论，都尽量涉猎。同时，还要阅读苏霍姆林斯基的有关著作和传记。随着阅读的深入，李镇西在我脑海中越来越丰富，越来越精彩，我是“战战惶惶，汗出如浆”，后悔当初的孟浪——凭我这点纷绘小才，如何敢写李镇西！

既然答应了，只能硬着头皮上。写作的过程是辛苦的也是快乐的。我跟镇西是君子之交，这使我能够隔着一段距离观察他；我曾经的教师经历以及这些年站在媒体人的角度审视当代教育，我不至于完全是门外汉谈教育；更由于李镇西的故事太多太精彩，使我不至于难为无米之炊。

由于苏研会对这本书有严格要求，必须把李镇西跟苏霍姆林斯基绑在一起来写。因此，在写作过程中尽量多写苏霍姆林斯基对李镇西的影响，而对同样对他影响深远的陶行知只能一笔带过，对其他对他有过一定影响的古今中外教育家更是鲜有提及。

全书以李镇西的教育行走为脉络，对他的浪漫主义教育、现实主义教育和理想主义教育全程做了一次系统的梳理，对他担任成都市武侯实验中学校长后大力践行民主教育和推进平民教育的经过进行了扫描和剖析。

毋庸置疑，李镇西是深受苏霍姆林斯基和陶行知等伟大教育家的影响而成长为当代教育家的。书名“巨人肩上的舞蹈”由此得来。因为不是纯粹的人物传记，故又名“评传”。

三

初稿二十三万多字完成后，我按时交付苏研会担纲这部丛书主编的吴盘生先生。其后，按照苏研会和出版社的要求，我做过大量的修改，唯独坚持了文学性这一点。

出版方提出，我的书稿没有让李镇西对苏霍姆林斯基亦步亦趋，而且“文学性太强”，虽然具有较强的可读性，但学术性却受到了影响。我据理力争，反复交涉。我认为李镇西是一位非常有个性的教育家，他崇拜苏霍姆林斯基，但绝不是食古不化的腐儒，而是在学习的基础上继承性发展了他的理论，比如“民主与教育”，就是他对前辈教育家理论的发扬光大。我们不能把苏霍姆林斯基当作一口缸，把李镇西的所作所为都装进里面，那样有点削足适履。更重要的是李镇西所有的著作、论文都具有很强的文学性，甚至他的博士论文《民主与教育》也是用散文笔法写成的，因此，写李镇西不适用干巴巴的学术体。镇西坚定不移支持我的观点。他希望别人写他的书中出现的李镇西，不是干巴巴的数据罗列和佶屈聱牙的理论说教，而是活生生的人。

再后来，不知道什么原因，《苏霍姆林斯基在中国》丛书泥牛入海。由于苏研会和出版社一直不跟作者签订出版协议。因此，我费尽艰辛写出来的书稿，只能束之高阁。其他作者的情况，我不得而知。

好人好报，吉人天相！我的母校四川大学的出版社以“海纳百川”的校训底蕴和浓厚的教育情怀，接受了我的书稿。谢谢四川大学出版社！同时，还要感谢著名教育专家李希贵先生和镇西的高足、IT 行业的青年才俊程桦先生欣然命笔作序，为本书增色不少。

我想，这本《巨人肩上的舞蹈》，就是一块引玉之砖，希望更多的人来关注李镇西，关注艰难前行中的中国教育。鲁迅先生说得好：“地上本没有路，走的人多了，也便成了路。”

邓碧清

2015 岁末于乐山

附录一　李镇西作品目录

（本书所引原文均出自以下作品）

独著

1.《青春期悄悄话》（四川科学技术出版社，1994 年 9 月）
2.《爱心与教育》（四川少年儿童出版社，1998 年 7 月）
3.《走进心灵》（四川少年儿童出版社，1999 年 10 月）
4.《教育是心灵的艺术》（四川人民出版社，1999 年 10 月）
5.《从批判走向建设》（四川少年儿童出版社，1999 年 11 月）
6.《风中芦苇在思索》（四川少年儿童出版社，2001 年 7 月）
7.《与梦飞翔》（长春出版社，2003 年 1 月）
8.《E 网情深》（四川教育出版社，2003 年 4 月）
9.《教有所思》（华东师范大学出版社，2003 年 12 月）
10.《民主与教育》（四川少年儿童出版社，2004 年 3 月）
11.《怦然心动》（四川美术出版社，2005 年 1 月）
12.《心灵写诗》（一）（科学出版社，2005 年 6 月）
13.《心灵写诗》（二）（科学出版社，2005 年 6 月）
14.《听李镇西老师上课》（华东师范大学出版社，2005 年 10 月）
15.《与青春同行》（高等教育出版社，2005 年 11 月）
16.《李镇西与语文民主教育》（北京师范大学出版社，2006 年 1 月）
17.《做最好老师》（漓江出版社，2006 年 5 月）
18.《做最好的家长》（漓江出版社，2006 年 5 月）
19.《教育寻真》（福建教育出版社，2007 年 9 月）
20.《做最好的班主任》（漓江出版社，2008 年 1 月）
21.《以心灵赢得心灵》（华东师范大学出版社，2008 年 6 月）
22.《李镇西和他的学生们》（1）（科学出版社，2009 年 1 月）
23.《李镇西和他的学生们》（2）（科学出版社，2009 年 1 月）

24.《李镇西和他的学生们》(3)(科学出版社，2009年1月)
25.《李镇西和他的学生们》(4)(科学出版社，2009年1月)
26.《追随苏霍姆林斯基》(华东师范大学出版社，2009年6月)
27.《李镇西班级管理日志》(高一上)(文化艺术出版社，2010年9月)
28.《李镇西班级管理日志》(高一下)(文化艺术出版社，2010年9月)
29.《李镇西班级管理日志》(高二下)(文化艺术出版社，2010年9月)
30.《我的教育心》(教育科学出版社，2011年6月)
31.《李镇西教育演讲》(教育科学出版社，2011年10月)
32.《善待杜郎口》(山东文艺出版社，2011年7月)
33.《我的教育思考》(漓江出版社，2012年5月)
34.《我的教学笔记》(漓江出版社，2012年5月)
35.《我这样做班主任》(漓江出版社，2012年5月)
36.《我的书影漫谈》(漓江出版社，2012年5月)
37.《我的教育心路》(漓江出版社，2012年7月)
38.《我的教育行走》(漓江出版社，2012年7月)
39.《我的社会教育观》(漓江出版社，2012年7月)
40.《亲·友·我》(漓江出版社，2012年7月)
41.《每个老师都是故事》(1)(电子工业出版社，2012年9月)
42.《我的三位导师》(光明日报出版社，2013年4月)
43.《给学生以心灵的自由》(光明日报出版社，2013年4月)
44.《从教之路》(光明日报出版社，2013年4月)
45.《语文教育札记》(光明日报出版社，2013年4月)
46.《我的语文课堂》(上)(光明日报出版社，2013年4月)
47.《我的语文课堂》(下)(光明日报出版社，2013年4月)
48.《写给我的学生》(光明日报出版社，2013年4月)
49.《教育可以这样表达》(光明日报出版社，2013年4月)
50.《我的教育报告》(光明日报出版社，2013年4月)
51.《恰同学少年》(光明日报出版社，2013年4月)
52.《花开的声音》(光明日报出版社，2013年4月)
53.《每个老师都是故事》(2)(电子工业出版社，2013年9月)

54.《给教师的 36 条建议》(长江文艺出版社，2013 年 9 月)
55.《教育的智慧》(青岛出版社，2014 年 7 月)
56.《每个老师都是故事》(3)(电子工业出版社，2014 年 9 月)
57.《老师教我当校长》(漓江出版社，2014 年 9 月)
58.《归真返璞说教育》(漓江出版社，2014 年 10 月)
59.《彼此珍藏最温馨》(漓江出版社，2014 年 10 月)
60.《缤纷人生教与学》(漓江出版社，2014 年 11 月)
61.《幸福比优秀更重要》(华东师范大学出版社，2015 年 8 月)
62.《教育为谁》(华东师范大学出版社，2015 年 9 月)
63.《陪你走过 0—6 岁》(漓江出版社，2016 年 2 月)

主编

1.《李镇西茶馆——语文新课改：从思考到操作》(福建教育出版社，2006 年 12 月)
2.《每个孩子都是故事》(华东师范大学出版社，2009 年 9 月)
3.《民主教育在课堂》(山东文艺出版社，2012 年 1 月)
4.《名片教师》(文化艺术出版社，2013 年 11 月)
5.《做个好老师并不难》(青岛出版社，2015 年 8 月)

合著

1.《班主任工作指导》(湖北少年儿童出版社，1994 年 5 月)
2.《中学生作文学》(陕西师范大学出版社，2006 年 1 月)
3.《给新教师的建议》(西南师范大学出版社，2009 年 2 月)
4.《把心灵献给孩子》(漓江出版社，2009 年 7 月)

附录二　教师的光荣就印刻在历届学生的记忆里

李镇西说："作为一名教师，无论什么评价，都比不上学生的评价。于是，我用三十年来我教过的历届学生给我写评论。应该说，学生评老师当然"说好话"的多，但凭着我对他们的了解，应该说这些已经毕业的学生说的还是心里话。"

在署名的时候，李镇西刻意隐去了每一位学生现在的职业和职务，他们中有博导，有官员，有普通劳动者，有老总……按世俗的眼光，他们有的还很"显赫"，但是李镇西只注明他们是哪个年级那个班的。因为，学生就是学生。不要让世俗的"官本位"、"钱本位"玷污了教育的纯真。

以下选用几位学生对李老师的评价。

直至今日，我依然清晰记得，我的老师在遥远的八十年代初期，就凭着年轻的热情开启了中学生素质教育的先河，并一直坚持至今。他的正直和热情，敬业和奉献，承担和孜孜不倦一直在各届学生中留下深刻印象。我们在这种精神的感召下，在之后的成长经历中更加积极上进，不畏艰难。

何静红（乐山一中初 1984 届一班）

在"应试教育"的今天，李老师也许不算是"好老师"，因为他不仅教我们知识，还教我们做人。但十多年以后，我扪心自问，我已不再记得书本上那些东西，但却永远记得要如何去做一个品德高尚的人。

戢实（成都市玉林中学初 1998 届五班）

在我的记忆中，初 2000 级三班就是一个家，同学们就是这个家的孩子，李老师就是这个家的父亲。以前我从来没有想象过还有这么融洽而没有距离的师生关系……我不知道怎样写才能最真切地诉说那段诗一般美丽的日子，这 10 年来，那段日子常常在我脑海中浮现，我甚至有时做梦都梦到以前李

老师给我们上课，和我们一起参加活动，带我们出去郊游，教育我们好好做人……

胡夏融（成都石室中学初 2000 届三班）

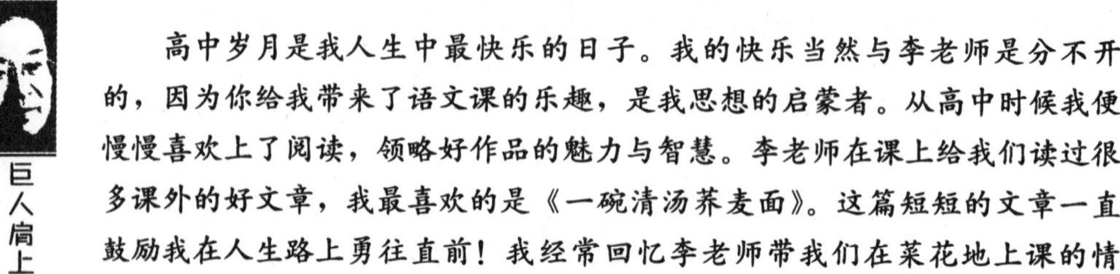

高中岁月是我人生中最快乐的日子。我的快乐当然与李老师是分不开的，因为你给我带来了语文课的乐趣，是我思想的启蒙者。从高中时候我便慢慢喜欢上了阅读，领略好作品的魅力与智慧。李老师在课上给我们读过很多课外的好文章，我最喜欢的是《一碗清汤荞麦面》。这篇短短的文章一直鼓励我在人生路上勇往直前！我经常回忆李老师带我们在菜花地上课的情形，但又感伤这样的日子已经一去不复返。

苏畅（成都市盐道街中学外语学校高 2007 届一班）

李老师不仅仅是我的老师，而且是我最亲爱的朋友。

王露霖（成都市武侯实验中学初 2010 届一班）

编辑后记

感动！读完这本书稿时。

汗颜！于我工作地点直线距离 500 米，教育界就有这样一位高人和好人。我竟全然不知。

惭愧！当过两次逃兵，就从李镇西呕心沥血的教育界。

第一次当逃兵是 1983 年，就在李镇西就读的川师，面临教中学的命运，我选择逃离，考研进川大。我知道当中国最底层的“臭老九”是什么命运，那是在改革开放之初，“文化大革命”遗风尚存时。

第二次当逃兵是 21 世纪初，离开川大讲台，我进了出版界。原因多多，其中之一是在大学讲台面对一群白花花的眼镜片后目无表情地瞪着我的，知识结构高度一致、逻辑思维趋同的应试教育胜利者，无趣！

应试教育的大锤，能将基础教育的美好期望一锤击碎。要么死在锤下，要么被锤平后顺势而行。凡夫俗子的我既不想死也不想被锤平，于是，口念“走”字诀，逃离教育界。

多年后，我仍然以犬儒主义心态审视我的逃离。虽逃离，但还有些不知羞耻地挂念着教育那块地儿。

与李镇西们相比，我世俗而卑微。

于是，主动担任本书责编，一是自慰，二是对李镇西们表达敬意。

我相信，本书能给我们希望：一是中国的基础教育还有一批志士仁人在努力做中国特色的民主教育和平民教育，哪怕在以命相博（请原谅我用这个略显悲壮的说法）；二是面对应试教育，还有不同的声音。

原谅我如履薄冰编完这本书稿，认真而世故。

本书安然付梓，于是有了本页文字。当然，有擅用职权之嫌。

吴雨时

2016 年 3 月